T0349539

J.B. METZLER

Robert Vellusig

Lessing und die Folgen

J. B. Metzler Verlag

Zum Autor
Robert Vellusig
Institut für Germanistik
Karl-Franzens-Universität Graz
Graz, Österreich

Die Deutsche Nationalbibliothek verzeichnet diese Publikation in der Deutschen Nationalbibliografie; detaillierte bibliografische Daten sind im Internet über http://dnb.d-nb.de abrufbar.

ISBN 978-3-476-05783-9
ISBN 978-3-476-05784-6 (eBook)
https://doi.org/10.1007/978-3-476-05784-6

J. B. Metzler ist ein Imprint der eingetragenen Gesellschaft Springer-Verlag GmbH, DE und ist ein Teil von Springer Nature.
Die Anschrift der Gesellschaft ist: Heidelberger Platz 3, 14197 Berlin, Germany

Einbandgestaltung: © Heritage Images / Fine Art Images / akg-images
Typografisches Reihenkonzept: Tobias Wantzen, Bremen
Planung/Lektorat: Oliver Schütze

J. B. Metzler, Berlin

Inhalt

Das Werk 1

Der verlorene Sohn 3

Der junge Gelehrte 7

Klüglicher Zweifel 13

Theologie des Lachens 19

Der tugendhafte Freigeist 25

Der barmherzige Jude 31

Berlin: Freunde und *Schrifften* 37

Ein „bürgerliches Trauerspiel“: *Miß Sara Sampson* 43

Ein Briefwechsel über das Trauerspiel 55

Schule der anschauenden Erkenntnis: Fabeln 61

Literaturbriefe (vornehmlich der siebzehnte) 67

Ein Spiel vom Krieg: *Philotas* 73

Medienästhetik der nachahmenden Künste:
Laokoon 81

Hamburg: *Aristotelische Dramaturgie* 95
Verfertigt im Jahre 1763: *Minna von Barnhelm* 107
Eine modernisierte Virginia: *Emilia Galotti* 117
Wolfenbüttel: Fragmente eines Ungenannten 129
Anti-Goeze, Numero zwölf: *Nathan der Weise* 139
Gespräche für Freimaurer: *Ernst und Falk* 149
Die Erziehung des Menschengeschlechts 155

Die Folgen 163
Der öffentliche Lessing 165
Der Vorklassiker und der Vorkämpfer 173
Lessing und Goethe 179
Der unpoetische Dichter 189
Lessing und Schiller 193
Der untragische Dichter 207
Der Gesetzgeber der Künste 215
Der Freund Spinozas 227
Der Liebhaber der Theologie 233
„Lessingiasis" und „Nathanologie" 241
Lessing stirbt 253

Literatur 261

In memoriam
Gisbert Ter-Nedden
(1940-2014)

Das Werk

Der verlorene Sohn

Im Dezember 1747 erreichen den Kamenzer Pfarrer und gelehrten Theologen Johann Gottfried Lessing beunruhigende Nachrichten: Gotthold, der hochbegabte, hoffnungsvolle Sohn, soll sich in Leipzig mit Komödianten und Freigeistern herumtreiben und sein Studium vernachlässigen. 1741 hatte der Zwölfjährige das Elternhaus verlassen, um nach dem Besuch der städtischen Lateinschule an der Fürstenschule von St. Afra in Meißen die Grundlagen der Gelehrsamkeit zu erwerben und sich auf das Studium der Theologie vorzubereiten: „ein guter Knabe, aber etwas moquant" (RD, 10), wie der Schulinspektor befand, mit einer außergewöhnlichen Auffassungsgabe begabt, wie der Rektor der Schule dem Vater attestierte: „Es ist ein Pferd, das doppeltes Futter haben muß. Die Lektiones, die andern zu schwer werden, sind ihm kinderleicht. Wir können ihn fast nicht mehr brauchen" (KGL 1, 40).

Bereits in St. Afra aber, wo vornehmlich Religion und die alten Sprachen (Latein, Griechisch, Hebräisch) unterrichtet wurden, hatte der Sohn eigene Interessen verfolgt, bei dem Mathematiker Klimm Privatunterricht in Philosophie und Naturforschung erhalten und die Bestände der Bibliothek genutzt, um sich eigenständig in der antiken Literatur umzutun. Zwei Mal

R. Vellusig, *Lessing und die Folgen*, https://doi.org/10.1007/978-3-476-05784-6_1

nur war er während dieser Zeit nach Kamenz gekommen. 1746 hatte er den klösterlichen Bezirk der Fürstenschule verlassen und sich in Leipzig zum Studium der Theologie eingeschrieben, dieses aber offensichtlich nicht mit dem nötigen Ernst betrieben. Zum Entsetzen der frommen Eltern war er dort mit dem Theater der Caroline Neuber in Kontakt gekommen.

Als die Eltern von einem Wohlmeinenden erfahren müssen, dass der Sohn den Kamenzer Weihnachtsstriezel „bei einer Bouteille Wein mit einigen Komödianten verzehrt habe", gibt die Mutter das Kind unter Tränen „zeitlich und ewig verloren" (KGL 1, 73); der Vater greift zu drastischen Maßnahmen. Unter dem Vorwand, dass die Mutter im Sterben liegt, holt er den Sohn nach Hause: „Setze dich, nach Empfang dieses, sogleich auf die Post, und komme zu uns. Deine Mutter ist todkrank, und verlangt dich vor ihrem Ende noch zu sprechen" (B 11/1, 10). Halb erfroren kommt das Kind zu Hause an; es kommt zur Aussprache. An Lessings Entscheidung ändert sie nichts. Im Herbst 1748 wird er das Studium endgültig aufgeben und seinem publizistisch umtriebigen Stiefvetter Johann Christlob Mylius nach Berlin folgen, um seinen Lebensunterhalt als freier Schriftsteller zu verdienen und sich einen Namen als Journalist zu machen.

Die Geschichte von der Heimholung des verlorenen Sohnes hat mehr als anekdotischen Charakter. Sie vermittelt eine lebhafte Vorstellung von dem sozialen und kulturellen Milieu, in das Lessing hineingeboren wurde. Lessing zählt zu den dichtenden Pfarrerssöhnen. Sein erster Biograf, Karl Lessing, erzählt, dass der Bruder „sobald er nur etwas lallen konnte, zum Beten angehalten wurde" (KGL 1, 27). Ersten Religionsunterricht erhielt er vom Vater: „Im vierten und fünften Jahre wußte er schon, was, warum und wie er glauben sollte" (KGL 1, 27). Im Elternhaus war Lessing mit der traditionellen Theaterfeindschaft des Protestantismus konfrontiert; an den Aufführungen des Kamenzer Schultheaters, gegen die sein Vater intervenierte, durfte er nicht mitwirken. Der gelehrte Mann hätte es durchaus geschätzt, wenn der Sohn nach dem Abbruch des Theologiestudiums eine akademische Karriere verfolgt hätte; für seine Hinwendung zum Theater aber hatte er kein Verständnis.

Als Johann Gottfried Lessing in Wittenberg Philosophie und Theologie studierte, war die Institution „Universität“ noch das Zentrum der Schriftkultur und die Welt der Bücher die exklusive Domäne der akademisch gebildeten Gelehrten. Sein Sohn kam in Leipzig nicht nur mit dem Theater und den Klassikern des modernen Dramas (den Komödien Molières und den Tragödien Voltaires) in Kontakt, die sächsische Metropole bot ihm auch die Möglichkeit, der engen Welt der akademischen Gelehrsamkeit zu entfliehen und sich den ganzen Reichtum der modernen Schriftkultur zu erschließen. Leipzig war die deutsche Metropole des Buchdrucks und damit des Mediums, das im 18. Jahrhundert zum eigentlichen Motor jenes kulturrevolutionären Prozesses wurde, den bereits die Zeitgenossen als Aufklärung bezeichneten.

In Leipzig erschien Zedlers *Universallexikon* (1731–1754), ein 64 Bände umfassendes Kompendium „aller Wissenschaften und Künste“, das die Vorstellung, Gelehrsamkeit beruhe darauf, über das, was in Büchern steht, Bescheid zu wissen, zum medienhistorischen Anachronismus werden ließ. In Leipzig wurde die deutsche Ausgabe von Pierre Bayles *Dictionnaire historique et critique* (Rotterdam 1695/97) verlegt, das Unikum eines Lexikons, das kein gesichertes Wissen präsentierte, sondern das traditionelle Bücherwissen in einer Unzahl endloser Fußnoten einer kritischen Revision unterzog. Für die Übersetzung zeichnete kein Geringerer als der renommierte Leipziger Literaturreformer Johann Christoph Gottsched verantwortlich, der sich allerdings genötigt sah, Bayles gelehrte Traditionskritik zu mildern, indem er das Buch „mit Anmerkungen, sonderlich bey anstößigen Stellen“ versah.

Der Leipziger Universitätsalltag sah anders aus. Die akademische Gelehrsamkeit, mit der Lessing hier konfrontiert war, war traditionsbewusst in einem spezifischen Sinn: Ihre Erkenntnismittel – die Kenntnis der alten Sprachen, die Beherrschung der rhetorischen Techniken, das Bescheidwissen über das, was in Büchern steht – dominierten über den Zweck der Erkenntnis. Diese Praxis des gelehrten Wissens wurde Lessing zum Problem. So erklärt sich denn auch das Paradox, dass der gelehrteste unter den deutschen Dichtern des 18. Jahrhunderts sich mit solcher Vehemenz gegen seine eigene Gelehrsamkeit sträubte: „Ich bin nicht gelehrt – ich habe nie die Absicht gehabt, gelehrt zu werden – ich möchte nicht gelehrt sein, und wenn ich es im Traume werden könnte" (B 10, 240), heißt es in einer vielzitierten Notiz aus dem Nachlass.

Bereits in St. Afra hatte Lessing in Klimm einen Mentor gefunden, der über die Pedanterie seiner Kollegen spottete und ihm einen Weg aus der Enge der traditionellen Buchgelehrsamkeit wies. In Leipzig wurde ihm der Mathematiker Abraham Gottlieb Kästner zur Inspiration. Lessing besuchte dessen Kolloquium über philosophische Streitfragen, Kästner war es auch, der ihm bei der Arbeit an seiner Komödie *Der junge Gelehrte* mit Rat zur Seite stand. Sie wurde im Januar 1748 auf der Bühne der Neuberin mit großem Erfolg aufgeführt – kurz bevor Lessings Vater mit seiner Notlüge den beinahe schon verlorenen Sohn nach Hause holte.

Der junge Gelehrte

Lessing hat seinen Eltern Rechenschaft über die Beweggründe abgelegt, die ihn zum Theater führten. Die Briefe, die er in der ersten Hälfte des Jahres 1749 aus Berlin schreibt, beeindrucken durch die Offenheit, mit der er über sich urteilt, und die Entschiedenheit, mit der er für sich einsteht. Im Brief an die Mutter porträtiert er sich als jungen Gelehrten, der sein „ganzes Glück in den Büchern" zu finden hoffte und dem in Leipzig die Augen über sich aufgingen:

> Soll ich sagen, zu meinem Glücke, oder zu meinem Unglücke? Die künftige Zeit wird es entscheiden. Ich lernte einsehen, die Bücher würden mich wohl gelehrt, aber nimmermehr zu einen Menschen machen. Ich wagte mich von meiner Stube unter meines gleichen. Guter Gott! was vor eine Ungleichheit wurde ich zwischen mir und andern gewahr. Eine bäuersche Schichternheit, ein verwilderter und ungebauter Körper, eine gänzliche Unwissenheit in Sitten und Umgange, verhaßte Mienen, aus welchen jedermann seine Verachtung zu lesen glaubte, das waren die guten Eigenschaften, die mir, bei meiner eignen Beurteilung übrig blieben. Ich empfand eine Scham, die

R. Vellusig, *Lessing und die Folgen*, https://doi.org/10.1007/978-3-476-05784-6_2

ich niemals empfunden hatte. Und die Würkung derselben war der feste Entschluß, mich hierinne zu bessern, es koste was es wolle. (20.1.1749; B 11/1, 15)

Die Szene in Fausts Studierstube – „Habe nun, ach!" – ist hier gleichsam vorgebildet. Der junge Gelehrte, der nichts kennt als die Welt der Bücher, muss feststellen, dass er sich unter Menschen ungelenk und tölpelhaft bewegt – ein Ärgernis sich selbst und den anderen, denen er aus Ungeschick mit Verachtung zu begegnen scheint. Lessing lernt „tanzen, fechten, voltigiren" und beschließt, „nun auch leben zu lernen" (B 11/1, 15f.). Das lernt er im geselligen Umgang und im Spiegel, den ihm die dramatische Bühne vorhält: „Ich lernte mich selbst kennen, und seit der Zeit habe ich gewiß über niemanden mehr gelacht und gespottet als über mich selbst" (B 11/1, 16).

Lachen und Spotten über sich selbst – man wird die Komödie, mit der Lessing in Leipzig Aufsehen erregte und die ihn in Kamenz ins Gerede brachte, als Teil dieses Projektes sehen dürfen. Es verrät etwas von der Bitterkeit, die Lessing nicht fremd war und die in seinem literarischen Werk in der Figur des Misanthropen Gestalt gewinnt. Züge dieser Misanthropie weist auch die Vorrede zum dritten Teil der *Schrifften* aus dem Jahr 1754 auf, in deren Rahmen Lessings Komödie erstmals erscheint. Dort heißt es:

> Ich muß es, der Gefahr belacht zu werden ungeachtet, gestehen, daß unter allen Werken des Witzes die Komödie dasjenige ist, an welches ich mich am ersten gewagt habe. Schon in Jahren, da ich nur die Menschen aus Büchern kannte – – beneidenswürdig ist der, der sie niemals näher kennen lernt! – – beschäftigten mich die Nachbildungen von Toren, an deren Dasein mir nichts gelegen war. Theophrast, Plautus und Terenz waren meine Welt, die ich in dem engen Bezirke einer klostermäßigen Schule, mit

aller Bequemlichkeit studierte – – Wie gerne wünschte ich mir diese Jahre zurück; die einzigen, in welchen ich glücklich gelebt habe. (B 3, 154)

„Ungeziefer" nennt er die „Narren", unter denen er aufgewachsen ist und gegen die er im *Jungen Gelehrten* seine „satyrischen Waffen" richtet (B 3, 156). Ganz nimmt er sich davon nicht aus; in seiner ersten Komödie werden ihm die Erfahrungen seiner Sozialisation in die Schriftkultur zum Spielraum des Lachens und Spottens auch über sich selbst.

Wie so viele konventionelle Komödien handelt auch sie von den komischen Verwicklungen, die ein junges Paar, Valer und Juliane, durchleben muss, bevor es zueinander finden kann. Und wie in allen Liebeskomödien hat sich dieses Paar gegen Eltern und Nebenbuhler zu behaupten. Der Fokus von Lessings dramatischem Spiel ist aber doch eigentümlich verschoben. Er liegt auf der komischen Figur des jungen Gelehrten Damis, der nur deshalb zum Gegenspieler des Liebespaares wird, weil sein Vater, der Kaufmann Chrysander, ihn mit seiner Ziehtochter Juliane verheiraten möchte, um an ihr Vermögen zu kommen, das ein Prozess ihr in Aussicht stellt, und weil der junge Gelehrte sich in den Kopf setzt, ein exemplarisches Gelehrtenschicksal zu erleiden, indem er sich durch die Hochzeit „mit einem rechten Teufel von einer Frau" (I/6; B 1, 159) unglücklich macht (vgl. II/11; B 1, 191).

Das dramatische Spiel entwickelt sich aus den kollidierenden Interessen der an ihm beteiligten Personen. Der Kaufmann schielt nach dem Geld, der junge Gelehrte nach Glanz und Ruhm; die naive Ziehtochter wäre bereit, aus Gehorsam und Loyalität dem Ziehvater gegenüber ihr Lebensglück aufs Spiel zu setzen, Valer, der sie liebt, betreibt mit der Dienerin Lisette eine Briefintrige, die das Mädchen als Braut unattraktiv machen soll, weil sie ohne Vermögen ist. Während der Vater auf eine Nachricht wartet, die ihm eröffnet, ob der Prozess, den er im Namen seiner Ziehtochter führen will, Erfolg verspricht, wartet der Sohn auf Nachricht aus Berlin: Er hat sich an einer Preisfrage der Preußischen Akademie der Wissenschaften beteiligt und eine Arbeit über die Monadenlehre eingereicht, die ihm Anerkennung und Ehre bringen soll.

Damis mimt die Lebensweise eines Gelehrten: Er lebt nach den Exempeln, die er in den Büchern findet (vgl. I/6; B 1, 156), gibt sich gedankenvoll zerstreut und allem gewöhnlichen Treiben entrückt (vgl. III/7; B 1, 213), kehrt seine Latinität und umfassende Gelehrtheit hervor, ist im Umgang rüpelhaft und hat für die Ungelehrten nur Geringschätzung übrig – so wie diese in ihm nur den gelehrten Narren sehen. Das Stück trägt alle Züge einer satirischen Verlachkomödie, und doch deutet sich in ihm bereits der Weg an, den Lessing in seinen Dramen beschreiten wird. Damis verkörpert keinen sozialen Defekt, der – weil er Teil des Spieles ist – als solcher unbegründet bleibt; sein unkultiviertes Verhalten und seine Narrheit haben einen Grund: Damis ist ein *junger* Gelehrter. Sein Freund Valer, der „die Bücher beiseite gelegt" hat und sich dazu bekennt, sich „durch den Umgang und durch die Kenntnisse der Welt geschickt zu machen" (II/12; B 1, 193), weist ihn darauf hin, dass er „seine Torheiten bei mehrerm Verstande bereuen" werde:

> Ihr Körper kann, Ihren Jahren nach, noch nicht ausgewachsen haben, und Sie glauben, daß Ihre Seele gleichwohl schon zu ihrer gehörigen Größe gelangt sei? Ich würde den für meinen Feind halten, welcher mir den Vorzug, täglich zu mehrerm Verstande zu kommen, streitig machen wollte. (III/7; B 1, 214)

Damit ist das entscheidende Motiv benannt. Die Seele des jungen Gelehrten ist noch nicht zu ihrer „möglichen Vollkommenheit" gelangt, wie es in der Fassung von 1767 heißen wird (B 1, 1074). Es gehört deshalb „eine Art von Grausamkeit dazu, sich über einen so kläglichen Toren lustig zu machen" (III/7; B 1,

215), wie Valer feststellt. Valer nimmt die Person gegenüber ihrem ungehobelten Verhalten in Schutz und erweist sich damit als wahrer Freund des Titelhelden – ganz so wie ein wohlmeinender Freund in Berlin, der Damis' Abhandlung zurückgehalten hat, weil er ihn davor schützen wollte, sich mit ihr lächerlich zu machen.

Damis und Valer bilden erstmals eine Konstellation nach, die für Lessings Komödien maßgeblich bleiben wird: die Freundschaft zwischen dem Misanthropen Alceste und dem Philanthropen Philinte aus Molières Komödie vom Menschenfeind. Diese endet mit der Flucht Alcestes in die Einöde; Lessings Misanthrop Damis flieht zeternd in die Welt: „O ihr dummen Deutschen! […] Ich will mein undankbares Vaterland verlassen" (III/15; B 1, 232) – und erhält so die Chance, sich jene Weltläufigkeit anzueignen, die mit Lessings Wunsch „leben zu lernen" identisch ist.

„Jahre wissen mehr als Bücher", lautet ein englisches Sprichwort, das sich Lessing einmal notiert hat (B 10, 658); es könnte auch über dem Spiel vom jungen Gelehrten stehen, das eine Form der Buchgelehrsamkeit verabschiedet, die sich im Zeitalter der Zeitschriften und Enzyklopädien überholt hat, und das Lessing zum Verständigungsmedium seiner persönlichen Befreiung wird.

Klüglicher Zweifel

Im großen Rechtfertigungsbrief, den er Ende Mai 1749 an den Vater schickt, schlägt Lessing religionsphilosophische Töne an. Hatte er gegenüber der Mutter die Erkenntnis der eigenen Defizite als existenzielle Krisenerfahrung geschildert, die ihm einst zu Wohl oder Weh ausschlagen werde, so verteidigt er seine Lebensführung im Brief an den gelehrten Theologen als Weg des ‚klüglichen Zweifels':

> Die Zeit soll es lehren ob ich Ehrfurcht gegen meine Eltern, Überzeugung in meiner Religion, und Sitten in meinem Lebenswandel habe. Die Zeit soll lehren ob der ein beßrer Xst ist, der die Grundsätze der christl. Lehre im Gedächtnisse, und oft, ohne sie zu verstehen, im Munde hat, in die Kirche geht, und alle Gebräuche mit macht, weil sie gewöhnlich sind; oder der, der einmal klüglich gezweifelt hat, und durch den Weg der Untersuchung zur Überzeugung gelangt ist, oder sich wenigstens noch darzu zu gelangen bestrebet. Die Xstliche Religion ist kein Werk, das man von seinen Eltern auf Treue und Glauben annehmen soll. [...] So lange ich nicht sehe, daß man eins der vornehmsten Gebote des Xstentums, *Seinen Feind zu*

R. Vellusig, *Lessing und die Folgen*, https://doi.org/10.1007/978-3-476-05784-6_3

lieben nicht besser beobachtet, so lange zweifle ich, ob diejenigen Xsten sind, die sich davor ausgeben.

(30.5.1749; B 11/1, 26)

Die Briefe an die Eltern formulieren einen Entschluss, den Lessing wenig später auch als Wunsch für den jüngeren Bruder Theophilus artikulieren wird: dem „inneren Berufe" zu folgen und so zu leben, wie er sich einst „gelebt zu haben wünschen möchte" (8.2.1751; B 11/1, 34). Die Lessing-Forschung hat bezweifelt, dass Lessing eine solche Idee verfolgt haben könnte – zu erratisch sind seine beruflichen Wege, zu vielfältig und disparat sind seine intellektuellen Interessen, zu sehr dem Zufall überlassen sind seine Lebensentscheidungen (vgl. FV, 15). Die Idee einer kontinuierlichen Entfaltung der eigenen Persönlichkeit, wie sie die Generation Goethe verfolgen wird, scheint sich in Lessings Lebenslauf nicht finden zu lassen (vgl. HBN, 11) – aber der Schein trügt: Die Problemkonstellationen, die ihn zeit seines Lebens beschäftigen und nicht nur sein Denken prägen, sind bereits in den Briefen an die Eltern mit aller Deutlichkeit formuliert. Die Frage nach der Wahrheit der religiösen Überlieferung und einer dieser Wahrheit gemäßen Weise, sein Leben zu führen, sollte zu Lessings Lebensthema werden.

Lessing gehört er zu den Mitbegründern der modernen Religion der Intellektuellen, Dichter und Philosophen, die sich von den Dogmen und Ritualen einer kirchlichen Glaubensgemeinschaft gelöst haben und für sich in Anspruch nehmen, das menschliche Leben auf authentische, dieses Leben förderliche Weise zu deuten. Im Kontext des publizistischen Streits um die von ihm herausgegebenen bibelkritischen Fragmente des Hebraisten Hermann Samuel Reimarus wird er die Vorstellung, auf eine bestimmte Dogmatik schwören zu sollen, als intellektuelle Zumutung von sich weisen und sich gegenüber seinem Rivalen, dem Hamburger Hauptpastor Goeze, ebenso selbstbewusst wie polemisch als „Liebhaber der Theologie" behaupten:

Ich bin Liebhaber der Theologie, und nicht Theolog. Ich habe auf kein gewisses System schwören müssen. Mich verbindet nichts, eine andre Sprache, als die meinige zu reden. Ich betaure alle ehrliche Männer, die nicht so glücklich sind, dieses von sich sagen zu können. Aber diese ehrlichen Männer müssen nur andern ehrlichen Männern nicht auch den Strick um die Hörner werfen wollen, mit welchem *sie* an die Krippe gebunden sind. Sonst hört mein Betauren auf: und ich kann nichts als sie verachten. (B 9, 57f.)

Die Berufung auf die eigene Sprache ist die Antwort auf die Gedankenlosigkeit, mit der die „Namenchristen" (B 9, 197) die „Satzungen und Formeln" der Religion im Munde führen, und sie ist mit dem Mut identisch, von seiner Vernunft in Religionsangelegenheiten öffentlichen Gebrauch zu machen, die Kant zum „Wahlspruch der Aufklärung" erklären wird (IK 2, 53f.).

Lessing meint es ernst. Dass sich die Wahrheit der Religion nicht nur in der Lebenspraxis bewährt, sondern dass nur jene ‚Überzeugung in der Religion' als wahre religiöse Überzeugung gelten kann, die zu den rechten ‚Sitten im Lebenswandel' anleitet, zählt zu seinen frühen Gewissheiten. „Was hilft es, recht zu glauben, wenn man unrecht lebt?" (B 1, 941), lautet die Frage, die er im Fragment *Gedanken über die Herrnhuter* (1750) stellt und die in der Einsicht kulminiert, dass wir „der Erkenntnis nach" „Engel", „dem Leben nach Teufel" sind (B 1, 942). Der unter die Schauspieler und Komödienschreiber gefallene Pfarrerssohn nimmt für sich nicht mehr und nicht weniger in Anspruch als das Recht und die Pflicht, sich für die Religion zu entscheiden und den Weg des ‚kläglichen Zweifels' zu gehen, den Descartes in seinen *Meditationes de prima philosophia* (1641) als Bereitschaft charakterisiert hatte, alle Gewissheiten methodisch zur Disposition zu stellen.

Ein Lehrgedicht mit dem Titel *Die Religion*, das vermutlich zur selben Zeit wie der Brief an den Vater entstanden ist, buchstabiert das aus. Der Titel gibt zu erkennen, dass es Lessing nicht um die „einzige wahre Religion" (das heißt die christliche) geht, sondern dass er „die Religion überhaupt" (B 2, 264) im Blick hat. Das Fragment gebliebene Gedicht bildet ein Selbstgespräch „an einem einsamen Tag des Verdrusses" (B 2, 264) nach. Es durchschreitet methodisch die „Labyrinte[] der Selbsterkenntnis" und folgt damit der Idee, dass die Selbsterkenntnis „allezeit der nächste" und zugleich der „sicherste" Weg zur Religion war (B 2, 264).

Der erste und einzig ausgearbeitete Gesang widmet sich den Zweifeln, „welche wider alles Göttliche aus dem innern und äußern Elende des Menschen gemacht werden können" (B 2, 264). Die Bilanz ist ernüchternd: Wir sind weder für die Wahrheit noch für die Tugend geschaffen. Das menschliche Wissen ist begrenzt, der Blick in die Zukunft ist uns verstellt; wir wissen zwar, was das Gute ist, aber wir sind nicht in der Lage, ihm zu folgen, weil wir – kaum zum Bewusstsein erwacht – von egozentrischen Antrieben geleitet werden.

Lessing übersetzt die Frage nach der Wahrheit der Religion in die Frage nach dem rechten Leben, dessen Gelingen und Misslingen der Selbsterfahrung zugänglich ist. Die Religion antwortet auf ein existenzielles Orientierungsbedürfnis, indem sie das einzelmenschliche Leben in den Horizont eines Absoluten stellt, aber sie verwaltet kein Wissen – weder ein historisches noch ein metaphysisches. Wer den Buchstaben der Heiligen Schrift wörtlich nimmt und in ihm Gott zu hören glaubt (vgl. B 2, 268), ist einfältig und täuscht sich selbst.

Der junge Dichter macht sich zum Sprecher der radikalen Religionskritik, aber er tut dies im Dienst der Selbstaufklärung der Religion. Inwiefern das im ersten Gesang „geschilderte Elend selbst der Wegweiser zur Religion werden muß" (B 2, 265), wie die Vorerinnerung ankündigt, lässt das Gedicht offen – die Richtung, in der die Lösung zu suchen ist und in der Lessing sie in der Schrift über die *Erziehung des Menschengeschlechts* dann auch finden wird, deutet sich aber hier bereits an: Sie beruht auf der Einsicht, dass das eigene Herz „schwarz" ist und dass es „Lästerung" wäre, in ihm die Göttlichkeit der Schöpfung verwirklicht zu sehen (B 2, 276). Die „Eigennützigkeit des menschlichen Herzens" (§ 80; B 10, 95) ist das anthropologische Erbe, das seinem Glück im Wege steht; dass es daher der „Reinigung" (B 2, 45) bedarf, um „die Tugend um ihrer selbst willen" lieben zu können (§ 80; B 10, 95), ist das Fazit, das Lessing am Ende seines Lebens ziehen wird.

Hier, im frühen Lehrgedicht, wie dort, in der *Erziehungsschrift*, steht die Theodizee-Frage auf dem Spiel, das heißt die von Leibniz exponierte Verteidigung Gottes angesichts der Übel in der Welt. Der Stachel, der den jungen Gelehrten peinigt, ist nicht das physische, sondern das moralische Übel: die Erkenntnis, zu sündigen und die Sünde doch zu hassen (vgl. B 2, 276): „So einen heißen Wunsch, und so viel Unvermögen, / Kann das ein GOtt zugleich in eine Seele legen?" (B 2, 270). Diese bittere Frage aber markiert nicht das Ende der Reflexionsbewegung, sondern ihren Wendepunkt. Der junge Dichter gebietet sich Einhalt, weil er erkennt, dass der neugierige Blick in den Abgrund der Seele das Übel nur vermehrt, dem er zu steuern trachtet: „Ich werde mir zu schwarz, mich länger anzuschauen, / Und Neugier kehret sich in melancholisch Grauen" (B 2, 275). Der methodische Zweifel darf sich im Labyrinth der Selberkenntnis nicht verlieren, wenn er den Weg zur Religion weisen soll. In einer 1753 entstandenen Rezension exponiert Lessing dieses Problem in aller Deutlichkeit:

> Die edelste Beschäftigung des Menschen ist der Mensch. Man kann sich aber mit diesem Gegenstande auf eine gedoppelte Art beschäftigen. Entweder man betrachtet den Menschen im einzeln, oder überhaupt. Auf die erste Art kann der Ausspruch, daß es die edelste Beschäftigung sei, schwerlich gezogen werden. Den Menschen im einzeln

zu kennen; was kennt man? Toren und Bösewichter. Und was nützt diese Erkenntnis? uns entweder in der Torheit und Bosheit recht stark, oder über die Nichtswürdigkeit uns gleicher Geschöpfe melancholisch zu machen. Ganz anders ist es mit der Betrachtung des Menschen überhaupt. Überhaupt verrät er etwas großes und seinen göttlichen Ursprung. (B 2, 474f.)

Die „Betrachtung des Menschen überhaupt" stellt das einzelmenschliche Leben in den Horizont der Gattung und die Gattung in den Horizont eines Absoluten. Leibniz hatte in der *Theodizee* den Versuch unternommen, die Schöpfung von einem solchen Standpunkt aus zu denken; Lessing folgt ihm darin: Menschen sind „moralische Wesen"; sie sind in der Lage, Vollkommenheiten wahrzunehmen und ihnen gemäß zu handeln, so die Überzeugung, die er bereits in dem frühen Fragment *Das Christentum der Vernunft* (1752/53) formuliert. Aus ihr leitet er die Maxime ab, der das einzelmenschliche Leben zu folgen hat, wenn es seiner Bestimmung gerecht werden möchte. Sie lautet: *„handle deinen individualischen Vollkommenheiten gemäß"* (B 2, 407) – werde die beste Version deiner selbst.

Die Person selbst wird dabei als Prozess gedacht und Jugend ist eine notwendige Phase dieses Prozesses. Erziehung braucht Zeit. Das weiß schon der Zwanzigjährige, und es ist diese Zeit, auf die er sich im Brief an die Mutter („die künftige Zeit wird es entscheiden") wie im Brief an den Vater („Die Zeit soll es lehren") beruft und die ihn dazu legitimiert, sich auf diesen Prozess einzulassen und sich ihm anzuvertrauen.

Theologie des Lachens

Der methodische Zweifel an allen Gewissheiten, die Frage nach der Wahrheit der Religion, die Suche nach der eigenen Bestimmung, die Hinwendung zum Theater – sie sind Teil von Lessings Projekt, leben zu lernen und den eigenen Vollkommenheiten gemäß zu handeln.

Zu diesen Vollkommenheiten zählt eine unbegrenzte Neugier, die sich auf keine bestimmte Wissenschaft beschränken will. In einer Vorrede zu einem seiner unvollendet gebliebenen Projekte bezeichnet er sich als „gelehrten Landstörzer", der, „unfähig, seinem Geiste eine feste Richtung zu geben, [...] durch alle Felder der Gelehrsamkeit" schweift, ohne sich auf einem dauerhaft niederzulassen, und der dabei auf „Reichtümer" stößt, „die ihn ein glücklicher Zufall auf dem Wege, öfter auf dem Schleichwege, als auf der Heerstraße finden" lässt (B 5/1, 449). Seinem Vater gegenüber bekennt er sich dazu, „nicht die geringste Lust" zu haben, „der Sklave eines Amts zu werden" (3.4.1760; 11/1, 346); dass das „Professorieren" Lessings Sache nicht ist, weiß auch sein Bruder Karl (18.3.1775; 11/2, 706).

Geldsorgen sind schon früh der Schatten dieser Weigerung, eine akademische Laufbahn zu verfolgen. In Leipzig bürgt Lessing für die Neubersche Truppe und bleibt, als einige Schau-

R. Vellusig, *Lessing und die Folgen*, https://doi.org/10.1007/978-3-476-05784-6_4

spieler sich aus dem Staub machen, auf deren Schulden sitzen; in Wittenberg, wo er 1752 mit Arbeiten über den spanischen Arzt Juan Huarte (1529–1588) den Magistertitel erwirbt, sieht er sich genötigt, die Schulden mit seinem Stipendium zu begleichen.

Die Welt der modernen Zeitschriften wird ihm in Berlin zum intellektuellen und beruflichen Lebensraum. Lessing schreibt Rezensionen, vor allem für die *Berlinische Priviligierte Zeitung*, dessen Redaktion der Vetter Mylius übernommen hatte, und etabliert sich rasch als Kritiker. „Es ist hier ein neuer Criticus aufgestanden", meldet der Philosoph Johann Georg Sulzer 1751 seinem Schweizer Mentor Johann Jakob Bodmer nach Zürich (RD, 42). Lessing legt es darauf an, sich einen Namen zu machen. Im Rückblick werden ihm die Berliner Jahre als eine Zeit erscheinen, „in der Neugierde und Ehrgeiz alles über mich vermochten" (7.5.1780; B 12, 326).

Im Oktober 1749 lanciert er gemeinsam mit Mylius die *Beyträge zur Historie und Aufnahme des Theaters*, mit denen er den Versuch unternimmt, das ganze Spektrum der europäischen Dramenliteratur zu sichten und dem Publikum in Übersetzungen zugänglich zu machen. Sie sind nicht nur die erste deutsche Theaterzeitschrift, sondern zugleich auch Lessings erstes Projekt, mit dem er sich „die wahre und falsche Art, nachzuahmen" (1, 728) zum Thema macht. Das geschieht programmatisch mit einer Abhandlung über den römischen Lustspielautor Plautus, dessen *Captivi* Lessing übersetzt und als „das schönste Stück" preist, „das jemals auf die Bühne gekommen ist" (B 1, 766). Die Abhandlung gibt Lessing Gelegenheit, eine Moralphilosophie des Lachens zu skizzieren, die dieses als wahre Alternative zur bußfertigen Zerknirschung und die Komödie als wahre Alternative zur Kanzel begreift:

> Entweder man betrachtet das Laster als etwas das unsrer unanständig ist, das uns geringer macht, das uns in unzählige widersinnige Vergehungen fallen läßt: oder man

> betrachtet es, als etwas, das wider unsre Pflicht ist, das den Zorn Gottes erregt, und uns also notwendig unglücklich machen muß. Im ersten Falle muß man darüber lachen, in dem andern wird man sich darüber betrüben. Zu jenem giebt ein Lustspiel, zu diesem die heilige Schrift die beste Gelegenheit. Wer seine Laster nur beständig beweint und sie niemals verlacht, von dessen Abscheu dargegen kann ich mir in der Tat keinen allzuguten Begriff machen. Er beweint sie nur vielleicht aus Furcht, es möchte ihm übel darbei gehen, er möchte die Strafe nicht vermeiden können. Wer aber das Laster verlacht, der verachtet es zugleich, und beweiset, daß er lebendig überzeugt ist, Gott habe es nicht etwan aus einem despotischen Willen zu vermeiden befohlen, sondern daß uns unser eignes Wohl, unsre eigne Ehre es zu fliehen gebiete. (1, 747f.)

Lessings Poetik der Komödie wurzelt in seiner Moral- und Theologiekritik. Er verabschiedet das Bild vom göttlichen Despoten, dessen Strafen die traditionelle Gottesfurcht fürchtet und auf dessen Belohnung die traditionelle Frömmigkeit hofft, und etabliert eine Kultur der lebendigen Selbstsorge und der heiteren Distanz gegenüber allen menschlichen Unzulänglichkeiten.

In Plautus' Lustspiel von den Kriegsgefangenen findet er das Muster einer Komödie, „die der Absicht des Lustspiels am nächsten kömmt" (B 1, 878), aber ohne Nachfolger geblieben ist: Sie versteht es, „die Tugend liebenswert" (B 1, 877) zu machen und das Spiel „durch erhabne Gesinnungen zu veredeln" (B 1, 878), ohne sie „durch den allzuzärtlichen Affekt der Liebe" zu schwächen. Ihr Held ist Tyndarus, ein Kriegsgefangener, der bereit ist, sich für seinen ebenfalls gefangenen Herrn und Freund zu opfern, indem er sich als Geisel zur Verfügung stellt, während dieser (als dessen vermeintlicher Diener) losgeschickt wird, um einen Gefangenenaustausch zu arrangieren.

Für Zeitgenossen wie Christian Fürchtegott Gellert, dessen *Abhandlung für das rührende Lustspiel* Lessing in seiner *Theatralischen Bibliothek* (1754) aus dem Lateinischen übersetzt und kommentiert, sind Liebesgeschichten „die vornehmste Quelle [...], aus welcher die Komödie ihre Rührungen herholt" (CFG 5, 153); für Lessing sind sie das sicherste Mittel, die eigentliche Leistung der Komödie zu ruinieren. Plautus' *Captivi* werden ihm dabei zum Vorbild: Sie ersetzen das traditionelle Handlungsziel der Komödie, die Vereinigung der Liebenden, durch die Wiedervereinigung der Väter und Söhne, die der Krieg getrennt hat. Lessing nimmt dies zum Anlass, die gesamte europäische Komödientradition schlichtweg zu einem Irrweg zu erklären:

> Was für ein Lob endlich verdient nicht Plautus, daß er die gereinigte Moral, welche durch das ganze Stück herrscht, nicht durch den allzuzärtlichen Affekt der Liebe geschwächt hat! Wie viel hat er hierinne Nachfolger? Keinen. Wie groß aber würde der Nutzen sein, wenn man ihm gefolgt wäre? Unendlich. Alsdann würde der Schauplatz in der allereigentlichsten Bedeutung die Schule guter Sitten geworden sein. (B 1, 878)

Dass die Bühne „die Schule guter Sitten" sei, ist zwar ein durchaus konventioneller Gedanke; alles andere als konventionell ist aber die Erläuterung, die Lessing diesem Gedanken gibt: Das Spiel von den Kriegsgefangenen verbindet das Komische mit dem Rührenden und verzichtet auf den Tugend-Laster-Moralismus, der sowohl dem traditionellen als auch dem rührenden Lustspiel zugrunde liegt. Rührend ist das Stück, weil Tyndarus bereit ist, sein Leben für den Freund aufs Spiel zu setzen: „Wer die Tugend und das göttliche Vergnügen, welches sie über die Seele ergießt, kennet und empfunden hat, würde gewiß niemand anders als Tyndarus sein wollen" (B 1, 877); komisch ist es, weil Plautus daraus Szenen entwickelt, in denen Tyndarus sich auf aberwitzige Weise verbiegen muss, um in seinem Verkleidungsspiel nicht entlarvt zu werden.

Nach dem Erfolg des *Jungen Gelehrten* hatte Lessing mit der Idee spekuliert, ‚ein deutscher Molière' zu werden (28.4.1749; B 11/1, 24). Diese Idee musste er aufgeben, weil sie sich mit seinen moralphilosophischen Überzeugungen nicht vereinbaren ließ. Molière ist der Meister einer Komödie, die auf das aggressive Verlachen des sozialen Außenseiters zielt. Ihre Komik beruht auf einer Form der Darstellung, die für die innere Wirklichkeit der komischen Figur blind ist und blind sein muss – ganz so wie die komische Figur ihrerseits keinen Sinn für ihre Unzulänglichkeiten haben darf. Diese elementare Form des Komisierens konnte sich Lessing nicht zu eigen machen, war es ihm doch darum zu tun, das theatrale Spiel als ein Medium der Selbsterkenntnis zu etablieren, insofern es dem Betrachter möglich macht, sich in den *dramatis personae* und ihrem ungereimten Verhalten selbst wiederzuerkennen.

Der tugendhafte Freigeist

Hatte sich Lessing mit dem *Jungen Gelehrten* in der Kunst geübt, über sich selbst zu lachen und zu spotten, so werden ihm die Konflikte mit dem Elternhaus und die Erfahrungen im „freigeistigen Berlin" (KGL 1, 81) zum Gegenstand einer Komödie, die in der Tradition der *Captivi* die Liebesgeschichte zur Nebensache macht und den theatralen Ernst aus dem weltanschaulichen Konflikt rivalisierender Gruppen entstehen lässt. In den *Beyträgen* hatte er betont, „daß man wirklich die ernsthaftesten philosophischen Wahrheiten, ja selbst Religionsstreitigkeiten auf das Theater bringen könne" (B 1, 883) – das Lustspiel vom tugendhaften Freigeist macht die Probe aufs Exempel.

Für die frommen Zeitgenossen verband sich mit dem Begriff eines Freigeists die Vorstellung eines Gottesleugners, der ein zügelloses Leben führt, weil er sich nicht davor fürchten muss, nach dem Tod für seine Sünden bestraft zu werden. Moral ist eine Frage der Pflicht, die hinfällig wird, wenn „kein gerechter Gott, keine Tugend, keine Unsterblichkeit der Seele, und also keine ewige Belohnung oder Strafe" sind (CFG 6, 45), so das Argument, mit dem Christian Fürchtegott Gellert in seinen *Moralischen Vorlesungen* vor einer Gesellschaft der Freigeister warnte:

R. Vellusig, *Lessing und die Folgen*, https://doi.org/10.1007/978-3-476-05784-6_5

Sie wäre zugleich eine „Gesellschaft der Betrüger, der Undankbaren, der Meyneidigen, der Räuber, der Mörder, der Blutschänder, der Gottesleugner" (CFG 6, 45).

Dieses Vorurteil hat mit dem Selbstverständnis derjenigen, die sich dazu bekennen, sich keiner Kirche zugehörig zu fühlen, nichts zu tun. In seinem *Discourse of Free-Thinking* (1713), der Programmschrift der Bewegung, verteidigte Anthony Collins, ein gebildeter Landedelmann, das Recht, sich in Fragen der Religion nicht von Autoritäten abhängig zu machen, mit dem Argument, dass die Religion selbst zu wichtig ist, um ihre Glaubenssätze nicht selbst zu prüfen, zumal dann, wenn sich die Vertreter der Religion durch dogmatische Streitigkeiten und durch ihre Lebensführung diskreditierten. Das gilt auch für Adrast, den Freigeist, den Lessing auf die Bühne bringt. Geistliche haben ihn finanziell ruiniert (vgl. I/2; B 1, 368); er hat also allen Grund, den Vertretern der Kirche mit Argwohn zu begegnen. Im Hause des Lisidor, mit dessen Tochter Henriette er verlobt ist, lernt er Theophan kennen, einen jungen Geistlichen, dem Juliane versprochen ist. Das Spiel dreht sich vordergründig um Verwicklungen in Liebesangelegenheiten – die stille Juliane „verrät eine sinnliche Liebe zum Adrast" (B 1, 351), Theophan ist eigentlich der munteren Henriette zugetan. Und für die jungen Männer gilt das Gleiche. Doch die Auflösung dieser Verwicklungen ist nicht das eigentliche Handlungsziel der Komödie. Das dramatische Spiel verbindet das konventionelle Lustspielmotiv einer Liebe über Kreuz mit dem weltanschaulichen Konflikt zwischen den beiden jungen Männern: Ihrem Freundschaftsbund gilt Lessings eigentliches Interesse.

Das Thema Freundschaft wird im ersten Gespräch der beiden Kontrahenten exponiert und unter Berufung auf Anthony Collins vom christlichen Gebot der Nächstenliebe ausdrücklich abgesetzt. Freundschaft ist exklusiv: sie beruht auf einer „nicht willkürlichen Übereinstimmung der Seelen" und „diese in uns liegende Harmonie mit einem andern einzeln Wesen", die „allein die wahre Freundschaft ausmacht", kann, so Theophan, nicht Gegenstand eines Gesetzes sein: „Wo sie ist, darf sie nicht geboten werden; und wo sie nicht ist, da wird sie umsonst geboten" (I/1; B 1, 367). Theophan wirbt um die Freundschaft Adrasts; Adrast kann im jungen Geistlichen nur den frommen Heuchler wahrnehmen – ein Vorurteil, das seinen guten zeitgenössischen Grund hat: In seinen *Lehren eines Vaters für seinen Sohn, den er auf die Akademie schickt* warnt Gellert davor, sich mit einem Menschen einzulassen, „der zuwenig Güte des Herzens hat, ein Freund Gottes zu seyn" – er wird zu wahrer Freundschaft „ebenso unfähig, als unwürdig" (CFG 5, 303) sein. Der „rechtschaffne Mann ohne Religion" ist ein Widerspruch in sich und deshalb stets „ein verdächtiger Freund" (CFG 6, 261f.).

Lessing macht dieses Vorurteil zum Vorwurf seines Stücks. Sein Adrast ist alles andere als ein Religionsspötter, Theophan alles andere als ein vorurteilsbefangener Verächter des Freigeists. Das Personenverzeichnis des Dramenentwurfs weist den Freigeist als einen Mann „ohne Religion, aber voller tugendhafter Gesinnungen" aus; Theophan wird als „so tugendhaft und edel als fromm" charakterisiert (B 1, 348).

Die sozialen Vorurteile über den Freigeist gewinnen Gestalt in den beiden Dienerfiguren: „Die wahren Bilder ihrer Herren von der häßlichen Seite! Aus Freigeisterei ist jener ein Spitzbube; und aus Frömmigkeit dieser ein Dummkopf" (II/4, B 1, 387), wie die aufgeweckte Dienerin Lisette befindet. Der fromme Martin betet nach, was der Pfarrer predigt, dem der Freigeist als „Wechselbalg" gilt, „den die Hölle durch – – durch einen unzüchtigen Beischlaf mit der Weisheit der Welt erzeugt hat" (II/5, B 1, 388); der freigeistige Johann hat sich die Befriedigung seiner Lüste – „das Huren, das Saufen" (II/5, B 1, 390) – zur Pflicht gemacht und trägt seinem Herrn an, die Wechsel zu verleugnen, die er unterschrieben hat.

Das Zerrbild eines Freigeists, das Martin zeichnet und Johann verkörpert, dient Lessing nicht nur dazu, Adrasts Ehrlichkeit zu profilieren (dieser weist das Ansinnen seines Dieners empört zurück); der groteske Auftritt der Dienerfiguren trägt ganz wesentlich auch zur Komik des Stückes bei. Diese Komik findet ihren Spielraum in den intellektuellen und moralischen Abgründen, die sich in der Rede der Figuren offenbaren. Bittere Züge nimmt sie in der Figur von Theophans Vetter Araspe an, dessen Auftritt das Spektrum der Komik auf drastische Weise erweitert. Dieser gemütvolle Kirchenchrist ist gekommen, um die Hochzeit seines Verwandten zu feiern und den Freigeist Adrast zu ruinieren, indem er ihm seine Wechsel in Rechnung stellt – in der frommen Überzeugung, sich damit um Adrasts Seelenheil verdient zu machen: „Schlechtere Umstände werden ihn vielleicht zu ernsthafteren Überlegungen bringen" (III/1, B 1, 395).

Araspe gehört zu den zahlreichen Figuren Lessings, die ihre bösen Taten in guter religiöser Absicht begehen. Araspe fühlt sich von der Weigerung des Freigeists, sich zum Christentum zu bekennen, persönlich beleidigt – ganz so, wie Goeze es im Fragmentenstreit tun wird, wenn er seinen Widersachern unterstellt, die Offenbarung aus bösem Willen zu leugnen. Natürlich ist sich die Figur ihrer Bosheit nicht bewusst; sie tut, was sie tut, im guten Glauben. Theophan erweist sich als der wahre Fromme, indem er nicht nur Araspes Schuldscheine übernimmt, sondern für den Freigeist auch bei einem Wechsler bürgt (IV/9), der an dessen Kreditwürdigkeit zweifelt.

Die Komik, die das dramatische Spiel entwickelt, lebt von dem bitteren Ernst des weltanschaulichen Konflikts, der dieses Spiel grundiert. Angesichts des Betrugs durch die mit ihm verschwägerten Geistlichen, den Adrast in der Vorgeschichte erleben musste, und angesichts der Erfahrung, nun auch im Hause Lisidors mit einem Geistlichen konfrontiert zu sein, der die von ihm geliebte Juliane heiraten wird, gerät Adrast in eine misanthropische Verstimmung: „Welch grausames Geschick verfolgt mich doch überall" (I/2, B 1, 369). Diese Klage steigert sich zur Anklage gegen das „taube Ohngefehr", den „blinden Zufall", das „nichtswürdige Leben“ (I/5; B 1, 376) und sie verdüstert den Blick auf das Ganze der Schöpfung. ‚Murren wider die Vorsicht‘ (I/6; B 6, 19) wird Lessing das in der *Minna* nennen und bereits im *Freigeist* nimmt er dieses Murren zum Motiv, mit dem er sein tragikomisches Spiel des Verkennens inszeniert.

Auch der *Freigeist* unternimmt es, Komik und Rührung zu verbinden und „dem menschlichen Leben“ am nächsten zu kommen, indem er „so wohl Anständigkeit als Ungereimtheit“ (3, 279) schildert. Die wahre Komödie, so Lessings Überzeugung, die er in der Auseinandersetzung mit Gellerts Konzept eines „rührenden Lustspiels“ entwickelt, ahmt die soziale Wirklichkeit nach, in der „die Klugen und die Toren [...] untermengt sind“ (B 3, 279), und diese Nachahmung gelingt dann, wenn sie „unsere Empfindungen niemals einen Sprung tun“ (B 3, 278) lässt, sondern einen Bewusstseinsprozess gestaltet: „Von einem Äußersten plötzlich auf das andre gerissen werden, ist ganz etwas anders, als von einem Äußersten allmählig zu dem andern gelangen“ (B 3, 278). Deshalb brauchen Lessings Komödien (nicht anders als seine Tragödien) einen Tugendhelden, der auf nur allzu nachvollziehbare Weise in einen Prozess der Verblendung gerät.

Komik und Rührung entstehen aus dem Kontrast zwischen der Hilfsbereitschaft, mit der sich Theophan für den ehrlichen Freigeist einsetzt, und der immer entschiedeneren Gewissheit des Adrast, dass es dieser Fromme ist, der hinter all seinem Unglück steckt und sich dabei die „Larve der Heiligkeit“ und die „Larve der Großmut“ aufsetzt (III/7; B 1, 406). Dieses Steigerungsspiel des Misstrauens beginnt mit dem aus bitterer Erfahrung genährten Entschluss, Theophan „und alle [s]eines Ordens“ zu „hassen“ (I/2, 368f.), steigert sich zur Vorstellung, Theophan „von ganzem Herzen hassen zu können“ (III/6; B 1, 405), wenn dieser ihn zu Grunde richtet, und kulminiert im Ausruf: „Hassen werde ich ihn, selbst wenn er mir das Leben rettet“ (V/2; B 1, 430).

Am Ende werden Adrast die Augen über sich selbst aufgehen: „Himmel! Wenn ich mich überall so irre, als ich mich mit Ihnen, Theophan geirret habe; was für ein Mensch, was für ein abscheulicher Mensch bin ich“ (V/8; B 1, 444). Und Theophan wird seinerseits erkennen, dass das „Herz“ in Herzensangelegenheiten „keine Gründe“ annimmt, sondern „seine Unabhängigkeit von dem Verstande“ behauptet (V/3; B 1, 435). Nicht nur die Verbindung zwischen dem Frommen und der Lustigen und dem Lustigen und der Frommen (vgl. V/7; B 1, 443), auch die Freundschaft zwischen dem Theologen und dem Freigeist steht also im Zeichen der Natur, die allen weltanschaulichen Konflikten entgegenwirkt, weil sie individuelle Beziehungen zwischen den Konfliktparteien zu stiften vermag. Der Natur rechnet es Lessing auch zu, dass der Freigeist der Religion nur mit Verachtung begegnet: Er ist jung, und in jungen Jahren ist es nur allzu natürlich, „gleichsam wider Willen“ zum Freigeist zu werden: „Man ist es aber alsdann nur so lange, bis der Verstand zu einer gewissen Reife gelangt ist, und sich das aufwallende Geblüte abgekühlt hat“ (III/1; B 1, 395).

Der barmherzige Jude

Die Überwindung kollektiver Konflikte durch freundschaftliche Beziehungen steht auch im Zentrum der zweiten Komödie Lessings, in der er die unvermeidlichen Folgen der sozialen Gruppenbildung zum Thema macht. Nach dem Konflikt des Ungläubigen mit den Christen steht nun der Konflikt der Christen mit den Andersgläubigen zur Diskussion. Auch hier geht es nicht um Fragen der christlichen Dogmatik, sondern um das Kernstück der christlichen Lehre: die rechte Lebenspraxis.

Der Plotkonstruktion des Einakters liegt ein Text zugrunde, der prominenter kaum sein könnte: es ist das biblische Samaritergleichnis. Jesus antwortet mit ihm auf die Frage nach dem rechten Handeln, mit dem ihn ein Gesetzeslehrer auf die Probe gestellt hatte: „Meister, was muss ich tun, um das ewige Leben zu gewinnen?" (Lk 10,25). Die Antwort ist eindeutig: sie liegt im Verweis auf die von der Heiligen Schrift gebotene Gottes- und Nächstenliebe. Strittig aber ist, wer denn nun dieser Nächste sei. Das Gleichnis konkretisiert das. Es erzählt von einem Mann, der unter die Räuber fiel und halbtot liegengelassen wurde. Ein Priester, der des Weges kommt, sieht ihn und geht ungerührt an ihm vorüber; ebenso ein Levit; „ein Mann aus Samarien" schließlich, „der auf der Reise war", wendet sich ihm aus Mit-

R. Vellusig, *Lessing und die Folgen*, https://doi.org/10.1007/978-3-476-05784-6_6

leid zu, bringt ihn in eine Herberge und kommt für die Kosten seiner Genesung auf. „Wer von diesen dreien", so lautet Jesus' etwas sperrig anmutende Gegenfrage, „hat sich als der Nächste dessen erwiesen, der von den Räubern überfallen wurde?" (Lk 10,36). Der Gesetzeslehrer muss klein beigeben und den von den orthodoxen Juden verachteten Samariter als wahren Wohltäter anerkennen.

Das biblische Gleichnis mutet dem Geretteten und mit ihm den rechtgläubigen Juden zu, im Vertreter einer verachteten religiösen Minderheit den wahren Juden zu erkennen. Die Erzählung selbst spart diese Nachgeschichte aus; Lessings Drama bringt sie auf die Bühne. Ein Baron ist von zwei Männern überfallen worden; ein Reisender hat sich ihnen rettend entgegengestellt. Das Bühnengeschehen deckt die Hintergründe des glücklich vereitelten Verbrechens auf: Der Vogt und der Schulze des Barons werden als die wahren Übeltäter identifiziert (sie hatten sich mit Bärten als Juden verkleidet); der wahre Wohltäter erweist sich als Jude, der die falschen Juden nicht nur in die Flucht geschlagen hat, sondern sie im Verlauf des Bühnengeschehens auch als Verbrecher entlarvt und dem Baron so ein zweites Mal das Leben rettet. Das komödientypische Happy End aber bleibt aus. Der Baron, der seinem Retter die Hand seiner Tochter schenken möchte, muss diesen Wunsch vereitelt sehen. Das Exogamieverbot der Religionen – der christlichen wie der jüdischen – macht eine Heirat unmöglich.

Die muntere junge Frau, die an dem Retter ihres Vaters Gefallen gefunden hat, kann sich in diese unerwartete Wendung der Dinge nicht finden: „Was hat das zu bedeuten? Deswegen können Sie mich doch wohl nehmen" (22; B 1, 486). Der Baron und sein Retter, den die „sich selbst gelassne Natur" (6; B 1, 458) des Mädchens fasziniert hatte, sind betroffen. So tritt an die Stelle des konventionellen Komödienfinales der Freundschaftsbund zwischen dem Christen und dem Juden, die im anderen die eigenen „Gedanken und Urteile" (6; B 1, 458) wiedererkennen. Hatte sich der Retter zunächst dagegen verwahrt, dass ein Akt selbstverständlicher Hilfeleistung – „Die allgemeine Menschenliebe verband mich darzu." (2; B 1, 451) – eine Freundschaft begründen soll, die doch „lauter willkürliche Bewegungen der Seele" (6; B 1, 459) erfordere, so lässt er sich nun von der Großmut des christlichen Barons, der ihm Zuflucht vor seinen vermeintlichen Verfolgern gewähren möchte, rühren und gibt sich als Jude zu erkennen. Am Ende steht die wechselseitige Anerkennung der Person, die ihren Ausdruck in einem spiegelbildlichen Stoßgebet findet: „O wie achtungswürdig wären die Juden, wenn sie alle Ihnen glichen!" – „Und wie liebenswürdig die Christen, wenn sie alle Ihre Eigenschaften besäßen!" (22; B 1, 487f.). Die Wertschätzung des Juden durch den Christen und des Christen durch den Juden präludiert der Szene des *Nathan*, in der der Klosterbruder Bonafides in Nathan den wahren Christen und der Jude Nathan – ein barmherziger Samariter auch er – im Christen den wahren Juden erkennen wird: „Nathan! Nathan! / Ihr seid ein Christ! – Bei Gott, Ihr seid ein Christ! / Ein beßrer Christ war nie!" – „Wohl uns! Denn was / Mich Euch zum Christen macht, das macht Euch mir / Zum Juden!" (IV/7; B 9, 597).

Das Samaritergleichnis ist für Lessing deshalb ein so eminenter Text, weil es ihm erlaubt, den Vorrang des rechten Handelns vor dem rechten Glauben als den wahren Kern der christlichen Lehre zu behaupten, und weil er in ihm die Idee des *opus supererogatum*, des „überpflichtigen Werks" (B 10, 32) vorgebildet findet, die im Zentrum der sozialphilosophischen Dialoge zwischen Ernst und Falk über das wahre Freimaurertum stehen wird.

Überpflichtig ist ein Werk, das von keiner Gemeinschaft geboten werden kann, weil es die Grenzen der Gemeinschaft überschreitet. Auch im traditionellen Judentum beschränkt sich das Gebot der Nächstenliebe darauf, dem in Not geratenen Glaubensgenossen helfend zur Seite zu stehen; gegen diese selbstverständliche Auffassung polemisiert bereits die biblische Gleichniserzählung, und es ist dieses polemische Potenzial, das Lessing zur Inspiration für sein komisches Spiel wird, in dem der edle Jude dem Christen zum Nächsten wird, weil dessen Not es ihm gebietet. Auch das Neue Testament spricht ausdrücklich davon, dass der Reisende mit dem Verletzten „Mitleid" hatte (Lk 10,33), stellt also die elementare Regung des Mitleids ins Zentrum der Nächstenliebe. Auch das Neue Testament verknüpft die satirische Polemik mit einem Moment der Rührung, die für Lessings Theologie des Lachens grundlegend ist, und die er auch in den *Juden* als Spiel des komischen Verkennens und der erlösenden Anagnorisis, des Wiedererkennens, inszeniert. Im Baron und dem Reisenden begegnen einander nicht die Vertreter zweier Religionen, sondern zwei Personen, die sich nicht über die Zugehörigkeit zu ihrer Gruppe identifizieren – und sich eben darin als „sympathisierende Geister" (B 10, 57) erkennen. Wenn der Diener des Reisenden es nach der Enthüllung der Identität seines Herrn nicht fassen kann, dass es „Juden" gibt, „die keine Juden sind" (B 1, 1163), dann erweist er sich als Vertreter jenes ‚Namenchristentums', den Lessing im christlichen Pöbel wie im Patriarchen des *Nathan* porträtiert. Der Baron seines Einakters aber zählt zu jenen Christen, die keine Christen (mehr) sind, und bestätigt dem Freund wie dem Publikum, seinerseits die Ausnahme von der Regel zu sein.

Lessings Einakter hat eine Nachgeschichte, die wesentlich dazu beigetragen hat, dass dieses Stück Bewusstseinsgeschichte gemacht hat. 1754 erscheint in den *Göttingischen Anzeigen von gelehrten Sachen* eine Rezension des prominenten Göttinger Theologen Johann David Michaelis, der Lessings Drama lobt, aber kritisch einwendet, es sei „doch allzu unwahrscheinlich", „daß unter einem Volke von den Grundsätzen, Lebensart und Erziehung, das wirklich die üble Begegnung der Christen auch zu sehr mit Feindschaft oder wenigstens mit Kaltsinnigkeit gegen die Christen erfüllen muß, ein solches edles Gemüt sich gleichsam selbst bilden könne" (B 1, 490).

Lessing antwortet auf diesen Einwand mit einem Argument, das nicht nur dem christlichen Vorurteil den Boden entzieht, sondern auch die moralische Selbstgewissheit des Christentums infrage stellt. Zunächst unterscheidet er zwischen der *poetologischen* und der *lebensweltlichen* Dimension des Einspruchs, den Michaelis erhoben hat. Der poetologische ist rasch widerlegt: Das Stück stellt einen reichen, weltläufigen und belesenen Juden dar – sollte dieser Jude dann nicht auch „rechtschaffen und großmütig" (B 1, 492) sein? Der lebensweltlich begründete Kern der Kritik tritt dadurch umso deutlicher zutage: Wer in Zweifel zieht, dass es rechtschaffene und großmütige Juden geben kann, macht diese „nicht bloß zu rohen Menschen", sondern setzt sie „weit unter die Menschheit" (B 1, 491). Dieses Vorurteil ist der eigentliche Skandal, dem Lessings Stück begegnet; und dieses Vorurteil diskreditiert sich selbst: Es spricht den Juden die Menschlichkeit ab und entblößt so den Dünkel – „Stolz! und nichts als Stolz!" (I/2; B 9, 494), heißt es im *Nathan* – und die Lieblosigkeit desjenigen, der ihn hegt. Eben das war nun aber das Beweisziel des Stückes: „noch alsdenn, wenn mein Reisender ein Christ wäre, würde sein Charakter sehr selten sein, und wenn das Seltene bloß das Unwahrscheinliche ausmacht, sehr unwahrscheinlich. – –" (B 1, 492).

Berlin: Freunde und Schrifften

In der Replik auf Michaelis spielt Lessing das urbane Milieu Berlins gegen den beschränkten Horizont Göttingens aus. In Berlin hatte er Gelegenheit, „die Juden näher kennen" zu lernen und sie nicht mit „dem lüderlichen Gesindel" zu identifizieren, das „auf den Jahrmärkten herumschweift" (B 1, 492). Berlin ist eine Einwanderermetropole. Lessing bewegt sich in Kaffeehäusern und Klubs; hier lernt er Vertreter eines modernen Judentums kennen, die sich – zum Leidwesen der Rabbiner – ihrerseits von der journalistischen und geselligen Kultur der Großstadt faszinieren ließen. Dazu zählt der jüdische Arzt Aaron Salomon Gumpertz und ein junger Mann, der als 14-Jähriger mittellos nach Berlin gekommen war und nach Jahren der existenziellen Unsicherheit im Haus eines jüdischen Seidenfabrikanten Unterschlupf gefunden hatte: Moses Mendelssohn.

Einen Brief Mendelssohns an Gumpertz, in dem er sich gegen die erniedrigende Unterstellung, die Juden seien zu moralischer Bildung nicht fähig, souverän zur Wehr setzt, druckt Lessing im Anschluss an seine Replik ab. Gumpertz verkehrte wie Lessing im „Gelehrten Kaffeehaus" und war wie dieser Mitglied des 1752 gegründeten „Montagsklubs", einem Forum des geselligen intellektuellen Austausches, das in engem Kontakt

R. Vellusig, *Lessing und die Folgen*, https://doi.org/10.1007/978-3-476-05784-6_7

mit den gelehrten Zeitschriften Berlins und ihrem Feuilleton stand. Gumpertz dürfte es auch gewesen sein, der Lessing und Mendelssohn 1753 miteinander bekannt gemacht hatte.

Der hochbegabte Mendelssohn war Autodidakt. Als Sohn eines Dessauer Schulmeisters und Gemeindesekretärs wäre ihm der Weg in die rabbinische Elite offen gestanden; gegen den Willen des Vaters entscheidet er sich dazu, sein Glück in Berlin zu suchen und sich ohne jeden institutionellen Rückhalt zum Weltweisen zu bilden. Ende 1754 lernt Lessing Friedrich Nicolai kennen – Autodidakt auch er. Nicolai hatte eine Buchhändlerlehre absolviert und sich nebenher ganz unstandesgemäß in den alten und neuen Sprachen und in der Literatur umgetan. Seine *Briefe über den itzigen Zustand der schönen Wissenschaften in Deutschland* (1755), die er aus Mangel an Gesprächspartnern verfasst hatte, erregten die Aufmerksamkeit der gelehrten Welt; die Aushängebögen weckten Lessings Wunsch, den Verfasser persönlich kennenzulernen.

Der entlaufene Pfarrerssohn, der heimatlose Jude, der gelehrte Buchhändler – sie alle sind dem sozialen und intellektuellen Ghetto ihrer Herkunft entflohen und finden ineinander die idealen Gesprächspartner. In einem Brief an Michaelis hatte Lessing sich als sozial ortlosen Intellektuellen charakterisiert, der allein deshalb in Berlin lebe, weil er „an keinem andern großen Orte leben kann" (16.10.1754; B 11/1, 59). Nicolai wird die Situation der drei Freunde und ihren Gedankenaustausch im Rückblick auf ganz ähnliche Weise charakterisieren:

> Diese drey eng verbundene Freunde, welche wöchentlich wenigstens zwey- oder dreymal zusammenkamen, waren sich darin gleich, dass sie in der gelehrten Welt gar keinen Stand, keine Absichten, keine Verbindungen, keine Aussichten auf Beförderung hatten oder suchten, und selbst in der bürgerlichen Welt ohne alle Verbindung oder Bedeutung waren, auch keine verlangten. Moses und

> Nicolai waren junge Kaufleute, beide noch nicht in eigner Haushaltung. Lessing hatte zwar auf Universitäten studirt, aber gar nicht auf die gewöhnliche Art, oder zu einer von den gewöhnlichen Zwecken und hatte auch in Berlin keine andere Absicht als seine Wissbegierde zu befriedigen. Ihre Studien und ihre Unterhaltungen hatten nichts als bloss die Erweiterung ihrer Kenntnisse und die Schärfung ihrer Beurtheilungskraft zum Zwecke. Desto weniger galt bei ihnen allen irgend eine Autorität oder anderweitige Rücksicht, und Vorurtheil galt gar nicht. (FN, 15f.)

Nicolais Schilderung porträtiert das kulturelle Biotop, in dem sich Lessings kritischer Geist entfaltete, und sie vermittelt eine Ahnung von der Zwangsläufigkeit, mit der die drei Freunde zueinander fanden: Alle drei sind sie ebenso leidenschaftliche wie einsame Leser und auf das Gespräch mit anderen Lesern leidenschaftlich angewiesen. Ihre Debatten waren nicht nur der Ort, sich über das Gelesene zu verständigen, sondern wurden auch zum Nährboden für die Schriften, mit der sie ihr „Symphilosophieren", wie die Romantiker das später nannten, in die Öffentlichkeit trugen.

In einem Brief an den Popularphilosophen Christian Garve hat Schiller die „Erziehung durch Lecture" (1.10.1794; NA 27, 57) als das Signum seiner Epoche identifiziert und sich damit Kant angeschlossen, der die Frage nach dem Wesen der Aufklärung (1784) medientheoretisch beantwortet hatte. Aufklärung ist die kulturrevolutionäre Folge der Freiheit, „von seiner Vernunft in allen Stücken *öffentlichen Gebrauch* zu machen", und dieser öffentliche Gebrauch der Vernunft ist derjenige, „den jemand *als Gelehrter* von ihr vor dem ganzen Publikum der *Leserwelt* macht" (IK 2, 55). Dass ein einzelner Mensch sich aufklärt, ist schwer, wenn nicht gar unmöglich; dass aber ein „Publikum" das tut, ist „beinahe unausbleiblich" (IK 2, 54). Aufklärung ist die zwangsläufige Folge des medialen Wandels, der im 18. Jahrhundert durch die periodischen Printmedien dynamisiert wurde. Kants „Wahlspruch der Aufklärung" (IK 2, 53) zieht nur das Fazit aus der jahrzehntelang geübten publizistischen Praxis, Tag für Tag alles und jedes zum Gegenstand des öffentlichen Nachdenkens zu machen, ohne sich von sozialen Autoritäten einschüchtern zu lassen. Eine der folgenreichsten Folgen dieses Prozesses war die Unterscheidung zwischen der Sozial- und Sachdimension der Kommunikation, die auch in Nicolais Schilderung anklingt: Von ihr hängt es ab, ob kritischer Zweifel als anmaßender Ungehorsam oder sachlicher Dissens wahrgenommen wird.

Der Journalist, Kritiker und Dichter Gotthold Ephraim Lessing ist eine der Ikonen dieses kulturrevolutionären Prozesses. In seinen gelehrten Scharmützeln wird sich Lessing darauf berufen, dass der Streit der Wahrheit immer förderlich ist, weil er „den Geist der Prüfung" nährt und „Vorurteil und Ansehen in einer beständigen Erschütterung" erhält (B 6, 717). Insbesondere „in *Religionssachen*" (IK 2, 66) wird er von der Lizenz zu publizieren selbstbewussten Gebrauch machen. Im Schlagabtausch mit dem Hamburger Hauptpastor Goeze, der seine letzten Lebensjahre verdüstern wird, betont er, dass die modernen Freigeister – anders als die Ketzer vergangener Zeiten – dem Christentum deshalb keinen Schaden zufügen, weil sie „keine Parteien und Rotten" machen möchten: sie schicken ihre „Grillen bloß in die Druckerei" (B 9, 189). Als ihn Goeze darauf verpflichten will, den Disput in der Sprache der Gelehrten (das heißt auf Latein) zu führen, empört er sich darüber mit dem Hinweis, dass der Ausschluss des allgemeinen Lesepublikums durch die akademische Einfriedung der Debatte darauf hinausläuft, die Hoheit über den Diskurs zu behaupten und so die Entwicklung des Christentums zu behindern (vgl. B 9, 193–199).

In Berlin beginnt Lessing sich einen Namen als Autor zu machen. In den Jahren 1753 bis 1755 veröffentlicht er eine sechsteilige Ausgabe seiner *Schrifften*. Die bislang zumeist anonym publizierten oder unveröffentlichten Texte – Lieder, Fabeln,

Lehr- und Sinngedichte, literaturkritische Briefe und gelehrte Studien, Komödien und Trauerspiele – sollen als Werk eines Autors wahrgenommen werden – und erregen die Gemüter: „Seine Schriften sind Zeugnisse für seine Blöße, seine Grobheit und Eigenliebe. Dennoch werden sie bewundert, gepriesen und gelesen", ereifert sich der Theologe Johann Gottfried Reichel in einem Brief an Gottsched: „Dieser freche und unverschämte Jüngling muß [...] gezüchtigt werden" (B 2, 1197).

Der dritte Teil der Sammlung (1754) umfasst Schutzschriften, die darauf abzielen, in der *respublica litteraria* diskreditierten Gelehrten Gerechtigkeit widerfahren zu lassen. Diese sogenannten *Rettungen* sind nicht nur herausragende Beispiele für Lessings an Pierre Bayle geschulter traditionskritischer Energie, sondern auch für seine souveräne philologische Kompetenz, die er bereits mit einer Schrift über Christian Gottlieb Jöchers *Compendieuses Gelehrten Lexicon* (1751) unter Beweis gestellt hatte, in der er es sich zur Aufgabe machte, „die unzähligen Fehler darinne" (B 2, 709) nach eigenen Kräften zu vermindern.

Die *Rettungen* widerlegen die historischen Urteile über den Luther-Gegner Cochläus, den Astronomen Hieronymus Cardanus, dessen Autobiografie Lessing besonders schätzte, den anonymen Verfasser des *Inepti religiosi*, einer religionskritischen Schrift des 17. Jahrhunderts. Bereits im zweiten Band (1753) war in Form fiktiver Briefe eine Rettung des Dichters Simon Lemnius erschienen, der den Zorn Luthers auf sich gezogen hatte und von ihm verfolgt wurde – Zeichen einer Charakterschwäche, die Lessing „lieb" ist, weil sie ihn davor schützen, den verehrten Luther „zu vergöttern": „Die Spuren der Menschheit, die ich an ihm finde, sind mir so kostbar, als die blendendste seiner Vollkommenheiten" (B 2, 658).

Das Glanzstück dieser gelehrten Schutzschriften freilich ist die Verteidigung des Horaz gegen den Vorwurf sexueller Unmäßigkeit. Ihr war eine andere Rettung des Dichters vorausgegangen – die polemische Auseinandersetzung mit dem Laubinger Pastor Samuel Gotthold Lange, dessen Horaz-Übersetzungen Lessing geradezu ingrimmig kritisiert und dem er die Korrektur seiner „Schulschnitzer" (B 3, 143) zu einem aufsehenerregenden *Vade mecum* (1753) zusammengestellt hatte: „Ein hiesiger junger Dichter, Lessing, hat den armen Langen wegen seiner ungeschickten Uebersetzung des Horatz, und der noch ungeschickteren Vertheidigung derselben, elend herumgeholt", meldet der Popularphilosoph Johann Georg Sulzer an seinen Schweizer Mentor, den Schriftsteller Johann Jakob Bodmer (RD, 66).

Nun geht es nicht um die Rettung der Dichtung, sondern um die Vindicatio des Dichters. Der Vorwurf lautet, Horaz habe, *„seine Buhlerinnen in einem Spiegelzimmer genossen, um auf alle Seiten, wo er hingesehen, die wollüstige Abbildung seines Glücks anzutreffen"* (B 3, 163). Lessing quittiert ihn mit einem „Weiter nichts" und lobt Horaz dafür, dass er nicht zu den „groben Leuten" gehörte, „denen Brunst und Galanterie eines ist, und die im Finstern mit der Befriedigung eines einzigen Sinnes vorlieb nehmen" (B 3, 163) – um schließlich in einer subtilen philologischen Beweisführung zu zeigen, dass die Quelle, auf der sich das fragwürdige moralische Urteil stützt, ihrerseits fragwürdig ist.

Ein „*bürgerliches Trauerspiel*“: Miß Sara Sampson

Im sechsten Teil der *Schrifften* publiziert Lessing ein Drama, das er im Untertitel als „bürgerliches Trauerspiel“ ausweist und das als ein solches Literaturgeschichte schreiben sollte: *Miß Sara Sampson*. – „Ein bürgerliches Trauerspiel! Mein Gott! Findet man in Gottscheds critischer Dichtkunst ein Wort von so einem Dinge?“ (B 2, 389), lautet der Kommentar, mit dem sich Lessing in einer Selbstrezension polemisch gegen Gottsched, den großen Reformator der deutschen Schaubühne, behauptet.

Die konventionelle klassizistische Tragödie, der sich Gottsched verpflichtet wusste, dramatisiert diejenigen historisch-politischen Stoffe (Cato, Virginia, Julius Cäsar etc.), in denen es primär um den politischen Machtkampf geht; das bürgerliche Trauerspiel dramatisiert Konflikte zwischen den einzelnen Mitgliedern einer „bürgerlichen Gesellschaft“, die im Falle Lessings in aller Regel der Aristokratie angehören. Der Begriff „bürgerlich“ ist hier also nicht als Gegensatz zum Begriff „adelig“ zu verstehen; er entspricht dem lateinischen „civilis“ und bezeichnet den Menschen, der in einem Gemeinwesen lebt. Dementsprechend heißt es in der ältesten, von Christian Heinrich Schmid verfassten Bibliografie des bürgerlichen Trauerspiels:

R. Vellusig, *Lessing und die Folgen*, https://doi.org/10.1007/978-3-476-05784-6_8

> Es wäre allerdings schicklicher, diese Gattung von Trauerspielen häusliche Tragödien, oder, tragische Familiengemählde, als bürgerliche Trauerspiele zu nennen. [...] Bürger sind hier das Gegentheil von den Personen der heroischen Tragödie (Regenten großer Staaten, Kriegshelden der Vorzeit, Rittern des Mittelalters u.s.w.) und begreifen also vielerley Stände und Klassen von Menschen unter sich. (CHS, 282f.)

Das bürgerliche Trauerspiel zeichnet sich nicht primär durch den Stand des dramatischen *Personals* aus, sondern durch den Inhalt der zwischen den Figuren ausgetragenen *Konflikte*. Das theatralische Spiel rückt die Art und Weise, wie die Figuren mit sich und miteinander umgehen, ins Zentrum der Aufmerksamkeit, und es zeigt, wie sie dabei ihr Lebensglück aufs Spiel setzen. Die Entheroisierung des dramatischen Personals in privatisierte und familiäre Individuen dient also dazu, das Verhalten und das Schicksal der Figuren nachvollziehbar zu machen und dem Zuschauer so die Möglichkeit zu geben, sich zu ihnen in ein persönliches Verhältnis zu setzen. In der *Hamburgischen Dramaturgie* wird Lessing das mit besonderem Nachdruck betonen:

> wenn wir mit Königen Mitleiden haben, so haben wir es mit ihnen als mit Menschen, und nicht als mit Königen. Macht ihr Stand schon öfters ihre Unfälle wichtiger, so macht er sie darum nicht interessanter. Immerhin mögen ganze Völker darein verwickelt werden; unsere Sympathie erfodert einen einzeln Gegenstand, und ein Staat ist ein viel zu abstrakter Begriff für unsere Empfindungen.
> (HD 14; B 6, 251)

Wenn Schmid von „häuslichen Tragödien" oder „tragischen Familiengemälden" spricht und Lessing, Marmontel zitierend, betont: „Die geheiligten Namen des Freundes, des Vaters, des

Geliebten, des Gatten, des Sohnes, der Mutter, des Menschen überhaupt: diese sind pathetischer, als alles; diese behaupten ihre Rechte immer und ewig“ (HD 14; B 6, 251), dann heben beide jenen Kern des Tragischen hervor, der schon bei Aristoteles die Tragödie bestimmt: Im 14. Kapitel seiner *Poetik* betont er, dass es besonders tragisch, weil furchteinflößend und mitleiderweckend ist, „wenn großes Leid unter einander lieben Menschen geschieht, etwa wenn der Bruder den Bruder, der Sohn den Vater, die Mutter den Sohn oder der Sohn die Mutter tötet oder den Plan dazu fasst oder etwas anderes von diese Art tut. Solche Handlungen muss man suchen“ (A, 19).

Lessings erstes Trauerspiel wurde zu einem überwältigenden Bühnenerfolg. Die überlieferten Zeugnisse haben das Bild vom Zeitalter der Empfindsamkeit wesentlich geprägt. Gleim spricht von ihm als einem Trauerspiel, „welches, so oft es aufgeführet wird, keinen Zuseher, mit trockenen Augen, nach Hause gehen läßt“ (WA 1, 35). Viel zitiert sind die Worte des Dichters Karl Wilhelm Ramler, der die Uraufführung des Stückes in Frankfurt an der Oder erlebt hat: „die Zuschauer haben drey und eine halbe Stunde zugehört, stille geseßen wie die Statüen, und geweint“ (B 3, 1221). Friedrich Nicolai berichtet dem Freund, bei der Berliner Aufführung „bis an den Anfang des fünften Aufzugs“ geweint zu haben und dann so gerührt gewesen zu sein, dass ihm die Tränen versagten (B 3, 667f.).

Das Trauerspiel ist in England angesiedelt und ähnelt auf den ersten Blick Richardsons *Clarissa*, dem Inbegriff des empfindsamen Briefromans. Es teilt mit ihm das Motiv der bedrängten und verführten Unschuld. Clarissa, die Titelheldin, wurde von Lovelace, einem erotischen Abenteurer, aus dem Elternhaus gelockt und in einem Gasthof unter Einfluss von Narkotika vergewaltigt. Sie siecht dahin und stirbt den Märtyrertod einer christlichen Lucretia.

Richardson zählt zu den Mitbegründern des modernen Bewusstseinsromans; und das gilt auf dem Gebiet des Dramas auch für Lessing. Zwar könnte das Ethos, dem seine Darstellung folgt, unterschiedlicher kaum sein, aber auch Lessings Trauerspiel vergegenwärtigt eine innere Handlung – das Drama gewinnt seine Dynamik aus den Gewissenskonflikten und widerstrebenden Impulsen der in diese Geschichte verstrickten Figuren.

Sara und Mellefont sind auf der Flucht vor Saras Vater, Sir William, in dessen Haus Mellefont Sara kennengelernt hat und den sie mit ihrer Flucht hintergangen haben. Sir William hat die Flüchtigen in einem Gasthof, wo sie sich kurz vor der Überfahrt nach Frankreich seit neun Wochen aufhalten, aufgespürt und versucht sie zurückzuholen. Vom Aufenthaltsort der beiden in Kenntnis gesetzt wurde er durch Lady Marwood, Mellefonts ‚alter Liebsten' (B 3, 432), die mit der gemeinsamen Tochter Arabella gekommen ist, um den Mann zurückzugewinnen.

Sir William ist zwischen der Liebe zu seiner Tochter und dem Racheverlangen gegenüber ihrem Verführer hin und her gerissen; Sara ist Mellefont in Liebe gefolgt, quält sich aber, den verwitweten alten Vater hintergangen und alleingelassen zu haben; Mellefont hat sich von der Unschuld Saras verzaubern lassen und seinem libertinen Lebenswandel tatsächlich entsagt, scheut sich aber davor, sich an Sara endgültig zu binden und zögert die Hochzeit durch vorgeschützte Erbschaftsangelegenheiten hinaus; Marwood schließlich ist verletzt und wütend, muss sich aber zu Liebe und Nachsicht zwingen, um ihren Mann zurückzuerobern und der Tochter ihren Vater wiederzubringen.

Die Dynamik der inneren Handlung verdichtet sich um die moralischen Pole von Rache und Vergebung (vgl. GTN 3, Kap. IV.4). Die Rachehandlung lässt Lessing zwischen den Geschlechtern spielen, die Vergebungshandlung zwischen den Generationen; und diese beiden Handlungsalternativen sind zudem religionsphilosophisch aufgeladen: Rache und Vergebung entsprechen unterschiedlichen Gottesbildern, die Lessing schon im

Lehrgedicht über die Religion zum Thema wurden. Auf der einen Seite steht das Bild eines sadistischen Rachedämons, dessen „Lust uns strafen zu können der erste Zweck unsers Daseins" ist (I/7; B 3, 443f.), wie Mellefont kritisch bemerkt. Auf der anderen die Vorstellung eines Wesens, „dessen ganze Erhaltungen der elenden Menschen ein immerwährendes Vergeben ist" und das in diesem Vergeben seine „große unüberschwengliche Seligkeit" findet (III/3; B 3, 476), wie der treue Diener Waitwell versichert, der Sara den Vergebungsbrief ihres Vaters bringt.

Die moralpsychologische Pointe dieser Religionsphilosophie besteht in der Einsicht, dass die Erfahrung, anderen und sich selbst vergeben zu können, der Himmel ist, von der die Religion spricht; und das quälende Verlangen nach Rache und die bittere Erfahrung, sich selbst nicht vergeben zu können, die Hölle, in der das Leid, das Menschen sich und einander zufügen, kein Ende findet. Diese beiden Handlungsmuster und die ihnen zugrunde liegende Psychodynamik bilden die Matrix für das dramatische Spiel, das sich auf der Bühne entfaltet.

Mellefont wird sich in der lieblosen Verurteilung Marwoods als „wollüstige, eigennützige, schändliche Buhlerin" (II/7; B 3, 462) als wahrer „Teufel" erweisen, „der schwache Menschen zu Verbrechen reizet, und sie dieser Verbrechen wegen, die sein Werk sind, hernach selbst anklagt" (II/7; B 3, 463), er wird sich selbst zum „Ungeheuer" werden, weil er tatsächlich zögert, Sara zu heiraten (IV/2, 489), und er wird sich selbst nicht vergeben können, Saras Ermordung mitverschuldet zu haben: „Es stehet bei mir nicht, das Geschehene ungeschehen zu machen; aber mich wegen des Geschehenen zu strafen – das steht bei mir!" (V/10; B 3, 526).

Sara wird die als Lady Solmes auftretende Marwood fußfällig um die Gerechtigkeit bitten, sie mit ihr „nicht in einen Rang zu setzen" (IV/8; B 3, 508). Hatte sie sich vor dem Gespräch mit der vermeintlichen Verwandten Mellefonts noch davor gefürchtet, in Lady Solmes eine von den „stolzen Weibern" zu begegnen,

„die voll von ihrer Tugend, über alle Schwachheiten erhaben zu sein glauben“ (III/2; B 3, 470), so wirft sie sich im Gespräch mit ihr selbst zur Richterin über die „alte Liebste“ Mellefonts auf, die sie in ihrem Orakeltraum doch als eine ihr „ähnliche Person“ (I/7; B 3, 442) erkannt hatte.

Worin besteht diese Ähnlichkeit? Marwood und Sara teilen ein- und dasselbe Schicksal: Beide haben einem Mann ihr Herz geschenkt, der sich dann aber sträubt, sie auch zur Frau zu nehmen. Marwood hat ihren guten Ruf aufs Spiel gesetzt; Sara ist im Begriff für den geliebten Mann ihr Lebensglück zu opfern. – Dass sie sich Mellefont hingegeben hat, ist für das dramatische Spiel ohne Belang: „Es war der Fehler eines zärtlichen Mädchens“ (I/1, 434), lautet der lakonische Kommentar Sir Williams. Darauf kann nicht nachdrücklich genug hingewiesen werden. Die von Richardson betriebene Reduzierung der Moral auf Fragen der Sexualität ist für Lessing moralisch selbst fragwürdig. In den *Rettungen des Horaz* hatte er zu verstehen gegeben, dass auch die Sexualität kultiviert werden will: In seinen Notizen zu Edmund Burkes *Philosophical Enquiry into the Origin of our Ideas of the Sublime and Beautiful* (1757) würdigt er die „venerische Wollust“ als Form der Liebe, weil sie sich wie die Liebe dadurch auszeichnet, dass das Glück und Vergnügen der einen Person vom Glück und Vergnügen der anderen nicht zu unterscheiden ist. Auch wenn sie keine „wahre Liebe“ voraussetzt, ist die wollüstige Vereinigung „in den kurzen Augenblicken“ ihrer Dauer wirklich Liebe „und vielleicht die intimste Liebe in der ganzen Natur“ (B 4, 451). Nicht *sinnliche Liebe* ist das Faktum, das die moralische Welt erschüttert, sondern jene *Lieblosigkeit*, die der nur allzu natürlichen Egozentrik des menschlichen Herzens entspringt.

Die Vorlagen für sein dramatisches Spiel fand Lessing bei den Alten: Sara und Marwood sind Medea-Figuren. Marwoods Worte, mit denen sie dem treulosen Mann droht, das gemeinsame Kind zu töten: „Sieh in mir eine neue Medea!“ (II/7; B 3,

464), weisen ausdrücklich darauf hin. Solche „Schlüsselzitate", wie die Forschung sie genannt hat (GTN 3, 45), lassen sich nicht figurenpsychologisch auflösen; sie wollen als philologische Fingerzeige gelesen werden, mit deren Hilfe der Dramatiker sein Publikum auf die Logik seines Spiels aufmerksam macht.

Bei der Aneignung seiner literarischen Vorlagen aber nahm sich Lessing alle Freiheiten, die er in seiner zeitgleich entstandenen Abhandlung über die Trauerspiele des Seneca (1755) dem modernen Dichter zugestanden hatte: Anders als die alten Griechen, deren Tragödien auf den vor allem in Homers Epen überlieferten Mythen beruhten, ist dieser nicht gezwungen, „bei der hergebrachten Geschichte zu bleiben"; „er kann ändern, was er will" (B 3, 563f.) und er soll die Muster, an denen er sich orientiert, „nicht als ein Sklave, sondern als ein Kopf, welcher selbst denkt", nachahmen (B 3, 554). Von einer solchen Praxis, einer einfallsreichen Kunst der ‚Modernisierung' (vgl. B 3, 759), zeugt auch Lessings erstes Trauerspiel; ja, es will geradezu als Zeugnis einer bewussten Aneignungspraxis wahrgenommen werden. Zur Inspiration wurden ihm die *Medea* des Euripides und die *Heroides* Ovids, die sich ihrerseits einer kritischen Euripides-Lektüre verdanken.

Euripides hatte den mythischen Stoff von der mit Zauberkräften begabten Barbarin zu einer Rachetragödie ausgestaltet. Seine *Medea* ist die Tragödie einer Frau, die sich an dem treulosen Mann rächt, indem sie die gemeinsamen Kinder ermordet und sich dadurch selbst ins Unglück stürzt. Medea, die Tochter des Königs Aietes, hat dem Argonauten Jason dabei geholfen, das Goldene Vlies zu rauben und ist mit ihm aus ihrer Heirat geflohen. Als sich Jason in Korinth die Gelegenheit bietet, ins Königshaus einzuheiraten, wird sie von ihm verlassen – ihre Rache ist ein Akt blinder Selbstbehauptung, in der das selbstzerstörerische Potenzial des griechischen Ethos, „schrecklich für die Feinde und den Freunden wohlgesinnt" zu sein (E, 67), das Lessing in seinen philologischen Studien entdeckt hatte (vgl. B 5/2, 44), auf besonders drastische Weise sinnfällig wird. In der Rachetragödie des Euripides macht sich der Chor zum Fürsprecher der „Sterblichen“, indem er Medea auf die selbstzerstörerischen Folgen ihres Racheverlangens hinweist (E, 67). Diesem anderen, humanen Ethos weiß sich auch Lessing verpflichtet, findet er in ihm doch das Gebot der Feindesliebe und des Verzichts auf das Richten und Rächen wieder, das im Zentrum der von ihm sogenannten „Religion Christi“ (B 10, 223) steht: „Ihr habt gehört, dass gesagt ist: ‚Du sollst deinen Nächsten lieben‘ und deinen Feind hassen. Ich aber sage euch: *Liebt eure Feinde* [...]“ (Mt 5,43f.), heißt es in der Bergpredigt. Und: „Richtet nicht, damit ihr nicht gerichtet werdet!“ (Mt 7,1).

Die *Medea* des Euripides ist die antike Rachetragödie schlechthin. Die Ermordung der Kinder, mit der sich Medea „zum unglücklichsten Weib“ (E, 67) macht, markiert den tragischen Endpunkt einer Eskalationsdynamik, in der die Lieblosigkeit des Mannes die Frau in einen Furor der Rache treibt, der um des Triumphes über den treulosen Geliebten willen auch vor der eigenen Selbstzerstörung nicht Halt macht. Alle Tragödien Lessings vergegenwärtigen solche fatalen Eskalationsprozesse, die die in sie involvierten Parteien in Lose-Lose-Situationen führen.

Die Idee, die Geschichte der „jungen Witwe“ (IV/8; B 3, 502) Marwood und des „zärtlichen Mädchens“ Sara als zwei Phasen ein- und desselben Frauenschicksals zu imaginieren, fand Lessing bei Ovid vorgebildet (vgl. GNT 4). In seinen *Heroiden*, fiktiven Briefen mythischer Frauengestalten an ihre Geliebten, lässt Ovid zwei Medea-Figuren zu Wort kommen: Medea, die „puella simplex“ (epist. 12,89f.; O, 116), das „arglose Mädchen“, das sich von Jasons Worten betören ließ – und Hypsipyle, die Königin von Lemnos, mit der Jason zwei Kinder gezeugt hatte, bevor er sich wieder aufmachte, um auf Kolchis das goldene Vlies zu rauben und gemeinsam mit Medea über das Meer zu fliehen. Ihr gilt Hypsipyles Fluch; dieser Medea würde sie selbst zur Medea werden: „Medeae Medea forem!“ (epist. 6,151; O, 62).

Lessing eignet sich diese Idee an: Seine Marwood ist der Hypsipyle des Ovid nachgebildet, die sich nach der Demütigung durch Jason in eine „neue Medea" verwandelt. Das gibt ihm dem Spielraum, Sara ihrerseits das Schicksal einer Medea-Figur zuzudenken, die jene Flucht über das Meer noch nicht angetreten hat, vor der sie zu Beginn des Stücks so zurückschauert (vgl. I/7; B 3, 445), und sie das Schicksal der Kreusa erleiden zu lassen, das sie selbst provoziert, indem sie sich über die ehemalige Geliebte Mellefonts auf lieblose und selbstgerechte Weise überhebt und mit dieser für Lessings Trauerspiele so charakteristischen „Übereilung" (IV/8, B 3, 508) Marwood dazu verführt, sich besinnungslos dem Triumph der Rache zu überantworten: „Ich muß weder mich noch sie zu sich selbst kommen lassen" (IV/9; B 3, 510) – und so tatsächlich zur Mörderin zu werden, die „ihrem Schicksale nicht entgehen" (V/10; B 3, 523) wird.

Der überwältigende Bühnenerfolg dieses tragischen „Lehrstücks über Rache und Vergebung" (GTN 3, 127) war nur von kurzer Dauer. Noch im 18. Jahrhundert verschwindet das Stück aus dem Repertoire der Bühnen. Bereits 1775 schreibt Johann Martin Miller, der Verfasser des tränenseligen Erfolgsromans *Siegwart*: „Heut wurde Sara, das an sich schon mittelmässige und langweilige Stück, gar langweilig und schlecht aufgeführt. Ich hätte wirklich noch die Sara für besser gehalten, aber auf dem Theater ennuyirt und beleidigt sie erschreklich" (RD, 338). Das hat ganz wesentlich damit zu tun, dass Lessings erstes Trauerspiel nicht nur für das Theater, sondern auch für die Lektüre geschrieben ist. Wenn Lessing seine Figuren in so extensiver Weise über ihre Gefühle sprechen und ihr Erleben so intensiv zum Gegenstand der Reflexion machen lässt, dann tut er das aus zweierlei Gründen: Zum einen soll die Figurenrede das Spiel der Schauspieler unwillkürlich lenken: „der dramatische Dichter muß dem Schauspieler Gelegenheit geben, seine Kunst zu zeigen", und das kann er am besten, wenn sein Text ihn in eine „gewisse Verfassung des Geistes" bringt, „auf welche diese oder jene Veränderung des Körpers von selbst, ohne sein Zutun, erfolgt". Je differenzierter der Dramatiker die darzustellenden Affekte artikuliert, „desto unmerklicher gerät der Schauspieler selbst darein" (14.9.1757; B 11/1, 249f.). Zum anderen soll die Rede der *dramatis personae* dem Leser die Gelegenheit geben, die Erfahrungswirklichkeit der Figuren auf der Bühne seines Bewusstseins zum Leben zu erwecken. Lessing hat die Nachteile dieses „untheatralischen" oder auch „allzutheatralischen" Verfahrens bewusst in Kauf genommen (14.9.1757; B 11/1, 251). Als Moses Mendelssohn beiläufig darauf hinweist, dass die *Sara* einige „indeklamable", für die Schaubühne „allzu philosophische" Stellen enthalte: „die vortrefflichsten Gedanken entwischen dem Zuhörer unvermerkt, die den Leser am meisten vergnügt haben" (11.8.1757; B 11/1, 233), zeigt er sich unbeirrt: Eben weil es die philosophischen sind, wird er sie nicht streichen, „wenigstens so lange nicht, als noch immer mehr Leute Trauerspiele lesen, als vorstellen sehen" (18.8.1757; B 11/1, 239).

Zu diesen philosophischen Stellen gehört auch das Finale des Spiels, in dem Sara den Tod des Sokrates stirbt. Wie der Philosoph nach dem Trunk des Schierlingsbechers durchlebt sie das Absterben ihrer Glieder in vollem Bewusstsein und macht die Erfahrung des Sterbens zum Gegenstand der Reflexion: „Diese Hand hängt wie tot an der betäubten Seite. – Wenn der ganze Körper so leicht dahin stirbt, wie diese Glieder – [...] wenn das, was ich empfinde, Annäherungen des Todes sind, – so sind die Annäherungen des Todes so bitter nicht, – Ach!" (V/7; B 3, 518f.). Mit dem Hinschwinden ihrer physischen Kräfte löst sich auch das egozentrische Verlangen nach Selbstbehauptung auf:

> Lassen Sie mich nichts von Rache hören. Die Rache ist nicht unser! [...] Ach, Mellefont, warum sind wir zu gewissen Tugenden bei einem gesunden und seine Kräfte fühlenden Körper weniger, als bei einem siechen und

> abgematteten aufgelegt? Wie sauer werden Ihnen Gelassenheit und Sanftmut, und wie unnatürlich scheint mir des Affects ungeduldige Hitze!" (V/5; B 3, 516f.)

Saras Sterben revidiert die Vorstellung vom Tod als „der Sünde Sold" (Röm 6,23) – so die Formulierung, mit der Paulus den Mythos vom Sündenfall auf den Begriff bringt. Der Gedanke, dass selbst der natürliche Tod ein Akt göttlicher Rache sei, wird Lessing auch in seiner kunstwissenschaftlichen Schrift über die Darstellung des Todes in der Antike zum Problem werden. Dort wird er sein Publikum darauf aufmerksam machen, dass die Alten den Tod nicht als Skelett, sondern als schönen Jüngling, als „Zwillingsbruder des Schlafes", gebildet haben – Hypnos und Thanatos (B 6, 723): „Es hat Weltweise gegeben", so Lessings Kommentar, „welche das Leben für eine Strafe hielten; aber den Tod für eine Strafe zu halten, das konnte, ohne Offenbarung, schlechterdings in keines Menschen Gedanken kommen, der nur seine Vernunft brauchte" (B 6, 778). Nicht der Tod ist schrecklich, so Lessings Überzeugung, sondern das Sterben oder vielmehr: die Art und Weise, wie jemand zu Tode kommt (vgl. B 6, 760f.). Das Schreckgespenst aber, von dem die mittelalterlichen Totentänze zeugen, ist bloß das Abbild einer missverstandenen Religion: „Nur die mißverstandene Religion kann uns von dem Schönen entfernen: und es ist ein Beweis für die wahre, für die richtig verstandene wahre Religion, wenn sie uns überall auf das Schöne zurückbringt" (B 6, 778). Auch hier also konvergieren Lessings Religionsphilosophie und seine Ästhetik auf ganz selbstverständliche Weise.

Schön ist der Tod, den Sara stirbt, schrecklich der Selbstmord ihres Geliebten Mellefont. Was macht den einen Tod schön? Nichts anderes als die Einsicht, dass das Verlangen nach Rache selbstzerstörerisch ist und dass der Verzicht auf das Richten und Verdammen sich selbst belohnt, weil er der Seele jene „Gelassenheit und Sanftmut" schenkt, die der Gekreuzigte den „Himmel“ nennt. Was macht den anderen Tod schrecklich? Nichts anderes als dieses Racheverlangen, das sich im Falle Mellefonts in den Verwünschungen austobt, mit denen er Saras Mörderin Marwood überschüttet, und nichts anderes als die Verzweiflung darüber, an Saras Tod Mitschuld zu haben und sich diese Schuld nicht vergeben zu können.

Lessings Übersetzung der antiken Rachetragödie in ein religionsphilosophisches Bewusstseinsdrama findet ihr Telos in der Bereitschaft Sir Williams, Arabella, die Tochter der Mörderin seiner Tochter, an Kindes statt anzunehmen. – Dieses Motiv wird Lessing ins Zentrum des *Nathan* stellen.

Ein Briefwechsel über das Trauerspiel

Die Souveränität des philologischen Quellenstudiums, von der Lessings modernisierte *Medea* zeugt, demonstriert er auch in einem Briefwechsel, in dem er mit den Freunden den (mit Schiller zu sprechen) „Grund des Vergnügens an tragischen Gegenständen" erforscht. Im Oktober 1755 hatte Lessing Berlin verlassen und war nach Leipzig gegangen. Was er dort suchte, ist nicht geklärt – er wird es vielleicht selbst nicht genau gewusst haben. Bereits im Frühjahr hatte er seine Stelle als Redakteur der *Berlinischen Privilegierten Zeitung* aufgegeben, in einem Brief an seinen Vater deutet er an, dass es ihn „nach Moscau" zieht, wo Anfang des Jahres eine Universität gegründet wurde (11.4.1755; B 11/1, 65).

Mit der räumlichen Trennung wurde der Briefwechsel zum eigentlichen Medium des Gedankenaustauschs und des freundschaftlichen Umgangs. Lessing war, wie Moses Mendelssohn bekundete, „nie der rüstigste Briefschreiber" (MM 2, 333), wenn es bloß darum ging, Kontakt zu halten; auf den lebendigen Austausch mit Gleichgesinnten aber war er angewiesen, weil ihm nur ein denkend vollzogenes Leben als intensiv gelebtes Leben galt (vgl. B 8, 137). Nach Abschluss der Arbeit an der *Sara* hatte er „eine Menge unordentlicher Gedanken über das bürgerliche

R. Vellusig, *Lessing und die Folgen*, https://doi.org/10.1007/978-3-476-05784-6_9

Trauerspiel aufgesetzt“ (20.7.1756; B 3, 663), die er den Freunden zur Prüfung sandte.

Vorausgegangen waren dem Briefwechsel eine Sammlung fiktiver Briefe *Über die Empfindungen* (1755), in denen Moses Mendelssohn sich auch die Natur der sogenannten „vermischten Empfindungen“ verständlich zu machen suchte, und eine *Abhandlung vom Trauerspiele*, das Friedrich Nicolai verfasst hatte. Mendelssohn hatte das Mitleid als eine Empfindung bestimmt, in der sich das Wohlwollen, das wir einer Person entgegenbringen, mit dem Leid mischt, das uns ihr Unglück bereitet (vgl. MM 1, 85f.). Diese Bestimmung sollte das merkwürdige Paradox erklären, dass sich die Zuschauer daran erfreuen, fremdes Leid auf der Bühne dargestellt zu finden – ein Phänomen, das bereits Aristoteles beschäftigt hatte, dessen *Poetik* zu den Berufungsinstanzen der frühneuzeitlichen Dramentheorie zählte. Die traditionelle Auslegung der *Poetik* aber war ins Visier des Autodidakten Nicolai geraten, der zwar die Erregung der Leidenschaften zum Ziel der Tragödie erklärte, aber die Vorstellung zurückwies, dass dabei eine Reinigung der Affekte oder gar eine Bildung der Sitten stattfinde (vgl. 31.8.1756; B 3, 664).

Nicolais Aristoteles-Kritik wurde Lessing zum willkommenen Anlass, ein alternatives Verständnis dieses Bildungsauftrags zu entwickeln, den Aristoteles der Tragödie zuschreibt. Die Crux seiner Argumentation liegt in der Frage, welche Leidenschaften das Trauerspiel erregt. Er unterscheidet zwischen den Leidenschaften, die auf der Bühne dargestellt werden, und denjenigen Gefühlszuständen, die der Zuschauer empfindet: Die Figuren des Stückes können alle möglichen Leidenschaften durchleben: Freude, Liebe, Zorn, Rachsucht – diese werden aber dadurch nicht schon zu den Leidenschaften der Zuschauer. Die einzige Leidenschaft, von der sich sagen lässt, dass sie der Zuschauer „selbst *fühlt*, und nicht bloß fühlt, ein andrer fühle sie“ (Nov. 1756; B 3, 669), ist das Mitleid. Schrecken und Bewunderung, die Nicolai ebenfalls angeführt hatte, sind für Lessing lediglich Teil dieses Prozesses – insbesondere die Bewunderung, „das entbehrlich gewordene Mitleiden", wie Lessing sagt, wird von ihm depotenziert. Der Held, der „über sein Unglück so weit erhaben" und auf sein Unglück geradezu „stolz" ist, gibt dem Zuschauer keinen Anlass mehr, ihn zu bedauern (Nov. 1756; B 3, 670); er wird von Lessing deshalb entsorgt. Man lasse alle christlichen Märtyrerdramen unaufgeführt, lautet denn auch der Rat, mit dem er 1767 die *Hamburgische Dramaturgie* eröffnen wird (vgl. HD 2; B 6, 193).

Bereits die schottischen Moralphilosophen, namentlich Francis Hutcheson, dessen posthum erschienenes *System of Moral Philosophy* Lessing Ende 1755 übersetzt (vgl. B 3, 744–753), hatten moralische Empfindungen nicht auf ein soziales Disziplinierungsprogramm zurückgeführt, sondern als Teil der menschlichen Natur begriffen. Lessing folgt ihnen darin. In der Fähigkeit, am Leid anderer mitfühlend Anteil zu nehmen (und sich von diesem Leid zu prosozialem Handeln bewegen zu lassen), sieht er jenes elementare menschliche Vermögen, das das Trauerspiel kultiviert und das es nur kultivieren kann, wenn es den Zuschauer zugleich auch vergnügt. Nutzen und Vergnügen – *prodesse et delectare*, wie es in der *Ars poetica* des Horaz heißt – sind ohne einander nicht zu haben:

> *Der mitleidigste Mensch ist der beste Mensch*, zu allen gesellschaftlichen Tugenden, zu allen Arten der Großmut der aufgelegteste. Wer uns also mitleidig macht, macht uns besser und tugendhafter, und das Trauerspiel, das jenes tut, tut auch dieses, oder – es tut jenes, um dieses tun zu können. (Nov. 1756; B 3, 670)

Das also ist Lessings apologetischer Gegenentwurf zu Nicolais Aristoteles-Kritik. Moses Mendelssohn kann sich dem nicht anschließen: Ihm gilt die von Lessing so geringschätzig behandelte Bewunderung als „Mutter der Tugend", als eine höhere Empfindung, deren „Glanz" das „Gemüt durchdringt" (23.11.1756; B 3, 676), weil sie uns dazu veranlasst, dem Bewunderten nachzueifern.

Mendelssohns Einspruch nötigt Lessing dazu, seine Theorie des Mitleids zu profilieren. Er tut dies, indem er die empathische Fähigkeit, unmittelbar inne zu werden, wie und wonach jemandem zumute ist, vom basaleren Phänomen der Gefühlsansteckung (oder Stimmungsübertragung) abgrenzt. Dazu unterscheidet er zwischen dem bloßen Mitschwingen mit den Gefühlen anderer (die er „mitgeteilte Affekte" nennt, weil sie auf das Ausdrucksverhalten der literarischen Figuren reagieren) und „ursprünglichen Affekten", die dadurch entstehen, dass der Betrachter sich eine Vorstellung von der Situation macht, in der sich die Figuren befinden (2.2.1757; B 3, 713f.). Der Zuschauer ist mithin nicht auf den Wahrnehmungs- und Wissenshorizont der Figuren beschränkt, sondern reagiert immer auch auf die Situation, in der sie sich befinden, und darauf, dass sie ihre Lage verkennen. Bereits im Briefwechsel über das Trauerspiel macht Lessing also deutlich, dass das mit literarischen Mitteln kultivierte Mitleid die Urteilsfähigkeit des Betrachters mit einschließt und die emotionale Anteilnahme am Leid der literarischen Figuren auch ein Moment der Distanz gegenüber ihrer Erlebnisperspektive besitzt.

Diese Hinwendung zur situativen Einbettung mitleidvoller Anteilnahme verdankt sich auch einer vertieften Auseinandersetzung mit der *Poetik* des Aristoteles. In ihr stößt Lessing auf die Lehre vom „Mittelcharakter" und der *hamartia*, den Fehler des Tugendhelden, die ihm zur Inspiration wird, weil sie seiner Abneigung gegenüber den ‚halsstarrigen' Helden der stoischen Bewährungstragödie (28.11.1756; B 3, 680) entgegenkommt und seinem Denken in Prozessen entspricht. Auch der Tugendheld darf nicht ohne Fehler sein, wenn uns sein Unglück rühren soll – nicht, weil das Unglück eines vollkommenen Menschen Abscheu erwecken würde, wie Lessing befindet, sondern „weil ohne den Fehler, der das Unglück über ihn zieht, sein Charakter und sein Unglück kein *Ganzes* ausmachen würden, weil das eine nicht in dem andern gegründet wäre, und wir jedes von diesen zwei Stücken besonders denken würden" (18.12.1756; B 3, 701). Unzusammenhängend wäre ein Unglück, das den Helden wie der Blitz oder ein einstürzender Palast gleichsam aus heiterem Himmel trifft; es wäre nicht Teil seiner Geschichte, sondern ein Schlag des Schicksals, der – eben weil er jeden treffen könnte – nicht Mitleid, sondern „Entsetzen und Abscheu" erregen müsste (18.12.1756; B 3, 701).

Der Briefwechsel über das Trauerspiel ist ein unvollendetes Projekt. Gleichwohl zählt er zu den eindrucksvollsten Zeugnissen eines gemeinsamen Nachdenkens über Fragen der Kunst und wurde seit seinem Erstdruck im Rahmen von Lessings *Sämmtlichen Schriften* (1794) als Teil von Lessings Werk wahrgenommen. Das Briefgespräch, das den Freunden den Freiraum gab, ihre Gedanken „*unter der Feder reif werden zu lassen*" (18.12.1756; B 3, 693), fasziniert durch die Entschiedenheit, mit der es geführt wurde, und die Bereitschaft, den Disput in der Sache als Freundschaftsdienst zu begreifen: „Sie sind mein Freund; ich will meine Gedanken von Ihnen geprüft, nicht gelobt haben" (28.11.1756; B 3, 683), schreibt Lessing an Moses Mendelssohn und:

> *Liebster Freund!* Sie haben Recht; ich habe in meinem Briefe an Sie ziemlich in den Tag hinein geschwatzt. [...] Lassen Sie mich jetzt versuchen, ob sie [meine Gedanken, R.V.] durch Ihre Einwürfe und Erinnerungen reifer geworden. Ich lösche die ganze Tafel aus, und will mich über die Materie von der Bewunderung noch gar nicht erklärt haben. Von vorne! (18.12.1756; B 3, 693)

Mendelssohn wird seine Beiträge zunehmend in den Rahmen seiner Theorie der „theatralischen Illusion" stellen und Nicolai darin beipflichten, dass das Trauerspiel nicht bloß mitleidvolle Leidenschaften im Zuschauer zu erregen vermag (Dez. 1756; B 3, 689f.); Lessing wird sich im Frühjahr 1757 aus der Debatte zurückziehen. Vermutlich sah er sich durch die vertiefte Auseinandersetzung mit der *Poetik* des Aristoteles zu einem Neuansatz gezwungen. Schon nach der Lektüre der *Rhetorik* und der *Nikomachischen Ethik* des Aristoteles wird ihm bewusst, dass das griechische *phobos* nicht mit „Schrecken", sondern mit „Furcht" zu übersetzen sei (2.4.1757; B 3, 716). Damit verlieren all seine Vorbehalte ihre philologische Basis. In der *Hamburgischen Dramaturgie* wird er diese Spur weiterverfolgen und das Verhältnis von *eleos* und *phobos* neu denken und begrifflich neu fassen. Die Formel heißt „Mitleid und Furcht".

Schule der anschauenden Erkenntnis: Fabeln

Im Briefwechsel über das Trauerspiel hatte Lessing seinen Freunden geraten, „bei den Alten in die Schule" zu gehen (28.11.1756; B 3, 681). Die Alten wurden ihm auch zum Maßstab für seine kritische Auseinandersetzung mit der zeitgenössischen Fabelproduktion, namentlich mit den deutschen Nachahmern Jean de La Fontaines. Nicht gegen ihn, „dieses sonderbare Genie", wenden sich Lessings kritische Vorbehalte, sondern gegen seine „blinden Verehrer" (B 4, 399). Lessings Skepsis gilt dem Vers und dem Plauderton, den La Fontaine in seinen Fabeln kultiviert hatte; seiner Auffassung nach widerspricht diese Form des Vortrags der „Präcision und Kürze" (B 4, 398), die am Ursprung der Gattung steht und die ihrem Wesen allein angemessen ist.

Aristoteles hatte die Fabel nicht in seiner *Poetik*, sondern in der *Rhetorik* diskutiert und war dabei der Intuition gefolgt, dass Fabeln ihren Sinn erst in einem konkreten Rede- und Interaktionszusammenhang erhalten: Fabeln deuten konkrete Situationen durch Geschichten, die eine konkrete Situation vergegenwärtigen; sie sind – Sprichwörtern vergleichbar – narrativ aufbereitete Deutungsmuster für Erfahrungen. Wenn Lessing sich und seine Zeitgenossen an die ursprüngliche Funktion der

R. Vellusig, *Lessing und die Folgen*, https://doi.org/10.1007/978-3-476-05784-6_10

Gattung erinnert, dann steht der Rückgang zu den Quellen im Zeichen einer kritischen Grenzmarkierung zwischen Literatur, Rhetorik und Philosophie.

Ähnliches hatte er bereits in einer mit Moses Mendelssohn verfassten Abhandlung über Alexander Popes *Essay on Man* (1734) unternommen, in der er die von der Königlichen Akademie der Wissenschaften zu Berlin ausgeschriebene Preisfrage nach dem philosophischen Gehalt dieses Lehrgedichts mit dem Argument zurückgewiesen hatte, dass die Sprache der Dichtung nicht mit den Maßstäben der begriffsgeleiteten Erkenntnis gemessen werden darf: Popes Gedicht ist als Gedicht „eine vollkommene sinnliche Rede" (B 3, 617), wie Lessing sagt, und diese Eigenlogik des Verses und der Bildlichkeit stehen der begrifflichen Präzision und der argumentativen Stringenz im Wege, der die philosophische Reflexion verpflichtet ist.

Ähnliches gilt für die Fabel: Sie gehört zwar zu den literarischen Modegattungen des 18. Jahrhunderts, ihr ursprünglicher Sitz im Leben aber war nicht das Buch, sondern die Rede. Fabelsammlungen wie die unter dem Namen Aesop überlieferten waren nicht primär für die Lektüre gedacht, sondern fungierten als Gedächtnisstützen für den Redner, der sie im geeigneten *Kontext* nutzen konnte. Im Prozess ihrer Literarisierung profilierte sich die Fabel als Text unter *Texten*, und die Leistung La Fontaines lag darin, sie zu kleinen narrativen Kunstwerken auszugestalten und ihnen eine Leichtigkeit zu geben, die an der Kunst der geselligen Konversation Maß nimmt und sich eben deshalb auch für die selbstgenügsame Lektüre eignet.

Anders Lessing. Er begreift die Fabel als eine Erzählung, die eine moralische Wahrheit zur „anschauenden Erkenntnis" bringt (B 4, 376). Moralische Wahrheiten sind Wahrheiten über Fragen des einzel- und zwischenmenschlichen Handelns, insofern dieses sich an Werten orientiert. Die Fabel bereitet solche Wahrheiten für die Imagination auf, indem sie dieses Handeln vergegenwärtigt. Sie folgt also einer moralphilosophischen Absicht; und die Kunst der Versifikation ist diesem Ziel abträglich, weil sie vom Wesentlichen ablenkt. Die berühmte Fabel vom geschnitzten Boden, der zerbricht, weil der Künstler ihn mit Jagdfiguren geziert hat, macht dies anschaulich, indem sie in aristotelischer Manier auf den „Skopus" der Gattung – das ihr eingeschriebene Ziel – verweist: Wer jagen will, braucht einen brauchbaren Bogen, keine Bilder von der Jagd.

An Aristoteles geschult ist nicht nur das Programm, aus der Frage nach dem Wesen der Gattung Gesichtspunkte zu gewinnen, die es erlauben, die literarische Praxis zu optimieren; aristotelisch ist auch Lessings Verfahren, empirische Evidenz und generalisierende Reflexion zu verschränken. Alle allgemeinen Bestimmungen sind aus der Beobachtung gelungener Beispiele abgeleitet, die ihrerseits den Blick für das Wesentliche schulen sollen. Lessings eigenen Fabeln wollen als Proben aufs Exempel gelesen werden, weshalb er denn auch dazu rät, „die *Fabeln* nicht ohne die *Abhandlungen* zu beurteilen" (B 4, 299). – Nicht anders wird er in seinen Studien zum Epigramm verfahren, die aus der Logik von „*Erwartung* und *Aufschluß*" (B 7, 188) Kriterien entwickeln, nach denen sich das Gelingen des einzelnen Textes bemessen lässt.

Lessings Verfahren lässt sich exemplarisch an einer Fabel mit dem Titel *Der Geizige* studieren. Sie weist ausdrücklich darauf hin, dass sie als Neufassung der gleichnamigen Fabel des Aesop verstanden werden will: „Fab. Aesop. 59." (B 4, 967). In Lessings Vorlage hat ein Geizhals sein Vermögen zu Geld gemacht und dafür einen Klumpen Gold gekauft, den er vor seiner Mauer vergräbt. Er wird ausspioniert; das Gold wird gestohlen. Als er den Diebstahl entdeckt und den Diebstahl beklagt, erhält er von einem Wohlmeinenden den Rat, an der Stelle des gestohlenen Schatzes einen Stein zu vergraben: „Sei nicht traurig, mein Freund, sondern nimm einen Stein, lege ihn an dieselbe Stelle und stelle dir vor, dass dein Gold dort liegt. Denn damals, als es noch dort lag, hast du es doch auch nicht gebraucht" (Ä, 219). Das *fabula docet* hält fest: „Die Geschichte veranschaulicht, dass Besitz wertlos ist, wenn nicht auch der Gebrauch hinzukommt" (Ä, 221).

Offensichtlich ist die Lektion, die Äsops Fabel dem Geizhals erteilt, nicht geeignet, die Natur des Geizes anschaulich zu machen. Besitz ist nicht wertlos – ganz im Gegenteil: Er ist dem Geizigen mehr wert als der Nutzen, den er aus ihm ziehen könnte. Insofern erweist sich der Rat als geradezu begriffsstutzig: Er hat keine Vorstellung von der inneren Wirklichkeit des Geizes, sondern vermag ihn nur aus der Außenperspektive des gesunden Menschenverstandes zu beurteilen. Deshalb wird Lessing die vorgeschlagene Lösung zum Problem; er macht sie zum Ausgangspunkt seiner Neufassung:

> Ich Unglücklicher! klagte ein Geizhals seinem Nachbar. Man hat mir den Schatz, den ich in meinem Garten vergraben hatte, diese Nacht entwendet, und einen verdammten Stein an dessen Stelle gelegt.
> Du würdest, antwortete ihm der Nachbar, deinen Schatz doch nicht genutzt haben. Bilde dir also ein, der Stein sei dein Schatz; und du bist nichts ärmer.
> Wäre ich auch schon nichts ärmer, erwiderte der Geizhals; ist ein andrer nicht um so viel reicher? Ein andrer um so viel reicher! Ich möchte rasend werden. (B 4, 322)

Lessings Fabel nimmt die Erlebniswirklichkeit des Geizigen ernst und übersetzt sie in Handlung, das heißt in „*eine Folge von Veränderungen, die zusammen Ein Ganzes ausmachen*" (B 4, 357). Solche Veränderungen sind nicht notwendigerweise äußerer Natur; „jeder innere Kampf von Leidenschaften, jede Folge von verschiedenen Gedanken, wo eine die andere aufhebt" (B 4, 363), ist eine Handlung im Sinne Lessings. Das Ganze dieser Handlung ist der moralische Begriff des Geizes. Die Fabel bringt ihn zur anschauenden Erkenntnis, indem sie seine Psychodynamik offenlegt: Der Umschlag von Klage in Wut, zeigt, dass Geiz und Neid zwei Seiten ein und derselben Medaille sind. Der Geizige hortet sein Vermögen, weil er es weder sich noch einem anderen gönnt.

Lessings Fabeln stehen nicht im Kontext der Rede; sie sind nicht dazu gemacht, im gegebenen Anlassfall moralisierend verwendet zu werden, sondern wollen als genuin schriftliche Texte wahrgenommen werden, die als Formen anschauender Erkenntnis der begrifflichen, mit Lessing zu sprechen: der „symbolischen" Erkenntnis zur Seite stehen (B 4, 373). Die Lebhaftigkeit der Darstellung, die sie anstreben und die an der Fabel vom Geizigen sinnfällig wird, ist der Gattung nicht äußerlich; sie bildet deren ästhetischen Kern, weil sie einem allgemeinen Fall „*die Wirklichkeit erteilt*" (B 4, 376), wie Lessing sagt. Den Status der „Wirklichkeit" gewinnt ein moralphilosophisches Gedankenspiel, wenn es sich in einem Ich und seinem Hier und Jetzt konkretisiert: „Die Wirklichkeit kommt nur dem Einzeln, dem Individuo zu; und es läßt sich keine Wirklichkeit ohne Individualität gedenken" (B 4, 371). Die moralphilosophische Erkenntnis, die die Fabel vermittelt, ist deshalb auf die Suggestivkraft der literarischen Darstellung angewiesen. Lehrreich werden Fabeln in dem Maße, in dem es ihnen gelingt, einen Imaginationsprozess in Gang zu setzen, der es erlaubt, das moralische Handeln nicht nur ernsthaft zu bedenken, sondern auch von innen her nachzuvollziehen.

Das lässt sich noch einmal anhand von Lessings Neufassung der Fabel vom Geizhals studieren: Dass Besitz allein wertlos ist, ist die Einsicht des gesunden Menschenverstandes, auf den sich die Vorlage beruft; dass das moralische Manko des Geizigen gerade darin besteht, den Besitz niemand anderem zu gönnen, ist die moralkritische Pointe, die Lessings Neufassung ihren Witz verleiht: Seine Fabel vermittelt eine Ahnung davon, was es heißt, geizig zu sein. Sie ist nicht dazu gemacht, einem Geizhals die Leviten zu lesen oder ihn dem Spott und Hohn preiszugeben; sie soll dem denkenden Kopf eine moralphilosophische Wahrheit erschließen.

Wie in seiner Apologie des Lustspiels und des Trauerspiels macht Lessing auch in seiner Theorie der Fabel klar, dass die Erkenntnisleistung der Gattung von ihrem ästhetischen Reiz nicht zu trennen ist. Auch die Fabel profiliert er als eine Form der Bewusstseinspoesie – auch wenn sie, anders als das Lust- und das Trauerspiel, am Schicksal ihrer Personen nur insofern Anteil nimmt, als sie Teil des moralischen Satzes sind, den sie zur lebendigen Anschauung bringt: Ihre Geschichte braucht den Fabulisten nicht zu interessieren; er kann sie „mitten auf dem Wege stehen" lassen, (B 4, 367).

Lessings Fabeln sind Exerzitien in der Kunst, die poetische Vergegenwärtigung des menschlichen Handelns zum Modell der moralischen Erkenntnis zu machen (vgl. GTN 2). In dieser Hinsicht verfolgen sie dasselbe Projekt wie Lessings Dramen. Und wie diese führen auch sie eine Praxis vor, die als solche nachvollzogen werden will: Es ist die Kunst der moralphilosophischen Reflexion, zu der die Handlungskonstruktion Anlass gibt und die ihr zugrunde liegt.

Ihren eigentlichen, „*heuristischen* Nutzen", wie Lessing sagt, findet die Fabel daher im Unterricht: Sie soll die Schüler lehren, „sich eben so leicht von dem Besondern zu dem Allgemeinen zu erheben, als von dem Allgemeinen zu dem Besondern sich wieder herab zu lassen" und sie dadurch zu einem „*Genie*" erziehen (B 4, 408). Die Schüler sollen Fabeln nicht nur lesen, sondern sich im fabelhaften „*Principium der Reduction*" üben, indem sie selbst Fabeln erfinden oder vom Lehrer wenigstens dazu angeleitet werden, sich den Schatz der Fabelüberlieferung selbstdenkend anzueignen, wie Lessing es im zweiten Buch seiner Fabelsammlung vormacht.

Literaturbriefe (vornehmlich der siebzehnte)

1759 lancieren Lessing, Mendelssohn und Nicolai ein journalistisches Projekt, das einen neuen Ton in die Literaturkritik bringt. Nicolai erinnert sich, dass die Journale damals „fast alle frostig, seicht, partheyisch, voll Complimente" (B 4, 1086) waren; das eigene Projekt sollte die Offenherzigkeit der gemeinsamen Gespräche in die Öffentlichkeit tragen: „Oft hieß es unter uns im Scherze: Man dürfte ja nur schreiben, was wir so oft sagen" (B 4, 1086). Die *Briefe, die neueste Literatur betreffend* machten sich den unvoreingenommenen Gedankenaustauch, der schon den Briefwechsel über das Trauerspiel charakterisiert hatte, zum Prinzip. Sie erlaubten sich, „keinen bestimmten Zweck vorstellen" zu müssen, Anfang und Ende selbst bestimmen und ihren Gegenstand nach Belieben wählen zu können (B 4, 1087). Vor allem aber nahmen sie auf die Prominenz der Verfasser keine Rücksicht. Der Jurist Johann Heinrich Gottlob von Justi wird in einem Schreiben an Friedrich II. (10.3.1761) gegen die Autoren ins Feld führen, dass diese „die berühmtesten Gelehrten in allen Landen auf die unhöflichste und unverantwortlichste Art mißhandeln" und „weder gegen Gott noch gegen Menschen Ehrerbietung haben" (zit. nach GEL, 344f.). Insbesondere Lessings Beiträge wurden in ihrer Prägnanz, Ele-

R. Vellusig, *Lessing und die Folgen*, https://doi.org/10.1007/978-3-476-05784-6_11

ganz und Schärfe von den Zeitgenossen als Zeichen eines Neuanfangs wahrgenommen. Er trat unter der Chiffren A. E. Fll. G. L. O in Erscheinung (die Forschung hat dies als Akronym auf das lateinische „flagello" – „ich peitsche" – identifiziert) und machte die Polemik zum kreativen Prinzip. In der *Hamburgischen Dramaturgie* wird er dem kritischen Schriftsteller raten, sich nur erst jemanden zu suchen, „mit dem er streiten kann: so kömmt er nach und nach in die Materie, und das übrige findet sich" (HD 70; B 6, 535).

Mit den Literaturbriefen etablierte sich Lessing, wie Johann Gottfried Herder in seinem Nekrolog befand, als „*erster* Kunstrichter Deutschlands" (St, 127). Von seinem polemischen Naturell betroffen waren so prominente Autoren wie Christoph Martin Wieland oder Klopstock, dessen aufsehenerregenden Versuch, das Neue Testament in ein Epos zu übersetzen (*Der Messias*), Lessing bereits in den *Schrifften* kritisch kommentiert hatte. Besonders vehement gestaltete sich Lessings Disput mit dem *Nordischen Aufseher*, einer sogenannten Moralischen Wochenschrift, die in mehreren Beiträgen abschätzig über die Moral von Freigeistern geurteilt hatte. Auch hier wurde ihm Klopstock zur Zielscheibe.

Herausragende literarhistorische Bedeutung aber gewann der 17. Literaturbrief (16.2.1759), in dem sich Lessing in der Manier des Odysseus als ein „Niemand" präsentiert, der es wagt, die Verdienste des Leipziger Theaterreformers Johann Christoph Gottsched in Zweifel zu ziehen: „‚Niemand', sagen die Verfasser der Bibliothek, ‚wird leugnen, daß die deutsche Schaubühne einen großen Teil ihrer ersten Verbesserung dem Herrn Professor *Gottsched* zu danken habe.' Ich bin dieser Niemand; ich leugne es gerade zu" (B 4, 499). – Alle Verbesserungen Gottscheds, so der Tenor des Briefs, waren Verschlechterungen: die mit der Neuberin inszenierte Verbannung des Harlekins von der Bühne selbst eine Harlekinade, die Orientierung an der klassizistischen Tragödie der Franzosen ein Irrtum, die eigene Theaterproduktion das stümperhafte Machwerk eines Plagiators. Ein solch harscher Angriff wäre an sich nicht nötig gewesen, denn Gottscheds Stern war im Jahr 1759 bereits im Sinken; Lessings polemische Zurückweisung des Literaturprogramms, das Gottsched vertreten und in Deutschland etabliert hatte, sollte dennoch Epoche machen.

Gottscheds Dramaturgie missverstand sich selbst als vernünftig, weil sie sich mit den Lehrsätzen der aristotelischen *Poetik* im Einklang wusste, tatsächlich aber nur Epiphänomene der Tragödie (wie die Lehre von den drei Einheiten) in den Blick nahm. Gegen diese Form der Modernisierung des antiken Erbes brachte Lessing eine alternative Dramentradition in Stellung, die dem eigentlichen Ziel der Tragödie auf eindrucksvolle Weise gerecht wurde, ohne sich doch an die konventionellen dramaturgischen Regeln zu binden: das von Gottsched geschmähte Theater Shakespeares:

> Auch nach den Mustern der Alten die Sache zu entscheiden, ist *Shakespear* ein weit größerer tragischer Dichter als *Corneille*; obgleich dieser die Alten sehr wohl, und jener fast gar nicht gekannt hat. *Corneille* kömmt ihnen in der mechanischen Einrichtung, und *Shakespear* in dem Wesentlichen näher. Der Engländer erreicht den Zweck der Tragödie fast immer, so sonderbare und ihm eigene Wege er auch wählet; und der Franzose erreicht ihn fast niemals, ob er gleich die gebahnten Wege der Alten betritt. Nach dem *Oedipus* des *Sophokles* muß in der Welt kein Stück mehr Gewalt über unsere Leidenschaften haben, als *Othello*, als König *Leer* [!], als *Hamlet* etc. (B 4, 500f.)

Im publizistischen Schlagabtausch mit dem Hamburger Hauptpastor Goeze wird Lessing darauf insistieren, dass es möglich sei, ein Christ zu sein, ohne die Bibel gelesen zu haben (vgl. B 9, 73–75) – so argumentiert er auch hier. Man kann Aristoteliker sein, ohne Aristoteles gelesen zu haben. Die Güte des Dramas erweist sich nicht an seiner Konformität mit den dramaturgischen Konventionen, sondern an der Verwirklichung der ästhetischen Absicht, aus der die spezifischen Konventionen allererst verständlich werden. Gottsched hatte im *Ödipus* des Sophokles den moralischen Satz veranschaulicht gefunden, „daß Gott auch die Laster, die unwissend begangen werden, nicht ungestraft lasse" (JCG, 611), und darüber räsonniert, dass sich der tragische Held angesichts des Orakels davor hätte hüten sollen, einen Totschlag zu begehen: „Denn er sollte billig allezeit gedacht haben: Wie? Wenn dieß etwa mein Vater wäre!" (JCG, 607f.). Die Lehre von der Einheit der Zeit hatte er damit begründet, dass es unwahrscheinlich sei, „daß man es auf der Schaubühne etlichemal Abend werden sieht; und doch selbst, ohne zu essen, oder zu trinken, oder zu schlafen, immer auf einer Stelle sitzen bleibt" (JCG, 614). Solche Überlegungen sind, mit Hamlet zu sprechen, von des Gedankens Blässe nicht angekränkelt – und eben deshalb aufschlussreich: Sie vermitteln eine Vorstellung davon, wie sehr Lessings Kritik und sein Anspruch, der deutschen Bühne im Rückgang auf die antiken Ursprünge einen Weg in die Zukunft zu weisen, das literaturtheoretische Reflexionsniveau anheben.

In der *Hamburgischen Dramaturgie* wird er darauf aufmerksam machen, dass es unsinnig ist, die Einheit der Zeit in Stunden bemessen zu wollen, und zwischen „physischer" und „moralischer" Zeit unterscheiden (HD 45; B 6). Diese Unterscheidung erschließt auch die Praxis der attischen Tragiker, die Handlungszeit auf einen Tag zu beschränken: Der Mensch ist ein Tageswesen, ein *ephemeros* – „schon ein Tag beugt nieder und hebt wieder hoch / alles, was Menschen angehört" (S, 23), heißt es im *Aias* des Sophokles. Die Beschränkung des Handlungszeitraums auf einen knappen Zeitraum hat also mimetische Qualitäten, und sie besitzt eine tendenziell tragische Dimension, weil Tragik aus Übereilungen und Versäumnissen entsteht.

Davon ist auch in der Szene die Rede, die Lessing dem Lesepublikum anonym als Probe aufs Exempel präsentiert: dem Entwurf eines Faust-Stücks, das unvollendet bleiben sollte, aber nicht weniger wirkungsmächtig wurde als der 17. Literaturbrief selbst. Es zeigt Faust im Gespräch mit sieben Teufeln – den schnellsten will er zu seinem Diener machen. Die ersten vier Teufel disqualifizieren sich, weil sie Geschwindigkeit nur in der Dimension der messbaren Zeit denken: sie sind nur in der körperlichen Welt beheimatet; die letzten drei aber betreten die Sphäre der moralischen Welt: der eine ist „so schnell als die Gedanken des Menschen", der andere „so schnell als die Rache des Rächers", der letzte schließlich so schnell wie „der Übergang vom Guten zum Bösen" (B 4, 63). Dem fünften Teufel entgegnet Faust, dass die Gedanken des Menschen, „wenn Wahrheit und Tugend sie auffordern", durchaus „träge" sind (B 4, 63); im sechsten erkennt er den blasphemischen Rachedämon, der sich einen Gott nach dem eigenen Ebenbild geschaffen hat – langsam ist auch er, weil die „Rache des Rächers" nichts anderes ist als die natürlichen Folgen, die jede Tat zeitigt; der siebente und letzte schließlich ist Fausts Teufel. Weshalb? Weil das Böse mit der Übereilung identisch ist. Dass es in der moralischen Welt nichts Schnelleres gibt als den „Übergang vom Guten zum Bösen" ist eine moral- und religionsphilosophische Einsicht: Besinnung braucht Zeit, das Böse ist das im leidenschaftlichen Affekt verfehlte Gute.

Das Faust-Fragment ist deshalb ein so eminenter Text, weil hier die mythische Grundfigur der Lessingschen Tragödien auf besonders pointierte Weise exponiert wird: es ist die Figur des Sündenfalls. Alle tragischen oder potenziell tragischen Helden Lessings sind gefallene Tugendhelden (vgl. GTN 3). Noch in der *Erziehungsschrift* wird er betonen: Die Gefahr, das Gute zu verfehlen, ist unser anthropologisches Erbe (vgl. § 74; B 10, 94); gleichwohl liegt in der Fähigkeit, moralischen Gesetzen zu folgen, eine „Glückseligkeit", wie sie nur moralischen Wesen gegeben ist (§ 75; B 10, 94).

Ein Spiel vom Krieg: Philotas

Am 29. August 1756 marschierten preußische Truppen in Sachsen ein und eröffneten damit einen Krieg, der als Dritter Schlesischer Krieg begann, sieben Jahre dauern sollte, Züge eines ersten Weltkriegs annahm und nicht nur mit militärischen Mittel geführt wurde: Der Siebenjährige Krieg war der erste Krieg der Menschheitsgeschichte, von dem nicht nur die regierenden Häupter und die umfehdeten Gebiete betroffen waren, sondern an dem auch eine internationale Medienöffentlichkeit leidenschaftlichen Anteil nahm. Es war ein Krieg, der keineswegs, wie Lessing am Anfang der *Literaturbriefe* hofft, nur „ein blutiger Proceß unter unabhängigen Häuptern" blieb, „der alle übrige Stände ungestöret läßt" (B 4, 456). Goethe erinnert sich in *Dichtung und Wahrheit* an die Auseinandersetzungen am heimischen Mittagstisch und an die Faszination, die der preußische König für ihn wie für so viele seiner Zeitgenossen besaß (vgl. DuW II/2; MA 16, 52–55).

Lessing selbst war vom Kriegsausbruch unmittelbar betroffen. Als Begleiter des Leipziger Kaufmannssohns Gottfried Winkler hatte er im Mai 1756 eine Reise angetreten, die ihn nach England führen sollte; in Amsterdam wurden die beiden vom Krieg überrascht – Winkler brach die Reise ab, um in Leipzig

R. Vellusig, *Lessing und die Folgen*, https://doi.org/10.1007/978-3-476-05784-6_12

nach dem Rechten zu sehen; Lessing musste sich in die Umstände fügen: „Dank sei dem Könige von Preussen!", schreibt er an Moses Mendelssohn. „Wir wollten eben nach England übergehen, als wir über Hals über Kopf wieder zurück reisen mußten" (1.10.1756; B 11/1, 109).

Dem Kriegsgeschehen gegenüber wahrte Lessing kritische Distanz – in Preußen galt er als Sachse, in Sachsen als Preuße. Während sich sein Freund, der Halberstädter Domsekretär und Dichter Johann Wilhelm Ludwig Gleim, dazu hinreißen ließ, mit den *Kriegsliedern eines preußischen Grenadiers* gleichsam in den Krieg einzutreten und für Friedrich mobil zu machen, hielt sich Lessing zurück. Zwar gab er Gleims Liedersammlung in seinem Berliner Hausverlag Christian Friedrich Voß mit einem Vorwort versehen heraus (1758) und druckte die Ode an die Kriegsmuse, in der der preußische Grenadier den Sieg bei Zorndorf besingt, in den *Literaturbriefen* ab (15. Brief). Einige Passagen aber kommentierte er ausgesprochen kritisch, wie er denn auch seinem Freund Gleim nicht verhehlen konnte, dass ihm „bei verschiedenen Stellen, vor Entsetzen die Haare zu Berge gestanden haben" (16.12.1758; B 11/1, 305).

Gleim hatte in den Kriegsliedern Friedrich zum „Gesalbten" und „Gesandten Gottes" stilisiert und das gegnerische Heer geradewegs als „Unmenschen" bezeichnet, die vom „rächerische[n] Schwerd" des Königs „aus [s]eines Gottes Welt" weggemäht wurden (JWLG, 39). Diese Sakralisierung des Krieges zum Kampf zwischen den Mächten des Guten und den Mächten des Bösen war für Lessing skandalös – nicht allein deshalb, weil ihm, wie er in einem Brief an Gleim bekannte, patriotische Gefühle fremd waren (vgl. 14.2.1759; B 11/1, 311), sondern mehr noch, weil sie einem Patriotismus huldigte, der keinerlei Sinn für das Leid hatte, das dieser Krieg auf beiden Seiten anrichtete.

Das kleine Kriegsdrama *Philotas* lässt sich als öffentliche Replik auf die medial vermittelte Kriegsbegeisterung der Zeitgenossen lesen. Es antwortet dem Patriotismus aus einer metapolitischen und „weltbürgerlichen" Perspektive. Lessing hatte Gleim vorgehalten, dass der Patriot den Dichter zu sehr „überschreiet" (16.12.1758; B 11/1, 305); sein eigenes Spiel vom Krieg leuchtet die blinden Flecken des Patriotismus aus und betreibt politische Aufklärung: Es setzt der bedingungslosen Kampfmoral, die kriegerische Konflikte eskalieren lässt, das Ethos der politischen Konfliktbegrenzung entgegen (vgl. GTN 3, 202f.).

Lessings Philotas erscheint 1759 in einer Luxusausgabe. Das Titelblatt weist den Einakter zwar als „Trauerspiel" aus, verzichtet aber auf die bei Lessing sonst übliche Angabe „in einem Aufzug". Tatsächlich ist das Spiel so verknappt und auf wenige Szenen reduziert, dass es angemessener wäre, es als parabolisches Gedankenexperiment zu bezeichnen. Das „*Principium der Reduction*" (B 4, 408), das im Zentrum der Fabelabhandlung steht, bestimmt auch das Spiel vom heldenhaften Märtyrertod des jungen Philotas. Auch Lessings Spiel vom Krieg erschließt sich nicht, wenn man es als direkte Widerspiegelung eines tatsächlichen Konflikts liest; es übersetzt den Krieg in ein parabolisches Modell, das die Logik kriegerischer Konflikte sichtbar macht – so wie dann die Parabel von den drei Ringen die Logik religiöser Konflikte zur anschauenden Erkenntnis bringen wird.

Der Konflikt der Offenbarungsreligionen beruht auf einem ihnen allen gemeinsamen Exklusivitätsanspruch. Eine solche spiegelbildliche Konstruktion liegt auch dem *Philotas* zugrunde: Zwei Könige (der Vater des Philotas und Aridäus), zwei Prinzen (Philotas und Polytimet), zwei Soldaten (Parmenio und Strato) stehen einander in einem Krieg gegenüber, dessen Genese nur angedeutet wird. Die Könige waren in ihrer Jugend miteinander befreundet, Misstrauen hat sie entfremdet, der Vater des Philotas hat offensichtlich zuerst zum Schwert gegriffen. Sein Sohn ist ein Kind des Krieges. Dem Kindesalter kaum entwachsen, wurde er in der ersten Schlacht gefangengenommen, weil er dem Heer zu weit vorausgeeilt war. Nun droht sein Kriegseifer dem Vater zum Verhängnis zu werden, weil dieser durch die Gefangennahme des Sohnes erpressbar wurde. In derselben Schlacht wurde aber auch Polytimet, der Sohn des Aridäus, gefangengenommen, sodass die ursprüngliche Situation wiederhergestellt ist. Aridäus nimmt dies als glückliche Fügung: Er möchte den Austausch der Gefangenen zum Anlass nehmen, den einstigen Frieden wiederherzustellen; seine Rechnung aber geht nicht auf, denn Philotas sieht sich nun in der Lage, dem Vater durch seinen Opfertod zum endgültigen Sieg zu verhelfen. Er stirbt den Tod fürs Vaterland, dessen aus der griechischen Antike stammende Topoi das Stück im Detail zitiert und das auch in der zeitgenössischen Literatur – etwas im Kriegsdrama *Cißides und Paches* (1759) von Lessings Freund, dem preußischen Offizier Ewald von Kleist – eine prominente Rolle spielt. Dort heißt es: „Der Tod fürs Vaterland ist ewiger / Verehrung werth" (EvK, 152); „dulce et decorum est pro patria mori" (carm. 3,2,13; H, 116), lautet die entsprechende Formel des Horaz, die in Lessings Drama ihr Echo findet: „Ha! es muß ein trefflicher, ein großer Anblick sein: ein Jüngling gestreckt auf den Boden, das Schwert in der Brust!" (6; B 4, 28).

Die Szenenfolge ist durch drei große Monologe des Titelhelden bestimmt, die seine Bewusstseinslage und den Weg in den Selbstmord nachzeichnen. Im ersten, dem Eröffnungsmonolog (1), hadert er mit dem Geschick seiner Gefangennahme, das ihn zum „schlimmsten Feind" (2; B 4, 15) seines liebevollen Vaters werden ließ. Im zweiten, dem Entscheidungsmonolog (4), wundert er sich über die Güte der Götter, die seinem Vater durch die Gefangennahme Polytimets in die Hände spielten – und maßt sich im selben Atemzug an, diese glückliche Fügung als „allzugütig" zu begreifen und einen „Gott" in sich den Gedanken denken zu lassen, dass es nun nur an ihm liege, dem Vater zum Sieg zu verhelfen, indem er sich das Leben und ihm den Sohn nimmt. Der dritte Monolog (6) schließlich bereitet die „zweite Übereilung" (5; B 4, 23) vor, durch die Philotas vollends zum tragischen Helden wird: Er hat Zeit gewonnen, indem er den Gefangenenaustausch um den einen entscheidenden Tag verzögert, und imaginiert den Heldentod, den er im Finale vollziehen wird (8).

Aus der Sicht des Sohnes, den der Vater in den Krieg schickt, ist das nur konsequent. Die Perspektive des jungen Kriegshelden ist aber nicht die Perspektive des Stückes. Dieses macht die Eskalationsdynamik des Krieges sichtbar, die in der spiegelbildlichen Anlage des Konflikts begründet ist. Aus überparteilicher Perspektive betrachtet ist der Opfertod des jungen Helden tragisch: Philotas vergibt die Chance, sein Leben dem „Wohle des Staates" zu weihen und so seinen wahren „Zweck" zu erfüllen (4; B 4, 20), weil er für die Friedensangebote taub ist, die Aridäus ihm macht. Würde dieser Gleiches mit Gleichem vergelten und den eigenen Sohn seinerseits opfern, bliebe das Selbstopfer des Prinzen nur eine sinnlose Episode in einem nicht enden wollenden Krieg. Dass Philotas zum Friedensbringer wird, als der er sich sterbend imaginiert, verdankt er der Bereitschaft des Aridäus, um des Lebens des eigenen Sohnes willen einzulenken. Nur diese verhindert, dass am Ende alle alles verloren haben.

Die Monologe des Titelhelden folgen der Logik der Trugrede, die Lessing in seinen Studien über Sophokles, namentlich in seiner Auseinandersetzung mit der Tragödie des Aias, entdeckt hatte (vgl. GTN 3, 204). Sie zeigen einen jungen Mann, der sich in Widersprüche verstrickt und sich dazu hinreißen lässt, wider besseres Wissen zu handeln. Die Kunst der tragischen Ironie, die Lessing hier praktiziert, besteht darin, die perspektivische Blindheit der Figur sichtbar zu machen, und diese Blindheit liegt (wie schon im Falle Mellefonts) in der Unfähigkeit des Helden begründet, sich selbst zu verzeihen: „Darf ich mir alle Fehler vergeben, die mir die Vorsicht zu vergeben scheinet? Soll ich mich nicht strenger richten, als sie und mein Vater mich richten? Die allzugütigen!" (4; B 4, 19).

Wenn Lessing seinen Helden mit den Worten „Und wie leicht ich mich verblende!" (4; B 4, 19) über sich selbst den Kopf schütteln lässt, dann soll der aufmerksame Leser eben diese tragische Verblendung wahrnehmen: Er soll in der Selbstverurteilung des Philotas nicht die Stimme seines „unparteiischen Selbst“ und im Entschluss zum Selbstmord nicht einen Gedanken, „den ein Gott in mir dachte“ (4; B 4, 20), sondern hier wie dort immer nur die blinde Egozentrik eines jugendlichen Helden erkennen, der sich dazu verführen lässt, sterbend über den Feind zu triumphieren, indem er ihn erpressbar macht – eine Erfahrung, die er zuvor als ein von den Göttern verhängtes Unrecht erlebt hatte (2; B 4, 14).

Die Tragödie des Aias ist in einem umfassenderen Sinn die Vorlage für Lessings parabolisches Spiel. Sie handelt vom Streit um die Waffen des Achill, in dem Aias zum Feind des Odysseus und der Griechen wird. Um die Griechen vor seinem Hass zu schützen, wirft Athene „irreführende Ideen“ (S, 17) auf seine Augen und lässt ihn seinen Hass an einer Herde Hornvieh austoben, die er für die Griechen hält. Diese Szene bildet Lessing im Finale nach: Philotas wähnt sich von einer Übermacht feindlicher Krieger umringt und entzieht sich der „Schande“ (8; B 4, 33) der Gefangennahme, indem er sich das Schwert in die Brust stößt.

Auch im Falle des Aias ist es die Schmach, die den zur Besinnung gekommenen Helden in den Selbstmord treibt. Auch Aias kann es nicht ertragen, beschämt nach Haus zurückzukehren und dem Vater „ohne den Ehrenpreis“ (S, 47) unter die Augen zu treten. Odysseus, dem verhassten Widersacher, fällt in dieser Tragödie des Kriegshelden die Rolle zu, mit dem Rasenden Mitleid (S, 23) zu haben und sich gegenüber Agamemnon zum Fürsprecher des Toten zu machen, um die schmachvolle Verweigerung einer ehrenvollen Bestattung von ihm abzuwenden.

In Lessings Spiel vom Krieg ist es Aridäus, der der Stimme des Mitgefühls und der politischen Vernunft Gehör verschafft. Aridäus ist es auch, der den blasphemischen Deutungen des „wunderliche[n] Kriegsglück[s]“ (3; B 4, 16), mit denen Philotas seine Ruhmsucht kaschiert, die Einsicht entgegenhält, dass der Wille der Götter in dem vernehmbar wird, was Vernunft und Menschlichkeit gebieten: „Die Götter – ich bin es überzeugt – wachen für unsre Tugend, wie sie für unser Leben wachen. Die so lang als mögliche Erhaltung beider, ist ihr geheimes, ewiges Geschäft" (3; B 4, 16). Die beste Weise, diesen Willen zu würdigen und sich seiner würdig zu erweisen, ist deshalb „dankende Freude" (3; B 4, 17). – Minna wird es nicht anders sehen.

Wie alle Dramen Lessings so ist auch das parabolische Spiel vom schönen Tod fürs Vaterland religionsphilosophisch grundiert; die politische Aufklärung, der sich Lessing verpflichtet weiß, ist von seiner aufgeklärten Religionsphilosophie nicht zu trennen. Bereits in der *Sara* hatte er im urchristlichen Ethos der Vergebung die politische Kunst der griechischen Tragödie entdeckt und dieses Ethos moralpsychologisch fundiert. Auch der *Philotas* kultiviert den überparteilichen Blick auf die Logik zwischenmenschlicher Konflikte und macht die Gründe sichtbar, die sie eskalieren lassen: Sie liegen in der „Eigennützigkeit des menschlichen Herzens" (§ 80; B 10, 95) und in der Bindung des Einzelnen an die eigennützigen Interessen seiner Gruppe.

Zur natürlichen Ausstattung des menschlichen Herzens gehört aber auch die Fähigkeit, sich aus dieser Eigennützigkeit lachend und weinend zu befreien. Aridäus bekennt sich zu ihr, wenn er sagt: „Ich bin ein Mensch, und weine und lache gern" (7; B 4, 31). Das Lachen und Weinen ist Teil der natürlichen Empfindungsfähigkeit des Menschen, die Lessings Spiel gegen die Moral der heroischen Selbstbehauptung verteidigt. „Gieb nicht zu, daß der rauhe Soldat das zärtliche Kind so bald in dir ersticke" (3; B 4, 22), lautet die Warnung, die der erfahrene Krieger Parmenio dem unerfahrenen Prinzen mit auf den Weg gibt. Vergeblich. Wie allen jugendlichen Helden Lessings fehlt Philotas eine Erfahrung, die ihn allererst zum Mann reifen lässt: die Erfahrung, selbst Vater zu sein (vgl. 3; B 4, 22). Das unterstreicht auch Aridäus: „was ist ein König, wenn er kein Vater ist! Was ist ein Held ohne Menschenliebe!“ (7; B 4, 31). Die Liebe der Väter zu ihren Söhnen bzw. der Eltern zu ihren Kindern schließt das Herz für die Menschenliebe auf, weil sie für Lessing der Inbegriff einer nicht exklusiven Liebe ist.

Medienästhetik der nachahmenden Künste: Laokoon

Am 8. Juni 1768 wird der renommierte Altertumsforscher Johann Joachim Winckelmann in Rom ermordet. Die Nachricht und die Umstände bewegten die Gemüter. Lessing war betroffen – seinem Freund Nicolai schreibt er, dass er Winckelmann „mit Vergnügen ein paar Jahre von meinem Leben geschenkt hätte" (5.7.1768; B 11/1, 526f.).

Tatsächlich wurde Winckelmann von Lessing in höchstem Maße geschätzt, und dies obwohl oder gerade weil ihn seine Schriften, namentlich die 1755 veröffentlichten *Gedancken über die Nachahmung der Griechischen Werke in der Mahlerey und Bildhauer-Kunst*, zum Widerspruch reizten. Winckelmann hatte darin das Ethos der griechischen Kunst als „edle Einfalt" und „stille Größe" beschrieben und den Deutschen zur Nachahmung empfohlen: „So wie die Tiefe des Meeres allezeit ruhig bleibt, die Oberfläche mag noch so wüten, eben so zeiget der Ausdruck in den Figuren der Griechen bei allen Leidenschaften eine große und gesetzte Seele" (B 5/2, 17). Das Kunstwerk, an dem Winckelmann diese Haltung auf vorbildliche Weise verwirklicht sah, war eine 1506 entdeckte Figurengruppe, die eine Szene aus dem Trojanischen Krieg zeigt: Laokoon, flankiert von seinen beiden Söhnen, mit

R. Vellusig, *Lessing und die Folgen*, https://doi.org/10.1007/978-3-476-05784-6_13

zwei Schlangen ringend, die die auf Seiten der Griechen stehenden Götter geschickt haben, um den vor dem hölzernen Pferd warnenden Priester zu erwürgen. In der *Aeneis* des Vergil, die diese Episode des Trojanischen Krieges besingt, brüllt Laokoon wie ein Stier und sein Schreien tönt bis zu den Sternen: „clamores [...] horrendos ad sidera tollit" (II, 222; V, 76). Nicht so in der Laokoon-Gruppe: Dort erhebt der Gepeinigte „kein schreckliches Geschrei": „die Öffnung des Mundes gestattet es nicht; es ist vielmehr ein ängstliches und beklemmtes Seufzen" – so Winckelmanns Kommentar: „Laokoon leidet, aber er leidet wie des Sophokles Philoktet: sein Elend gehet uns bis an die Seele; aber wir wünschten, wie dieser große Mann das Elend ertragen zu können" (B 5/2, 17).

Diese Beschreibung wird für Lessing zum Ausgangspunkt eines weitausholenden Einspruchs, der es unternimmt, die Grenzen zwischen den Darstellungsmöglichkeiten der Malerei und der Literatur neu zu bestimmen. Sie zeugen von einer intellektuellen Energie, die die Mitwelt beeindruckte und die Nachwelt bis heute beschäftigt: „Man muß Jüngling sein", erinnert sich Goethe,

> um sich zu vergegenwärtigen, welche Wirkung Lessings *Laokoon* auf uns ausübte, indem dieses Werk uns aus der Region eines kümmerlichen Anschauens in die freien Gefilde des Gedankens hinriß. Das so lange mißverstandene: ut pictura poesis, war auf einmal beseitigt, der Unterschied der bildenden und Redekünste klar, die Gipfel beider erschienen nun getrennt, wie nah ihre Basen auch zusammenstoßen mochten. (DuW II/8; MA 16, 341)

Der begriffliche Rahmen, den Lessing dabei entwickelt, ist nicht neu – zentrale Unterscheidungen sind in die ästhetische Debatte bereits eingeführt (vgl. MF 1, 241f.); bis heute faszinierend aber ist die Souveränität, mit der Lessing diese Argumente aufgreift und zu einem Text verknüpft, der ganz und gar seine Handschrift trägt. Es ist die Handschrift eines Autors, der seinen Lesern „die Veranlassung jeder Reflexion gleichsam vor Augen" führt, wie Johann Gottfried Herder treffend befindet, und sie so am Prozess der Gedankenentwicklung lebhaft Anteil nehmen lässt: „wir sehen sein Werk *werdend*" (zit. nach B 5/2, 709).

Lessings Schrift „über die Grenzen der Malerei und Poesie" ist zunächst eine Rettung des Vergil, der von Winckelmann kleingeredet wird. Lessing teilt Winckelmanns Ansicht über den ästhetischen Reiz der Laokoon-Statue, aber er bestreitet die Gründe, die dieser ins Feld führt. Seinem körperlichen Schmerz Ausdruck zu verleihen, zeugt für die Griechen nicht von charakterlicher Schwäche – ganz im Gegenteil: „Alle Schmerzen verbeißen, dem Streiche des Todes mit unverwandtem Auge entgegen sehen, [...] weder seine Sünde noch den Verlust seines liebsten Freundes beweinen", sind für Lessing Zeichen des „alten Nordischen Heldenmuts" und einer barbarischen Gemütsverfassung (B 5/2, 20f.). Lessings Vorbehalte gegenüber dem stoischen Erdulden des Leids sind sowohl ethischer als auch ästhetischer Natur: Das Unterdrücken des Schmerzes ist nicht nur barbarisch; es ist (so bereits das Argument im Briefwechsel über das Trauerspiel) auch ungeeignet, uns zu rühren:

> Alles Stoische ist untheatralisch; und unser Mitleiden ist allezeit dem Leiden gleichmäßig, welches der interessierende Gegenstand äußert. Sieht man ihn sein Elend mit großer Seele ertragen, so wird diese große Seele zwar unsere Bewunderung erwecken, aber die Bewunderung ist ein kalter Affekt, dessen untätiges Staunen jede andere wärmere Leidenschaft, so wie jede andere deutliche Vorstellung, ausschließet. (B 5/2, 21)

Wenn es also kurzschlüssig ist, die Kunst der bildnerischen Darstellung auf ein spezifisches Ethos zurückzuführen, dann muss sie anderen Prinzipien gehorchen. Lessings Argument lautet: Laokoon seufzt nicht deshalb, weil „das Schreien eine unedle Seele verrät, sondern weil es das Gesicht auf eine ekelhafte Weise verstellet" (B 5/2, 29); der unbekannte Bildhauer war – wie alle griechischen Künstler – dem Gesetz der Schönheit verpflichtet und sah sich deshalb genötigt, „Schreien in Seufzen [zu] mildern". So kann die Schönheit der Gestalt die „Unlust", die wir angesichts des dargestellten Leides empfinden, „in das süße Gefühl des Mitleids verwandeln" (B 5/2, 29). Anders der Dichter: Wenn Vergil seinen Laokoon wie einen Stier brüllen lässt, dann tut er das, weil es nur allzu menschlich ist, und dann darf er das tun, weil ein mit sprachlichen Mitteln dargestellter Schmerz den Leser nicht dazu nötigt, ein zur Grimasse verzerrtes Gesicht zu imaginieren.

Diese Einsicht nötigt Lessing zu grundsätzlichen Differenzierungen, die der *Poetik* des Aristoteles verpflichtet sind. Aristoteles fragt nach den „ersten Bestimmungen" der Dichtung; die philosophische Reflexion soll die künstlerische Praxis fördern, indem sie bewusst macht, worauf es beim Dichten ankommt. Der Grundgedanke lautet: Poesie ist Mimesis – Nachahmung von etwas in etwas auf bestimmte Weise. Die Dichtung ahmt „handelnde Menschen" nach und sie tut dies mit den Mitteln von Sprache, Rhythmus und Melodie – so wie die Malerei es „mit Farbe und Form" macht. Lessings „unordentliche Collectanea" (B 5/2, 15) folgen diesem methodischen Verfahren. Alle nachahmenden Künste, so der Ausgangspunkt seiner Überlegungen, sind Zweitfassungen der Wirklichkeit: sie „stellen uns abwesende Dinge als gegenwärtig, den Schein als Wirklichkeit vor" (B 5/2, 13), aber sie tun dies mit je spezifischen Mitteln und auf je spezifische Weise. Die Poesie vergegenwärtigt personales Leben mithilfe der Sprache: ihr Medium sind „artikulierte Töne in der Zeit" (B 5/2, 116); der ihr gemäße Gegenstand sind deshalb Handlungen. Die Darstellungsmittel der Malerei sind „Figuren und Farben in dem Raume" (B 5/2, 116); der ihr gemäße Gegenstand sind deshalb Körper. Wenn die „Zeitfolge" also „das Gebiete des Dichters" und „der Raum das Gebiete des Mahlers" ist (B 5/2, 130), dann sind damit auch die Grenzen markiert, die den beiden Künsten gesetzt sind. Die Dichtkunst kann Körper nur darstellen, indem sie sie in den Handlungen ihrer Charaktere andeutet; die Malerei kann Handlungen nur vergegenwärtigen, indem sie sie durch die Stellungen der Körper „vermuten" lässt (B 5/2, 116). Zwar vollzieht sich auch die Betrachtung eines Gemäldes in der Zeit, aber dieser Prozess ist dem Gegenstand der Darstellung äußerlich und tritt als solcher auch nicht ins Bewusstsein (vgl. B 5/2, 124). Anders die Poesie: Sie stellt Handlungen, das heißt eine in sich gegliederte, auf ein Ziel ausgerichtete Folge von Bewegungen, dar und der Nachvollzug des Dargestellten ist selbst ein in sich gegliederter Prozess.

Mit dieser Grenzziehung rückt Lessing ein altes, Simonides von Keos zugeschriebenes poetologisches Dogma zurecht, das in der Malerei „eine stumme Poesie" und in der Poesie „eine redende Malerei" gesehen hatte (B 5/2, 14) und dessen wirkungsmächtigste Formulierung sich in der Poetik des Horaz findet. Auf die zur Formel verdichtete Idee, dass die Dichtung der Malerei gleichen solle: „ut pictura poesis", hatten sich nicht nur die Schweizer Kritiker Johann Jakob Bodmer und Johann Jakob Breitinger berufen; sie legitimierte auch die Neigung der Dichter, besonderen Wert auf beschreibende Passagen zu legen. Diese „Schilderungssucht" (B 5/2, 15) der zeitgenössischen Dichtung wird Lessing zum Problem. Wenn er (durchaus widerwillig) von einem „poetischen Gemälde" spricht, dann hat er damit nicht ein Gebilde im Sinn, das sich auch malen, also in ein „materielles Gemälde" verwandeln ließe, sondern ein mit sprachlichen Mitteln gestaltetes Vorstellungsganzes:

> jeder Zug, jede Verbindung mehrerer Züge, durch die uns der Dichter seinen Gegenstand so sinnlich macht, daß wir uns dieses Gegenstandes deutlicher bewußt werden, als seiner Worte, heißt malerisch, heißt ein Gemälde, weil es uns dem Grade der Illusion näher bringt, dessen das materielle Gemälde besonders fähig ist, der sich von dem materiellen Gemälde am ersten und leichtesten abstrahieren lassen. (B 5/2, 113)

Im Zentrum von Lessings Theorie der ästhetischen Illusion – oder der täuschenden Phantasie, wie er sie in einer Fußnote nennt (B 5/2, 114) – steht also die Wirkungsmacht der Darstellung. Des Gegenstands deutlicher bewusst als der Worte sind wir, wenn es dem Text gelingt, uns ins Spiel zu ziehen und uns im Hier und Jetzt der dargestellten Wirklichkeit zu rezentrieren. Ein poetisches Gemälde ver-gegenwärtigt das menschliche Handeln auf so suggestive Weise, dass wir uns zu diesem – lachend und weinend, hoffend und bangend – in ein persönliches Verhältnis setzen.

Lessings Medienästhetik der Künste verankert die Dichtungstheorie des Aristoteles in einer umfassenden Theorie der Imagination. Dabei steht nicht nur die Imaginationsfähigkeit des Lesers zur Debatte, sondern auch die Imaginationsfähigkeit des literarischen Genies. Dichtung ist Mimesis *von* Personen *durch* Personen *für* Personen: Das literarische Werk ist die Gestalt gewordene Imaginationsleistung eines „denkenden Kopfes" und eine Vorlage für die Imagination eines Lesers, der in der Lage ist, diese nachzuvollziehen.

Die Markierung der Grenzen, die den illusionsbildenden Künsten gesetzt sind, und die Formulierung der Kriterien, an denen sich das Gelingen der Darstellung bemessen lässt, erlauben es Lessing, die Darstellungstechniken zu identifizieren, mit denen die Künste ihr Ziel auf je spezifische Weise erreichen: Die Malerei meistert die Herausforderung, Handlungen zu vergegenwärtigen, wenn sie jenen Augenblick in Szene setzt, der der Vorstellungskraft am meisten Spielraum lässt: Lessing nennt ihn den „fruchtbaren“ (B 5/2, 32) oder „prägnanten“ Augenblick. Fruchtbar ist jener Augenblick, in dem sowohl das „Vorhergehende“ als auch das auf diesen Augenblick „Folgende“ unmittelbar sinnfällig werden (B 5/2, 117): „Je mehr wir sehen, desto mehr müssen wir hinzu denken können. Je mehr wir darzu denken, desto mehr müssen wir zu sehen glauben“ (B 5/2, 32). Die Dichtung meistert die Herausforderung, Körper darzustellen, indem sie der Versuchung widersteht, Körper zu beschreiben, und nur diejenigen Züge ihrer Gegenstände benennt, die für den Handlungszusammenhang von Bedeutung sind.

In Homers *Ilias* findet Lessing nicht nur das Anschauungsmaterial für seine kunstphilosophischen Überlegungen; Homers meisterhafte Praxis weist der kunstphilosophischen Reflexion geradezu den Weg: „Homer malet nichts als fortschreitende Handlungen, und alle Körper, alle einzelne Dinge malet er nur durch ihren Anteil an diesen Handlungen, gemeiniglich nur mit Einem Zuge“ (B 5/2, 117). Homer verzichtet z. B. darauf, die Kleider des Agamemnon zu beschreiben: „Wir sehen die Kleider, indem der Dichter die Handlung des Bekleidens malet“ (B 5/2, 119); Homer verzichtet darauf, Agamemnons Szepter zu beschreiben: „Statt einer Abbildung giebt er uns die Geschichte des Scepters“ (B 5/2, 120). Und auch für das Schild des Achill gilt: Homer verzichtet darauf, das Schild mit all seinem Zierrat zu beschreiben; er „malet“ es „als ein werdendes Schild“:

> Er hat also auch hier sich des gepriesenen Kunstgriffes bedienet, das Coexistierende seines Vorwurfs in ein Consecutives zu verwandeln, und dadurch aus der langweiligen Malerei eines Körpers, das lebendige Gemälde einer Handlung zu machen. Wir sehen nicht das Schild, sondern den göttlichen Meister, wie er das Schild verfertiget. (B 5/2, 134)

Die *medienästhetische* Differenzierung zwischen Raum- und Zeitkünsten und ihren je spezifischen Prägnanzgesichtspunkten hat auch eine *zeichentheoretische* Implikation. Sie wird im ersten Buch des *Laokoon* nur angedeutet, ist dort systematisch aber bereits mitgedacht. Die Sprache besitzt nicht nur Wörter und Verknüpfungsregeln, mit deren Hilfe ein Sprecher die vieldimensionale Mannigfaltigkeit von Bewusstseinsprozessen in eine eindimensionale Zeichenreihe übersetzen kann; sprachliche Zeichen sind auch „willkürlich", wie Lessing sagt, sie beruhen – anders als „natürliche Zeichen", die mit dem Bezeichneten in einem inneren Zusammenhang stehen – auf Konventionen (B 5/2, 123).

Das macht die Sprache zwar zu einem besonders geeigneten Medium zur Darstellung von Sachverhalten: sie transformiert die Welt der sinnlichen Erscheinungen in die Welt der Begriffe, sodass ihr Darstellungsspielraum durch die Bedingungen der *Wahrnehmung* nicht eingeschränkt ist (vgl. B 5/2, 60) – in ästhetischer Hinsicht ist dies aber durchaus prekär, ist doch die „Arbitrarität" sprachlicher Zeichen (wie man seit Ferdinand de Saussures *Cours de linguistique générale* zu sagen pflegt) kein Spezifikum der Dichtung: sie ist „eine Eigenschaft der Rede und ihrer Zeichen überhaupt, nicht aber in so ferne sie der Absicht der Poesie am bequemsten sind" (B 5/2, 123). Bequem, Handlungen zu vergegenwärtigen, sind sprachliche Zeichen dann, wenn sie Gestaltqualitäten besitzen, das heißt, wenn sie zu einer Konfiguration zusammentreten, die ein „Ganzes" bildet: *Vorstellungen* oder „Ideen", wie Lessing sagt, werden erst dann „lebhaft", wenn wir „in der Geschwindigkeit die wahren sinnlichen Eindrücke ihrer Gegenstände zu empfinden glauben" und wenn wir ihnen „in diesem Augenblicke der Täuschung" mehr Beachtung schenken als den Darstellungsmitteln selbst (B 5/2, 124). Auch wenn das einzelne sprachliche *Zeichen* „willkürlich" ist; die sprachliche *Äußerung* ist es nicht: sie folgt einer Ausdrucksbewegung, die auf etwas ausgerichtet ist. Zum Medium der Poesie wird die Sprache also in dem Maße, in dem es der Darstellung gelingt, eine Vorstellungsbewegung anzuleiten, das heißt eine personale und interpersonale *Wirklichkeit* auf *wirkungsmächtige* Weise zu vergegenwärtigen.

Lessings kunstphilosophisches Hauptwerk ist Fragment geblieben. Das angekündigte zweite Buch und ein wie dieses im Entwurf vorliegendes drittes Buch sind nicht erschienen. Ihnen wäre es zugedacht gewesen, die „Collectanea", die Lessing um die Deutung der Laokoon-Gruppe durch Winckelmann angeordnet hatte, zu einer Systematik der Künste auszuarbeiten. Eine Vorstellung, in welche Richtung sich Lessings Argumentation entwickelt hätte, gibt ein Brief an Friedrich Nicolai aus dem Jahr 1769, in dem er noch einmal auf das Verhältnis der Künste zu sprechen kommt. Dort heißt es:

> Die Poesie muß schlechterdings ihre willkürlichen Zeichen zu natürlichen zu erheben suchen; und nur dadurch unterscheidet sie sich von der Prose, und wird Poesie. Die Mittel, wodurch sie dies tut, sind der Ton, die Worte, die Stellung der Worte, das Silbenmaß, Figuren und Tropen, Gleichnisse u. s. w. (26.5.1769; B 11/1, 609f.)

Diese sinnlich-sinnenhaften Qualitäten des Ausdrucks „bringen die willkürlichen Zeichen den natürlichen" zwar „näher" (sei es, weil sie die syntaktische Ausdrucksbewegung modellieren, sei es, weil sie nicht konventionalisierte Prozesse des Sinnverstehens anregen), aber sie verwandeln sie nicht vollends in solche. Vollends natürlich werden die willkürlichen Zeichen der Sprache erst in der dramatischen Poesie: Erst dort „hören die Worte auf willkürliche Zeichen zu sein, und werden *natürliche* Zeichen willkürlicher Dinge", wie Lessing sagt (B 11/1, 610). – Inwiefern ist das möglich? Inwiefern ist das Drama dazu prädestiniert, die willkürlichen Zeichen der Rede in natürliche Zeichen zu transformieren? Der Grund ist so schlicht wie unabweislich: Das Drama vergegenwärtigt handelnde Personen, indem es sie sprechen lässt. Die Rede wird im Drama also selbst zum Gegenstand der Mimesis – ganz unabhängig davon, ob das Sprechen im dramatischen Schauspiel dann lebendige Gegenwart wird oder nicht, wie Lessing bereits im Briefwechsel über das Trauerspiel betont (vgl. 18.12.1756; B 3, 703). Der *Text* des dramatischen Dichters ist eine Zweitfassung der menschlichen Lebenswirklichkeit, die ganz wesentlich eine zwischenmenschliche Wirklichkeit ist. Mimesis des Sprechens aber heißt nicht: Wiedergabe direkter Rede – in einem prägnanten Sinn mimetisch wird das Sprechen erst dann, wenn es eine Person und ihre Weise, Person zu sein, zur Geltung bringt.

In seinen dramentheoretischen Schriften hat Lessing das anhand einer Kritik an der Übersetzung eines Dramas der Mme de Graffigny ausbuchstabiert (vgl. HD 20; B 6, 280f.). Zur Diskussion steht eine Replik, mit der der „gutherzige" Dorimond den Einspruch abwehrt, seine Vermögensgüter nicht zu verschenken, sondern lieber selbst zu genießen. Er sagt: „J'en jouirai, je vous rendrai tous heureux" – „Ich will ihrer genießen, ich will euch alle glücklich machen." Lessings entdeckt in den lakonischen Worten der Figur den Charakter der Person:

> Vortrefflich! Hier ist kein Wort zu viel! Die wahre nachlässige Kürze, mit der ein Mann, dem Güte zur Natur geworden ist, von seiner Güte spricht, wenn er davon sprechen muß! Seines Glückes genießen, andere glücklich machen: beides ist ihm nur eines; das eine ist ihm nicht bloß eine Folge des andern, ein Teil des andern; das eine ist ihm ganz das andere: und so wie sein Herz keinen Unterschied darunter kennt, so weiß auch sein Mund keinen darunter zu machen; er spricht, als ob er das nemliche zweimal spräche, als ob beide Sätze wahre tautologische Sätze, vollkommen identische Sätze wären; ohne das geringste Verbindungswort. (HD 20; B 6, 280)

Das ist im prägnanten Sinn die Vergegenwärtigung eines Sprechens, in der die Sprache eine Person sinnfällig macht und in eben dem Maße aufhört, ein System willkürlicher Zeichen zu sein. Die von Lessing kritisierte Übersetzung macht diese Gestaltungsleistung des Textes zunichte. Sie lautet: „Alsdenn werde ich meiner Güter erst recht genießen, wenn ich euch beide dadurch werde glücklich gemacht haben." – Lessing gibt sich entsetzt:

> Unerträglich! Der Sinn ist vollkommen übergetragen, aber der Geist ist verflogen; ein Schwall von Worten hat ihn erstickt. Dieses Alsdenn, mit seinem Schwanze von Wenn; dieses Erst; dieses Recht; dieses Dadurch: lauter Bestimmungen, die dem Ausbruche des Herzens alle Bedenklichkeiten der Überlegung geben, und eine warme Empfindung in eine frostige Schlußrede verwandeln.
>
> (HD 20; B 6, 280f.)

Die „Sprache des Herzens" ist eine poetische Artikulationsleistung, eine Form dichterischer Rede, die zerstört wird, wenn man auf die „Regeln der Grammatik" achtet und dem Sprechen „alle die kalte Vollständigkeit, alle die langweilige Deutlichkeit geben will, die wir an einem logischen Satze verlangen" (HD 20; B 6, 280). Als Zeitkunst etabliert sich die Dichtung in dem Maß, in dem sie sich zur Mimesis eines personalen Sprechens macht.

Das erste Buch des *Laokoon* erscheint 1766. Die Ursprünge des Projekts reichen zurück in eine Lebensphase Lessings, die vielleicht zu seinen ungewissesten gehört: Ohne von seinen Freunden Abschied zu nehmen, verlässt er im November 1760 Berlin, um in Breslau als Sekretär in die Dienste des Festungskommandanten Friedrich Bogislav von Tauentzien zu treten – und diesen Schritt umgehend zu bereuen: In den wenigen Briefen, die er an Moses Mendelssohn schreibt, spricht er von der

„Torheit" seines Entschlusses (7.12.1760; B 11/1, 356), nennt ihn „einen unbesonnenen Streich" und klagt über misanthropische Verstimmungen: „Ach, bester Freund, Ihr Lessing ist verloren! In Jahr und Tag werden Sie ihn nicht mehr kennen. Er ist sich selbst nicht mehr. O meine Zeit, meine Zeit, mein Alles, was ich habe – sie so, ich weiß nicht was für Absichten aufzuopfern!" (30.3.1761; B 11/1, 368).

Die Zeit in Breslau ist nicht nur eine Zeit beruflicher Tagesgeschäfte, sondern auch der Sammlung und Zerstreuung: In den Nebenstunden widmet sich Lessing seinen gelehrten Studien, abends besucht er das Theater und, um das Blut in Wallung zu bringen, die Gesellschaft von Glücksspielern. Als er 1764 von einer schweren Erkrankung genest, sieht er sich an einer Lebensschwelle angelangt: „Die ernstliche Epoche meines Lebens nahet heran; ich beginne ein Mann zu werden, und schmeichle mir, daß ich in diesem hitzigen Fieber den letzten Rest meiner jugendlichen Torheiten verraset habe. Glückliche Krankheit!" (an Karl Wilhelm Ramler, 5.8.1764; B 11/1, 415).

Das Breslauer Zwischenspiel endet im April 1765. Die Entwürfe zum *Laokoon* im Gepäck, kehrt Lessing nach Berlin zurück; hier gewinnt die ursprünglich als systematische Studie angelegte Untersuchung als Gegenentwurf zu Winckelmanns Laokoon-Deutung Kontur. Sie endet mit der Fiktion eines besinnenden Innehaltens in einem noch offenen Prozess: „Des Herrn Winkelmanns Geschichte der Kunst des Altertums ist erschienen. Ich wage keinen Schritt weiter, ohne dieses Werk gelesen zu haben" (B 5/2, 183).

Lessings berufliche Zukunft bleibt ungewiss. In einem Brief an den Vater betont er, seinen „alten Plan zu leben nicht aufgegeben" zu haben, und verpflichtet sich dazu, „von aller Bedienung, die nicht vollkommen nach meine[m] Sinne ist, zu abstrahieren" (13.6.1764; B 11/1, 408f.). Es ist eine Entscheidung zur existenziellen Unsicherheit. Im April 1767 wird er auch Berlin wieder verlassen, um sein Glück in Hamburg zu suchen. Der

Weg führt ihn zurück zum Theater und zu den dramentheoretischen Fragen, die er mit den Berliner Freunden so leidenschaftlich diskutiert hatte. In ihrem Zentrum steht der Gründungstext der europäischen Literaturtheorie: die *Poetik* des Aristoteles.

Hamburg: Aristotelische Dramaturgie

„Mitleid und Furcht“ – die Formel, mit der Lessing die zentralen Begriffe der aristotelischen *Poetik* übersetzt (*eleos* und *phobos* heißt es im griechischen Original), gehört zu den meistzitierten und einprägsamsten Formeln der Poetik überhaupt. Wann und wo auch immer von Mitleid und Furcht die Rede ist, ist Lessing im Spiel. Lessings Aristoteles-Lektüre hebt die Auseinandersetzung mit der *Poetik* auf eine neue intellektuelle Ebene. Ihre Basis ist eine ingeniöse Philologie, die es unternimmt, die nicht nur fragmentarisch überlieferte, sondern selbst nur skizzenhaft ausgearbeitete Lehrschrift des Aristoteles in den Horizont seines Denkens zu stellen und aus diesem Gesamtzusammenhang zu erschließen.

Geplant war das nicht. Als Lessing im April 1767 die Stelle eines Journalisten am neu gegründeten Hamburger Nationaltheater übernimmt, soll er Woche für Woche den Theaterbetrieb kommentieren. Die Besprechung der Aufführungen selbst tritt schon bald in den Hintergrund (die Schauspieler, namentlich Madame Hensel, die Diva des Hauses, hatten sich Lessings Kritik verbeten); umso intensiver wendet er sich allgemeinen dramenpoetischen Fragen zu, und er tut dies, indem er – wie schon im *Laokoon* – als Liebhaber des Theaters, als Philosoph und als

R. Vellusig, *Lessing und die Folgen*, https://doi.org/10.1007/978-3-476-05784-6_14

Kunstrichter in Erscheinung tritt. Die lebendige Verbindung von eindringlicher Einzelbeobachtung und ästhetischer Reflexion, philologischer Gelehrsamkeit und methodisch betriebenem Vergleich geben der *Hamburgischen Dramaturgie* ihr besonderes Gepräge. Wer das, was aus konkretem Anlass entstand und zu weitreichenden poetologischen Überlegungen Anlass gab, als Ganzes liest, ist mit einem Text konfrontiert, der sich im Detail zu verlieren scheint, aber das Grundsätzliche doch immer im Blick hat. So wie Lessing vom „guten Schriftsteller" erwartet, dass er beim Schreiben „immer die Erleuchtetsten und Besten seiner Zeit und seines Landes in Augen" hat (HD 1; B 6, 191), so mutet er seinen Lesern seinerseits zu, ihm in die Verästelungen seines Denkens zu folgen und alle Hoffnung auf ‚schnurrige' Unterhaltung fahren zu lassen (vgl. HD 50; B 6, 429).

Die Auseinandersetzung mit der *Poetik* des Aristoteles bildet das Herzstück eines ethisch-ästhetischen Programms, das die Dichtung als Beitrag zur Kultivierung des menschlichen Bewusstseins begreift. Poesie ist Mimesis – Nachahmung des einzel- und zwischenmenschlichen Lebens in seinen leidvoll scheiternden und in seinen glücklich gelingenden Hinsichten. Um bewusstseinsbildend zu sein, darf die Dichtung nicht einfach die phänomenale Wirklichkeit, die „Natur der Erscheinungen", wie Lessing sagt, nachahmen, sie hat zugleich „auf die Natur unserer Empfindungen und Seelenkräfte" zu achten (HD 70; B 6, 533). Ihr erstes Ziel gilt der Kultivierung der Fähigkeit, die „Aufmerksamkeit nach Gutdünken [zu] lenken" (HD 70; B 6, 534). Die poetische Darstellung deutet das menschliche Leben, indem sie es ins Bild fasst und dem Betrachter die Fixierung seiner Aufmerksamkeit erleichtert. Lessing hat diese modellbildende Qualität der literarischen Darstellung, die bereits im Zentrum der Fabelabhandlung stand, auf die Formel vom Kunstwerk als einem „Schattenriß von dem Ganzen des ewigen Schöpfers" (HD 79; B 6, 577) gebracht. Dieser Schattenriss hat, wenn er denn die Natur der Dinge authentisch zur Anschauung bringen soll, selbst ein in sich gegründetes Ganzes zu sein, in dem alles seine natürlichen Folgen hat.

Auch hier zeigt sich also, wie eng ästhetische, religionsphilosophische und ethische Reflexion in Lessings Werk miteinander verknüpft sind. Die Natur der Erscheinungen ist nur für einen unendlichen Geist lehrreich; endliche Geister wie der Mensch sollen im theatralen Spiel ihrer selbst als Wesen ansichtig werden, die als *moralische* Wesen für ihr Lebensglück selbst Sorge tragen und die deshalb immer auch Gefahr laufen, ihr Lebensglück zu verfehlen. Das Theater erweist sich so als Schauplatz der Theodizee: Es vergegenwärtigt die Charaktere als moralische Wesen und verteidigt Gott und seine Schöpfung gegen die Vorstellung, es könnte in der moralischen Welt nicht mit rechten Dingen zugehen.

Das Drama wird dieser Aufgabe nur gerecht, wenn es die Wirklichkeit, die es vergegenwärtigt, als Prozess gestaltet und wenn es ihm gelingt, die Zuschauer in diesen Prozess zu involvieren. Dazu bedarf es der Kunst der perspektivischen Darstellung, wie Lessing sie im ersten Stück der *Hamburgischen Dramaturgie* programmatisch entwickelt. Sie besteht darin,

> sich aus dem Gesichtspunkte des Erzehlers in den wahren Standort einer jeden Person versetzen [zu] können; die Leidenschaften, nicht beschreiben, sondern vor den Augen des Zuschauers entstehen, und ohne Sprung, in einer so illusorischen Stetigkeit wachsen zu lassen, daß dieser sympathisieren muß, er mag wollen oder nicht[.]
>
> (HD 1; B 6, 187f.)

Wie schon im *Laokoon* macht Lessing also auch hier deutlich, dass die Dichtung eine Zeitkunst ist. Ihr Gegenstand sind menschliche Handlungen, im Falle des Trauerspiels Ereignisfolgen, die einen tragischen Ausgang nehmen. Die Tragödie mutet dem Zuschauer zu, an einem Prozess mitfühlend Anteil zu nehmen, in dem Menschen in eine egozentrische Verblendung geraten und so ihr Lebensglück zerstören. Die Ausarbeitung eines „Plans" (HD 70; B 6, 532), wie Lessing das nennt, ist deshalb die vornehmste Aufgabe des Tragödiendichters. Das gilt insbesondere dann, wenn er seinen Stoff aus der Geschichte nimmt. Die Geschichte liefert ihm lediglich ein Repertoire an Fakten; sie in eine Kette von Ursachen und Wirkungen zu übersetzen und diese aus der Psychodynamik der in sie verstrickten Charaktere zu entwickeln, ist die Gestaltungsaufgabe, vor die der Dichter gestellt ist:

> Unzufrieden, ihre Möglichkeit bloß auf die historische Glaubwürdigkeit zu gründen, wird er suchen, die Charaktere seiner Personen so anzulegen; wird er suchen, die Vorfälle, welche diese Charaktere in Handlung setzen, so notwendig einen aus dem andern entspringen zu lassen; wird er suchen, die Leidenschaften nach eines jeden Charakter so genau abzumessen; wird er suchen, diese Leidenschaften durch so allmähliche Stufen durchzuführen: daß wir überall nichts als den natürlichsten, ordentlichsten Verlauf wahrnehmen; daß wir bei jedem Schritte, den er seine Personen tun läßt, bekennen müssen, wir würden ihn, in dem nemlichen Grade der Leidenschaft bei der nemlichen Lage der Sachen, selbst getan haben; daß uns nichts dabei befremdet, als die unmerkliche Annäherung eines Zieles, von dem unsere Vorstellungen zurückbeben, und an dem wir uns endlich, voll des innigsten Mitleids gegen die, welche ein so fataler Strom dahin reißt, und voll Schrecken über das Bewußtsein befinden, auch uns könne ein ähnlicher Strom dahin reißen, Dinge zu begehen, die wir bei kaltem Geblüte noch so weit von uns entfernt zu sein glauben. (HD 32; B 6, 338f.)

Lessings Tragödienformel ist in dieser Charakterisierung bereits mit aller Deutlichkeit expliziert. Furcht, wie er das aristotelische *phobos* später übersetzen wird, ist das „auf uns selbst bezogene Mitleid" (HD 75; B 6, 557): „es ist die Furcht, daß wir der bemitleidete Gegenstand selbst werden können" (HD 75; B 6, 556). Wer in der Lage sein soll, am befremdenden Handeln der Bühnenfiguren mitleidvoll Anteil zu nehmen, muss in ihnen ein Ich erkennen, das mit ihm selbst im Wesentlichen identisch ist, und er muss dessen Übeltat als finale Katastrophe, das heißt als Ende eines Prozesses, wahrnehmen können. Deshalb streicht Lessing die Figur des Bösewichts aus dem Repertoire der dramatischen Figuren. Bosheit ist kein Motiv. Menschen fügen einander Böses zu – kein Zweifel, aber sie tun dies nicht, weil sie böse, sondern weil sie verblendet sind. Davon war bereits im Faust-Projekt die Rede, und davon handeln die programmatischen ersten Stücke der *Hamburgischen Dramaturgie*. Der Dichter, so Lessings Überzeugung,

> muß nie so unphilosophisch denken, daß er annimmt, ein Mensch könne das Böse, um des Bösen wegen, wollen, er könne nach lasterhaften Grundsätzen handeln, das Lasterhafte derselben erkennen, und doch gegen sich und andere damit prahlen. Ein solcher Mensch ist ein Unding, so gräßlich als ununterrichtend, und nichts als die armselige Zuflucht eines schalen Kopfes, der schimmernde Tiraden für die höchste Schönheit des Trauerspieles hält. (HD 2; B 6, 196)

Lessing nimmt den Täter gegen seine Tat in Schutz. Die böse Tat ist nicht die Folge seiner Bosheit, sondern das Böse, das er wider bessere Einsicht tut. Böse ist die Dynamik der Leidenschaften, in die sich jemand verstrickt, und böse ist die Verkettung dieser leidenschaftlichen Handlungen zu einem Handlungszusammenhang, der im äußersten Fall so teuflisch ist, dass man – wie Lessing über sein *Faust*-Projekt sagt – meinen könnte, das habe „der Satan so gefügt“ (zit. nach RP, 45).

Lessings Vertreibung des Bösewichts von der Bühne ist nicht nur anthropologisch und religionsphilosophisch motiviert – sie hat auch eine moralkritische Pointe: Die Vorstellung, „ein Mensch könne das Böse, um des Bösen wegen, wollen“, ist selbst böse. Die Deutung sozialer Konflikte als Kampf zwischen Tugend und Laster entspringt einem Projektionsmechanismus, der diese Konflikte nährt und sie eskalieren lässt. Deshalb verabschiedet die *Hamburgische Dramaturgie* all jene Mythen, in denen es um den Kampf des personifizierten Guten gegen das Fleisch gewordene Böse geht – allen voran das „christliche Trauerspiel“ in Gestalt des Märtyrerdramas. In ihm findet Lessing das Prinzip der stoischen Bewährungstragödie, gegen die er sich schon im Briefwechsel über das Trauerspiel ausgesprochen hatte, auf exemplarische Weise verkörpert.

Im Briefwechsel hatte er von der „Halsstarrigkeit der Tugend“ (28.11.1756; B 3, 680) gesprochen und damit eine Tugend gemeint, die den Namen der Tugend nicht verdient, weil sie das Maß des Menschlichen verloren hat. In der *Hamburgischen Dramaturgie* wird ihm der heroische Opfertod des Märtyrers zum Ärgernis, weil er von frommer Raserei zeugt, und er zieht die Möglichkeit eines christlichen Trauerspiels in Zweifel, weil der „Charakter des wahren Christen“ ganz und gar „untheatralisch“ sei:

> Streiten nicht etwa die stille Gelassenheit, die unveränderliche Sanftmut, die seine wesentlichsten Züge sind, mit dem ganzen Geschäfte der Tragödie, welches Leidenschaften durch Leidenschaften zu reinigen sucht? Widerspricht nicht etwa seine Erwartung einer belohnenden Glückseligkeit nach diesem Leben, der Uneigennützigkeit, mit welcher wir alle große und gute Handlungen auf der Bühne unternommen und vollzogen zu sehen wünschen?
> (HD 2; B 6, 193)

So wie das personifizierte Böse einem unaufgeklärten Moralbewusstsein entspringt, so ist auch die Figur des Märtyrers ein Zerrbild des wahren Christen. Bereits der von Lessing besonders geschätzte Earl of Shaftesbury hatte in seinem *Essay on the Freedom of Wit and Humour* (1709) die „Uneigennützigkeit" oder „*Disinterestedness*" des Handelns religionskritisch als Zeichen eines aufgeklärten Moralbewusstseins begriffen (EoS, 98), und Lessing selbst wird in der *Erziehung des Menschengeschlechts* betonen, dass als wahrhaft gut nur solche Taten gelten können, die nicht nach einer dies- oder jenseitigen Belohnung schielen (vgl. § 85; B 10, 96).

An die Stelle des Kampfes zwischen dem personifizierten Bösen und der zum bedingungslosen Selbstopfer bereiten Tugend setzt Lessing daher Geschichten, die den „Sündenfall des Tugendhelden" (GTN 3, 305) auf die Bühne bringen. Sie sind auf ideale Weise geeignet, Mitleid und Furcht zu wecken und diese sozialen Tugenden zu kultivieren, indem sie ihnen im Sinne der *Nikomachischen Ethik* ein rechtes Maß geben (vgl. HD 78; B 6, 574).

Was für das Trauerspiel gilt, gilt auch für die Komödie. Auch sie soll unsere Selbstwahrnehmung schulen und kann das nur dann tun, wenn sie darauf verzichtet, die komische Figur zum Gegenstand des Spottes zu machen. Das widerspricht unseren egozentrischen Neigungen. Wir lachen über Personen und ihre Unzulänglichkeiten; die Kunst des Komisierens besteht deshalb im Wesentlichen darin, Figuren zu erfinden, die das, was uns lachen macht, auf schier überwältigende Weise verkörpern. Komische Figuren sind Gebilde der Fantasie; sie zeugen von der Kunst des Verfassers, die Lizenz zur Übertreibung auf möglichst einfallsreiche Weise zu nutzen.

Dass das Lachen auf der Abweichung von einem souveränen Verhalten beruht, ist auch Lessings Überzeugung: „Jede Ungereimtheit, jeder Kontrast von Mangel und Realität, ist lächerlich" (HD 28; B 6, 322). Mangelhaft ist ein Verhalten in Bezug auf ein Maß des Menschlichen (Lessing nennt es „Realität"), von dem es als Übertreibung abweicht. – Mit dem satirischen Verlachen kann er sich aber nicht abfinden. So wie der Held der Tragödie „mit uns von gleichem Schrot und Korne" (HD 75; B 6, 599) sein muss, so darf der Held der Komödie nicht ohne Eigenschaften sein, die wir zu schätzen wissen. Lessing differenziert deshalb zwischen Lachen und Verlachen: „Wir können über einen Menschen lachen, bei Gelegenheit seiner lachen, ohne ihn im geringsten zu verlachen" (HD 28; B 6, 322f.). Er ersetzt die Einfühlungsverweigerung der Verlachkomödie, die unsere ordinäre Spottlust und Schadenfreude bedient, durch das Lachen über eine Sympathiefigur, in der wir unsere eigenen komischen Verstrickungen und Verblendungen wiedererkennen können.

Das theatrale Spiel soll auf mitleiderregende oder erheiternde Weise zum Spiegel unserer eigenen Unvollkommenheiten werden; Tragödie und Komödie unterscheiden sich aber hinsichtlich des Stellenwerts, den der Mythos bzw. der Charakter in ihnen besitzen. Im Fall des Trauerspiels ist es die Aufgabe des Dichters, die tragische Handlungsfolge aus der Dynamik der in sie verstrickten Charaktere zu entwickeln; im Fall der Komödie ist die Folge der Situationen bloß das „Mittel", den Charakter „sich äußern zu lassen, und ins Spiel zu setzen" (HD 51; B 6, 437). Dieses Verhalten aber soll nicht aus der Fantasie unserer sozialen Vorurteile erwachsen, sondern seinen subjektiv nachvollziehbaren Grund haben.

Auch die Komödie erfordert deshalb eine Kunst der perspektivischen Darstellung, die die Erlebniswirklichkeit der Figur ernst nimmt und der verstehenden Einfühlung zugänglich macht. Auch die Komödie muss deshalb die dramatische Figur als Prozess denken, das heißt als Charakter, der seine Handlungstendenzen im Spiel entfaltet und so in Situationen gerät, in denen er seine Souveränität verliert, ohne dabei aber doch verächtlich zu werden. Das Lachen, das die Komödie schult, ist eine Form der Lebenskunst: Der „wahre allgemeine Nutzen" der Komödie liegt „in dem

Lachen selbst": „in der Übung unserer Fähigkeit das Lächerliche zu bemerken" (HD 29; B 6, 323) und sich so mit den Unvollkommenheiten der menschlichen Existenz zu versöhnen.

Die *Hamburgische Dramaturgie* führt im Detail aus, was im Briefwechsel über das Trauerspiel bereits angeklungen ist und in der Fabelabhandlung sowie im *Laokoon* ausdrücklich Thema war: Sie verabschiedet das alteuropäische Modell des *prodesse et delectare* (,nützen und erfreuen') zugunsten der Frage nach der spezifischen Leistung des jeweiligen Mediums und der jeweiligen Gattung: Die Tragödie kultiviert mit dem Mitleid den Sinn für Gerechtigkeit, die Komödie mit dem Lachen den Sinn für Reinheit und persönliche Integrität. Beide verwandeln elementare menschliche „Leidenschaften" in „tugendhafte Fertigkeiten" (HD 78; B 6, 574). Zu einer Tugend wird die menschliche Fähigkeit, im Anderen ein Ich zu erkennen, das mir gleicht, und sich zu diesem Ich in ein Verhältnis zu setzen, wenn sie in der Lage ist, moralischen Gefühlen bewusste Grenzen zu setzen.

Die Kultivierung der Moral ist deshalb ein ethisches Projekt. Sie schult die Fähigkeit, tradierte Moralvorstellungen zu beurteilen und so deren destruktiven und selbstdestruktiven Tendenzen entgegenzuwirken. Dazu zählen sowohl das mächtige Bedürfnis nach Rache und Vergeltung und die allzu menschliche Neigung zum selbstgerechten Urteilen und Verurteilen als auch der verführerische Impuls, alle deviant anmutenden Artgenossen durch Spott und Hohn bloßzustellen und zu beschämen. Dieser dunkle „Schatten" der Moral (Norbert Bischof) wird Lessing zum aufklärungsbedürftigen Problem.

Die *Hamburgische Dramaturgie* zählt zu den wirkungsmächtigsten dramentheoretischen Schriften des 18. Jahrhunderts. Sie lag bereits 1769 in einer zweibändigen Ausgabe vor und fand eine Fülle von Nachahmungen. Zahlreiche Schriften richteten ihr Interesse auf die Schauspielkunst, die Lessing nur in den ersten Stücken der *Dramaturgie* verfolgt hatte (vgl. WFB, 33–45). Sie alle sind – wie die *Briefe über die Schaubühne* des österreichischen Aufklärers Joseph von Sonnenfels – heute vergessen. Für Lessing selbst war das Unternehmen ein Fiasko. Bereits der Versuch, gemeinsam mit Johann Joachim Christoph Bode einen Verlag zu etablieren, scheiterte – offensichtlich waren Lessings Erwartungen überzogen, seine ökonomischen Vorstellungen unrealistisch, seine ästhetischen Ansprüche zu kostspielig (vgl. JPR, 30f.). Die *Hamburgische Dramaturgie* wurde das Opfer von Raubdruckern. Nach kaum einem Jahr wurde sie mit einer Nummer eingestellt, in der Lessing sich selbst und seinem Publikum gegenüber Rechenschaft über seine literarische Praxis ablegte und das Prinzip der Kritik, das er in der *Dramaturgie* praktiziert hatte, als kreatives Prinzip seines dramatischen Schaffens verteidigte.

> Ich bin weder Schauspieler noch Dichter. [...] Ich würde so arm, so kalt, so kurzsichtig sein, wenn ich nicht einigermaßen gelernt hätte, fremde Schätze bescheiden zu borgen, an fremdem Feuer mich zu wärmen, und durch die Gläser der Kunst mein Auge zu stärken. Ich bin daher immer beschämt oder verdrüßlich geworden, wenn ich zum Nachteil der Critik etwas las oder hörte. Sie soll das Genie ersticken: und ich schmeichelte mit, etwas von ihr zu erhalten, was dem Genie sehr nahe kömmt. [...] Wenn ich mit ihrer Hilfe etwas zustande bringe, welches besser ist, als es einer von meinen Talenten ohne Critik machen würde: so kostet es mich so viel Zeit, ich muß von andern Geschäften so frei, von unwillkürlichen Zerstreuungen so ununterbrochen sein, ich muß meine ganze Belesenheit so gegenwärtig haben, ich muß bei jedem Schritte alle Bemerkungen, die ich jemals über Sitten und Leidenschaften gemacht, so ruhig durchlaufen können; daß zu einem Arbeiter, der ein Theater mit Neuigkeiten unterhalten soll, niemand in der Welt ungeschickter sein kann, als ich.
>
> (HD 101–104; B 6, 680f.)

Man wird diese Selbstdarstellung nicht ernst genug nehmen können – auch wenn sie dem 19. Jahrhundert Anlass geben sollte, Lessings dichterisches Vermögen kleinzureden. Lessing war kein Dramatiker wie Shakespeare oder Molière; das Theater war nicht sein zentrales Artikulationsmedium – so bedeutend der Stellenwert auch war, den es in seinem Leben einnahm. Es war Teil einer umfassenderen Auseinandersetzung mit dem kulturellen, insbesondere dem religiösen Erbe, dem seine kritische Aufmerksamkeit galt. Wenn er dem zeitgenössischen Kult des Genies mit Skepsis begegnet, dann tut er das mit dem stolz-bescheidenen Anspruch, selbst ein Genie zu sein: ein Genie des Lernens und der Kritik. Die Bereitschaft zu lernen aber beschränkte sich nicht auf den Bereich der Literatur, so wie es der Dramatiker Lessings Verständnis nach nicht dabei bewenden lassen konnte, die Technik des Dramas studiert zu haben. Seinem in literarischen Dingen dilettierenden Bruder Karl, dessen Dramen er kritisch kommentiert, schreibt er: „Nimm mir meine Erinnerung nicht übel. Studiere fleißig Moral, lerne Dich gut und richtig ausdrücken, und kultiviere Deinen eigenen Charakter: ohne das kann ich mir keinen guten dramatischen Schriftsteller denken“ (28.10.1768; B 11/1, 559).

Verfertigt im Jahre 1763: Minna von Barnhelm

Am 15. Februar 1763 unterzeichnen Preußen, Österreich und Sachsen die Friedensverträge von Hubertusburg. Lessings *Minna von Barnhelm*, das Spiel vom *Soldatenglück*, wurde dem Titelblatt zufolge in diesem Jahr verfertigt. Das ist Fiktion und Teil des Spiels, das Lessing hier inszeniert. Nach dem *Philotas* ist die Komödie um den in preußischen Diensten stehenden Major von Tellheim und die mit ihm verlobte Sächsin Minna von Barnhelm Lessings zweite Auseinandersetzung mit dem Siebenjährigen Krieg und seinen Folgen. War der *Philotas*, parabolisch verdichtet, in einer unbestimmt bleibenden griechischen Vergangenheit angesiedelt, so schlägt das Lustspiel den Vorhang in einem Berliner Gasthof auf, in dem sich sechs Monate nach dem Friedensschluss (am 22. August 1763) das Fräulein von Barnhelm einfindet, um nach ihrem verschollenen Geliebten zu suchen.

Vier Jahre lang hat Lessing an der Komödie gearbeitet. Das Stück wird am 30. September 1767 auf den Hamburger Nationaltheater uraufgeführt; Lessings Theorie einer Komödie, die er in der *Hamburgischen Dramaturgie* entwickelt, bereitet sie vor. Der Erfolg stellt den Sensationserfolg der *Sara* in den Schatten. Und auch die weitere Bühnengeschichte der *Minna* ist eine Erfolgsgeschichte: Noch im selben Jahr wird das Stück in Frankfurt am

R. Vellusig, *Lessing und die Folgen*, https://doi.org/10.1007/978-3-476-05784-6_15

Main, Wetzlar, Wien und Leipzig gespielt (vgl. US, 18–21): „Wo ist wohl ein Theater, das es nicht spielt?", fragt 1775 Christian Heinrich Schmid in seiner *Chronologie des deutschen Theaters* (zit. nach B 6, 811).

Goethe hat den Erfolg des Stückes auf seinen „spezifisch temporäre[n] Gehalt" (DuW II/7; MA 16, 304) zurückgeführt und die Forschung hat nicht aufgehört, auf diese Aktualität und Lebensnähe des Dramas hinzuweisen, das ihrerseits eine ganze Reihe heute vergessener Soldatenstücke inspiriert hat – 260 hat Karl Hayo von Stockmayer (1898) nachgewiesen (KHS, 101–120; vgl. MF 2). Aber Lessings *Minna* ist kein Soldatenstück im eigentlichen Sinn: es bringt keinen Stand auf die Bühne und es geht über den aktuellen Anlass des Krieges hinaus: Auch sein Horizont ist religions- und moralphilosophischer Natur. Seinem Wesen nach ist auch dieses Stück Literatur aus Literatur und ein Musterbeispiel für eine dramatische Produktion, die sich ganz und gar der Kritik verdankt. Lessing kombiniert in ihm auf ingeniöse Weise Molières Komödie des Menschenfeindes Alceste (*Le Misanthrope*, 1666) und Shakespeares Tragödie des Mohren von Venedig (*Othello*, 1604) – und er versäumt nicht, auf diese beiden Vorlagen im Stück selbst hinzuweisen.

Im Zentrum des Dramas stehen eine gute Tat und ihre ambivalenten Folgen: Tellheim hat sich bei der Eintreibung der Kontributionszahlungen als großmütig erwiesen und sich mit den sächsischen Ständen nicht nur auf die kleinste verhandelbare Summe geeinigt, sondern ihnen auch das fehlende Geld vorgeschossen. Als er den entsprechenden Wechsel nach Ende des Krieges geltend machen möchte, gerät er bei der preußischen Kriegskasse in Verdacht, mit dem Geld bestochen worden zu sein (vgl. IV/6). Nun befindet er sich im Gasthof zum Könige von Spanien de facto unter Hausarrest. Im Falle einer Verurteilung droht ihm Kerkerhaft; er wäre sozial diskretiert. Eben diese gute Tat aber, die den Kriegshelden in den sozialen Ruin zu treiben droht, hat ihm die Liebe Minnas eingebracht: „Ich liebte Sie um dieser Tat willen, ohne Sie noch gesehen zu haben" (IV/6; B 6, 83).

Der Prozess gegen Tellheim ist zu Beginn der Bühnenhandlung bereits entschieden. Der König selbst hat ihn niedergeschlagen. Dass Tellheim das nicht weiß, hat seinen guten Grund: Ein entsprechendes Schreiben erreicht ihn zunächst nicht, weil er sein Zimmer den beiden jungen Damen aus Sachsen räumen musste (vgl. V/6; B 6, 96), und auch Minnas Onkel, der Graf von Bruchsall, trifft eines Unfalls wegen einen Tag später als seine Nichte in Berlin ein (vgl. II/2; B 6, 34). Dieser *eine* Tag eröffnet dem Dramatiker Lessing den Spielraum für das Bewusstseinsdrama, das er auf die Bühne bringt. Es ist das Drama des ehrlichen Mannes, der sich im Krieg als wahrer Menschenfreund erwiesen hat und der angesichts der Lage, in die er nun gerät, den Glauben an die Menschen und die Schöpfung zu verlieren droht: seinem treuen Diener Just kündigt, seinen Freund Paul Werner von sich stößt und den Verdacht der Treulosigkeit, der sich gegen ihn richtet, an die Geliebte weitergibt. Bevor er im Finale aus diesem „schreckhaften Traume" (V/12; B 6, 107) des Menschenhasses erwachen wird, wird er Minna vorwerfen, nur deshalb nach Berlin gekommen zu sein, um mit ihm zu brechen (vgl. V/10; B 6, 104) – und damit Gefahr laufen, sich vollends unglücklich zu machen.

Minna kommt in diesem Spiel vom Glück die Rolle zu, dieses Glück im Blick zu behalten, Tellheims Part ist es, dieses Glück aus den Augen zu verlieren und „wider die Vorsicht zu murren" (I/6; B 6, 19), wie er im Gespräch mit der Witwe seines Freundes Marloff sagt. Tellheims Murren findet denn auch sein Gegenstück in einem Gebet, das Minna an den Himmel richtet, nachdem sie den Geliebten wiedergefunden hat. Dieses Gebet spricht die religionsphilosophische Erkenntnis aus, dass das wahre Gebet mit der beglückenden Erfahrung der Dankbarkeit und mit der Besinnung auf diese Dankbarkeit identisch ist:

> Ich habe ihn wieder! – Bin ich allein? – Ich will nicht umsonst allein sein. *Sie faltet die Hände.* Auch bin ich nicht allein! *Und blickt aufwärts.* Ein einziger dankbarer Gedanke gen Himmel ist das vollkommenste Gebet! – Ich hab ihn, ich hab ihn! *Mit ausgebreiteten Armen.* Ich bin glücklich! und fröhlich! Was kann der Schöpfer lieber sehen, als ein fröhliches Geschöpf! [...] Unglück ist auch gut. Vielleicht, daß ihm der Himmel alles nahm, um ihm in mir alles wieder zu geben!

Die ganze Wirklichkeit ist beides: ein untrennbares Ineinander von Glück und Unglück. Das wahre Glück besteht darin, das wahrnehmen zu können; das wahre Unglück, sich angesichts des Unglücks zu verdüstern und für die Erfahrungen des Glücks blind zu werden. In der großen Wiederbegegnungsszene wird Minna ihren Tellheim daran erinnern. Als er Minna und dem Theaterbesucher seine wahre Lage eröffnet, bricht er in ein Lachen aus, in dessen Bitterkeit Minna das „schreckliche Lachen des Menschenhasses" erkennt:

> Ihr Lachen tötet mich, Tellheim! Wenn Sie an Tugend und Vorsicht glauben, Tellheim, so lachen Sie so nicht! Ich habe nie fürchterlicher fluchen hören, als Sie lachen. [...] Die Vorsicht, glauben Sie mir, hält den ehrlichen Mann immer schadlos; und öfters schon im voraus. [...] Sie wissen, ich kam uneingeladen in die erste Gesellschaft, wo ich Sie zu finden glaubte. Ich kam bloß Ihrentwegen. Ich kam in dem festen Vorsatze, Sie zu lieben, – ich liebte Sie schon! – in dem festen Vorsatze, Sie zu besitzen, wenn ich Sie auch so schwarz und häßlich finden sollte, als den Mohr von Venedig. Sie sind so schwarz und häßlich nicht; auch so eifersüchtig werden Sie nicht sein. Aber Tellheim, Tellheim, Sie haben doch noch viel Ähnliches mit ihm! O, über die wilden, unbiegsamen Männer, die nur immer ihr

> stieres Auge auf das Gespenst der Ehre heften! für alles andere Gefühl sich verhärten! (IV/6; B 6, 83f.)

Mit dem Hinweis auf den Menschenhass und den Mohren von Venedig sind an exponierter Stelle die beiden Meisterdramen genannt, die Lessings Spiel vom Soldatenglück zugrunde liegen, und auch die Rede vom „Gespenst der Ehre" will als Hinweis auf Lessings Vorlagen und seine Gestaltungsabsicht gelesen werden: Molières Alceste ist ein „homme d'honneur" (I/1; M, 8); Shakespeares Othello wird zum „honourable murderer" (V/2; WS, 220). Der eine hasst die Menschen, weil sie unaufrichtig sind oder nicht den Anstand haben, die Unaufrichtigen zu hassen (I/1; 16f.), und verliebt sich unglücklicherweise in eine junge Frau, die das von ihm verabscheute galante Rollenspiel blendend beherrscht; der andere gerät in eine Intrige, die ihn den Glauben an die Schöpfung verlieren lässt, weil er sich von seiner Geliebten betrogen glaubt: „If she be false, O, then heaven mocks itself" (III/3; WS, 120).

Lessing erkennt in der Komödie des „verliebten Schwarzgalligen" (so der Untertitel von Molières Lustspiel) die potenzielle Tragödie des tugendhaften Kriegshelden Othello und er verknüpft diese beiden Figuren zu einer Geschichte. Dazu muss er der Figur des Menschenfeindes, die als Komödienfigur durch ihre Misanthropie definiert ist, eine innere Geschichte geben, die aus einem unbegründeten sozialen Defekt die natürliche Folge eines Charakters und seiner Dispositionen macht. Das tut er, indem er Tellheim als Menschenfreund entwirft, der seine Menschenfreundlichkeit im Krieg beweist, und ihn in einen Prozess geraten lässt, der seine Schattenseite offenbart: Nur wer Redlichkeit und persönliche Integrität so hoch schätzt wie Tellheim, kann sich verbittern, wenn er seine Ehre, das heißt seine ‚Unbescholtenheit' (IV/6; B 6, 86) verliert; nur wer in der Gewissheit lebt, dass es „keine völlige Unmenschen" gibt (I/8; B 6, 23), kann sich verdüstern, wenn er die Erfahrung macht, von den eigenen Leuten einer „edlen Handlung“ wegen „spöttisch“ verkannt und verleumdet zu werden (IV/6; B 6, 83).

Molières Menschenfeind ist eine komische Figur, weil er in die missliche Lage gerät, sich in eine Komödiantin zu verlieben, und weil seine Aufrichtigkeit jedes vernünftige Maß übersteigt; potenziell tragisch ist seine Geschichte, weil er im Finale nicht nur den Freund, sondern auch die Frau von sich stößt, die sich nicht dazu entschließen kann, Paris zu verlassen und mit ihm in die Einöde zu fliehen.

In der *Hamburgischen Dramaturgie* hat Lessing Molières Komödie des Tugendhelden gegen den Vorwurf Rousseaus verteidigt, hier werde der ehrliche Mann verächtlich gemacht. Er weist diesen Einwand mit dem Argument zurück, dass „das Lachen, welches aus den Situationen entspringt, in den ihn der Dichter setzt“, die „Hochachtung“ nicht schmälert, die wir der Figur entgegenbringen (HD 28; B 6, 323). Man darf bezweifeln, ob das für Alceste tatsächlich gilt; auf jeden Fall aber gilt es für Lessings Neufassung dieses Charakters: Tellheim ist „der ehrliche Mann des Stücks“ (HD 28; B 6, 323).

Minnas Beschwörung des „Gespensts der Ehre“, auf das „die wilden, unbiegsamen Männer“ ihr „stieres Auge“ heften, zeichnet die Bahn vor, die das Spiel nehmen wird. Tellheims furioses Bekenntnis zur Misanthropie – „Galle ist noch das beste, was wir haben“ (V/11; B 6, 105), wird er Paul Werner entgegnen – steht am Ende eines Prozesses, der, beschleunigt durch die sogenannte Ringintrige, die Spannbreite des Charakters ausmisst. Das ist die Pointe der inneren Geschichte, die Lessings Lustspiel vergegenwärtigt. Die Tragödie des Othello gibt ihm den Spielraum, den Charakter des misanthropisch verstimmten Menschenfreunds in Szene zu setzen. Ist es dort das Schnupftuch der Geliebten, das dem Mohren von Venedig als Pfand ihrer Untreue in die Hände gespielt wird, so ist es hier der von Tellheim versetzte Verlobungsring, den Minna vom Wirt erwirbt, um ihn dem Geliebten zu erstatten. Othello wird zum Opfer einer Intrige, die sein Verhältnis zur Welt erschüttert; Tellheim verwirrt sich in einem Spiel seiner Geliebten, die den mutwilligen Scherz zu weit treibt und darüber Gefahr läuft, von ihm verkannt zu werden. – Hier wie dort steht nichts Geringeres auf dem Spiel als die Frage, ob es in der moralischen Welt mit rechten Dingen zugeht.

In seiner Auseinandersetzung mit den Komödien des Terenz hat Lessing die „Collision" der „Charaktere" (HD 99; B 6, 670) als Zentrum des komischen Spiels bestimmt. Das Spiel braucht nicht darauf abzuzielen, die Figuren moralisch zu bessern; es soll die Charaktere bloß umgänglicher machen: „Keiner verändert sich; sondern jeder schleift nur dem andern eben so viel ab, als nötig ist, ihn gegen den Nachteil des Excesses zu verwahren" (HD 99; B 6, 671). Das praktiziert er auch in der *Minna*. Das „fortwährende Spiel der Charaktere" soll es dem Zuschauer unmöglich machen, „die Wendungen des Dichters" zu erraten (HD 99; B 6, 671), auch wenn die Handlung selbst an ein Ende gekommen ist. Das äußere Hindernis, das es Tellheim verbietet, Minna zur Frau zu nehmen, hat sich aufgelöst (wie der Prozess, den Widersacher gegen Molières Alceste betreiben); das Widerspiel der Charaktere aber ist erst dann zu Ende, wenn sie sich dem Zuschauer in ihren Licht- und Schattenseiten gezeigt haben: Tellheim in seinem Großmut und seiner Misanthropie, Minna in ihrer Heiterkeit und ihrem Mutwillen. Ihr „Nein, ich kann es nicht bereuen, mir den Anblick ihres ganzen Herzens verschafft zu haben!" (V/12; B 6, 106) findet ein Echo in Tellheims „O Komödiantinnen, ich hätte euch doch kennen sollen!" (V/12; B 6, 107).

Den Anblick seines ganzen Herzens gewinnt Minna, als sie Tellheim vorspielt, seinetwegen enterbt worden zu sein. Minnas vorgebliches Unglück erregt Tellheims Mitleid – ein Mitleid, das er nicht nur gegenüber dem Kriegsgegner, sondern auch gegenüber Justs Vater (I/8) und der Witwe Marloff (I/6) gezeigt hatte – und befreit ihn zu sich selbst: „Ärgernis und verbissene Wut hatten meine ganze Seele umnebelt [...]. Der Trieb der Selbsterhaltung erwacht, da ich etwas Kostbarers zu erhalten habe, als mich, und es durch mich zu erhalten habe (V/5; B 6, 95). – Tellheims Apologie des Mitleids entspricht Minnas Lob des Lachens: „das Lachen erhält uns vernünftiger, als der Verdruß" (IV/6; B 6, 82), weil es dem verdüsterten Blick auf die Lage eine heitere Perspektive entgegenhält.

Das Spiel der Charaktere beschränkt sich nicht auf die Kollision zwischen der Komödiantin Minna und dem ehrlichen Tellheim. Lessing verteilt die Charaktere auf die verschiedenen Figuren des Stücks und ‚nuanciert' sie, wie er gelegentlich sagt (vgl. HD 52; B 6, 439). Das ermöglicht es ihm zugleich, die Figuren zu kontrastieren und gegeneinander zu profilieren. Züge eines ehrlichen Mannes trägt auch der einfache Packknecht Just, der Minnas Kammermädchen Franciska beschämt, indem er ihr die Geschichte von Tellheims ehemaligen Dienern erzählt (II/6), die sich allesamt als Gauner erwiesen haben. Der ins Extrem gesteigerte Charakter des Spielers wird von Riccaut verkörpert, einer Figur in der Tradition des großsprecherischen ‚miles gloriosus', dessen Maxime des „*Corriger la fortune*" (IV/2; B 6, 75) Minnas Fähigkeit des heiteren Perspektivenspiels und ihre Kunst, das Glück im Unglück wahrzunehmen, konterkariert, mit dem sie aber doch auch der „Stolz" verbindet. Es ist der Stolz oder die „Eigenliebe", wie Minna sagt, die sie dazu verführt, Tellheim seiner groben Zurückweisung wegen „ein wenig zu martern" (II/12; B 6, 68). Und es ist die strenge „Sittenrichterin" Franciska (IV/1; B 6, 69), die ihrerseits nicht wahrhaben will, dass jeder Charakter seine „*individualischen Vollkommenheiten*" (B 2, 407) besitzt. Die Kunst, die Lessings Komödie vor Augen führt, besteht darin, mit dessen Schatten leben zu lernen: „Mädchen, du verstehst dich so trefflich auf die guten Menschen: aber, wenn willst du die schlechten ertragen lernen? – Und sind doch auch Menschen. – Und öfters bei weitem so schlechte Menschen nicht, als sie scheinen. – Man muß ihre gute Seite nur aufsuchen" (IV/3; B 6, 76).

Auch Lessings *Minna* ist eine im ästhetischen Spiel praktizierte Theodizee und deshalb mehr als bloß die Liebesgeschichte eines Paares. Es eröffnet ein ganzes Panorama an Beziehungen (zwischen Tellheim und Just, Tellheim und Marloff, Tellheim und Paul Werner), die der Krieg gestiftet hat und die die Rückkehr zur bürgerlichen Ordnung mit ihrer Unterscheidung von „Dein und Mein" (II/2; B 6, 35) nun zu zerstören droht. Dass der Frieden dieses Gute nicht „zerrüttet" (II/1; B 6, 30), ist das wahre Glück, das das komödiantische Spiel vergegenwärtigt.

Eine modernisierte Virginia: Emilia Galotti

In Hamburg hatte Lessing auch an einem Trauerspielprojekt gearbeitet, das ihn seit den späten 1750er Jahren beschäftigte. Der Titel stand schon lange fest: *Emilia Galotti*. Fest stand lange auch schon das Konzept. Bereits in einem Brief an Friedrich Nicolai vom 21. Januar 1758 ist von einer ‚bürgerlichen', von allem Staatsinteresse ‚abgesonderten' ‚Virginia' (B 11/1, 267) die Rede: „Du siehst wohl, dass es weiter nichts, als eine modernisierte, von allem Staatsinteresse befreiete Virginia sein soll", heißt es nach Fertigstellung des Stücks in einem Brief an den Bruder Karl (1.3.1772; B 11/2, 362).

Mit Virginia ist die legendenhafte Jungfrau aus dem dritten Buch der *Römischen Geschichte* des Titus Livius gemeint, die von ihrem Vater Virginius erdolcht wird, weil der Tyrann Appius Claudius ein Auge auf sie geworfen hat und sie unter Vorspiegelung falscher Tatsachen zu seiner Sexsklavin machen möchte. Emilia Galotti, Lessings Titelheldin, wird sich im Finale des Trauerspiels auf eben diese Figur berufen, wenn sie den Vater darum bittet, ihr den ersten besten Dolch ins Herz zu stoßen:

R. Vellusig, *Lessing und die Folgen*, https://doi.org/10.1007/978-3-476-05784-6_16

> Ehedem wohl gab es einen Vater, der seine Tochter von der Schande zu retten, ihr den ersten den besten Stahl in das Herz senkte – ihr zum zweiten das Leben gab. Aber alle solche Taten sind von ehedem! Solcher Väter giebt es keinen mehr! (V/7; B 7, 370)

Dieser Vater, Odoardo Galotti, ist die eigentlich Hauptfigur des Dramas. Sein Sündenfall steht im Zentrum des Trauerspiels. Wie schon in seinen früheren Dramen nimmt sich Lessing vor, einen antiken Stoff zu modernisieren, das heißt seiner inneren Logik nachzuspüren und ihn kritisch zu prüfen. Der zitathafte Hinweis auf die Vorlage, der Zuschauer und Leser in die Lage versetzen soll, die konzeptionelle Neudeutung der Geschichte nachzuvollziehen, ist Teil des Programms. Sein Ziel ist nicht die Entpolitisierung eines politischen Mythos – ganz im Gegenteil: Lessings Modernisierung der Virginia-Geschichte steht im Zeichen der politischen Aufklärung. Sie entlarvt die pseudo-politische Dimension einer Historiographie, die den politischen Machtkampf als Geschichte eines skrupellosen sexuellen Begehrens erzählt:

> Sein jetziges Sujet ist eine bürgerliche Virginia, der er den Titel *Emilia Galotti* gegeben. Er hat nemlich die Geschichte der römischen Virginia von allem dem abgesondert, was sie für den ganzen Staat interessant machte; er hat geglaubt, daß das Schicksal einer Tochter, die von ihrem Vater umgebracht wird, dem ihre Tugend werter ist, als ihr Leben, für sich schon tragisch genug, und fähig genug sei, die ganze Seele zu erschüttern, wenn auch gleich kein Umsturz der ganzen Staatsverfassung darauf folgte.
> (An Nicolai, 21.1.1758; B 11/1, 267)

Damit ist früh schon die Gestaltungsaufgabe vorgezeichnet, die Lessing sich stellt. Sie besteht darin, eine politische Heldentat, die einen wollüstigen Tyrannen zu Fall bringt und das Ende der Decemvirn besiegelt, in eine moralische Katastrophe zu verwandeln. Der politische Mythos vom Sieg der Reinheit (*pudicitia*) über das Begehren (*libido*) wird von Lessing nicht fortgeschrieben, sondern auf spektakuläre Weise revidiert. Wenn er von einer „bürgerlichen Virginia" spricht, dann hat er – wie schon im Fall der *Sara* – ein Trauerspiel im Sinn, das eine Geschichte vergegenwärtigt, in der zwischenmenschliche Konflikte auf selbstzerstörerische Weise eskalieren. Mit der Frage des politischen Machtkampfes, die im Zentrum des republikanischen Trauerspiels steht, hat das ebenso wenig zu tun wie mit der Frage eines Machtkampfes zwischen Ständen oder gar Klassen im Sinne des 19. Jahrhunderts.

Lessing übersetzt den politischen Konflikt zwischen den Decemvirn, Patriziern und Plebejern in einen Konflikt zwischen Privatpersonen, deren Statusunterschied – Hocharistokratie auf der einen, einfacher Landadel auf der anderen Seite – keinerlei politische Implikationen besitzt. Das Personal des Trauerspiels entstammt sämtlich derjenigen sozialen Schicht, die Lessing in den Freimaurerdialogen als „gute Gesellschaft" bezeichnen wird: „Prinzen, Grafen, Herrn von, Officiere, Räte von allerlei Beschlag, Kaufleute, Künstler" (B 10, 53) – die Kaufleute ausgenommen. Von einer sozialen oder gar ideologischen Differenz zwischen *dem* Adel und *dem* Bürgertum findet sich hier keine Spur.

Diese Umgestaltung der Vorlage ist Teil einer umfassenderen Modernisierungsstrategie. Um einen Mythos der politischen Geschichte in ein Trauerspiel zu verwandeln, schreibt Lessing zunächst die Rollen um, die es zu besetzen gilt:

Aus einem skrupellosen Despoten (Appius Claudius), der von einer sinnlichen Leidenschaft (*libido*) erfasst wird, macht er einen Prinzen (Hettore Gonzaga), der „in gutem Ernste" (I/6; B 7, 300) liebt und der geradezu die Besinnung verliert, als er erfährt, dass die junge Frau (Emilia), deren „Munterkeit" und „Witz" ihn

„bezaubert“ hat (II/4; B 7, 313), so gut wie verheiratet ist. Aus einem Vater (Virginius), der sein schutzloses Kind dem Zugriff dieses lüsternen Despoten entzieht, indem er zum einzigen Mittel greift, das ihm bleibt, um ihre Ehre zu retten, macht er einen „Jünglingskopf mit grauen Haaren“ (Odoardo) (V/2; B 7, 359), der den Prinzen für einen „Wollüstling“ (II/4; B 7, 313) hält und ihm unterstellt, bloß deshalb ein Auge auf seine Tochter zu haben, „um ihn zu beschimpfen“ (II/5; B 7, 314). Aus einem Verlobten (Icilius), der dem Machthaber die Stirn bietet, macht er einen jungen Adeligen (Appiani), der an den Hof gekommen ist, um dem Prinzen aus freien Stücken zu dienen, und den der Abschied vom Hof so melancholisch stimmt, dass er sich am Tag der Hochzeit dazu verführen lässt, sein Blut „in Wallungen“ zu bringen (II/11; B 7, 325) und den Kammerherrn des Prinzen tödlich zu beleidigen. Aus dem willfährigen Handlanger des Despoten (Marcus Claudius) macht er einen statusbewussten Höfling (Marinelli), der im Intrigenspiel eigene Ziel verfolgt, weil der Verlust seiner Ehre ihn dazu zwingt, seinen Beleidiger aus dem Weg zu räumen. Aus dem stummen Opfer eines despotischen Begehrens schließlich (Virginia) macht er eine junge Frau (Emilia), die sich in allem dem Willen ihrer Mutter unterwirft (II/6; B 7, 317) und die ihren Vater im Finale dazu verführt, sie zu ermorden, um sie vor ihrer Verführbarkeit zu schützen.

Lessing schreibt die Rollen, die durch die Vorlage vorgegeben sind, aber nicht nur um; er erweitert sie auch um zwei Frauenfiguren, für die es bei Titus Livius keine Entsprechung gibt: die ehemalige Geliebte des Prinzen (Orsina), die den Vater der neuen Favoritin zum Werkzeug ihrer Rache macht, indem sie ihm suggeriert, der Prinz und seine Tochter wären längst schon ein Paar; und eine für diese Tochter wie eine Löwin kämpfende Mutter (Claudia), die um die Unschuld ihres Kindes weiß, und ihren Gemahl beschwört, sich auf seine Vaterrolle zu besinnen.

Lessing erweitert und verdichtet also das Netz der in den Konflikt verstrickten Figuren. Und er legt den Fokus der Darstellung auf die Psychodynamik von Kränkung und Racheverlangen, Vorurteil und Befangenheit. Weil es diese Dynamik ist, die alle Konflikte antreibt und sie eskalieren lässt, kann er sich nicht damit begnügen, die Besetzungsliste umzuschreiben und zu erweitern; er muss die Vorlage auch in ein Bewusstseinsdrama verwandeln und sich, wie es in der *Hamburgischen Dramaturgie* heißt, „aus dem Gesichtspunkte des Erzehlers in den wahren Standort einer jeden Person versetzen" (HD 1; B 6, 187).

Diese Kunst der perspektivischen Darstellung realisiert sich in der Kunst, die Rede der Figuren über die Szenengrenzen hinweg so zu arrangieren, dass der Zuschauer erkennt, wofür diese „blind und taub" sind (vgl. GTN 1, 12): Eines Konflikts um Sabionetta, den Landsitz der Galottis, wegen glaubt Odoardo, dass der Prinz ihn „haßt" (II/4; B 7, 312), während dieser ihn schätzt: „Ein alter Degen; stolz und rauh; sonst bieder und gut!", obwohl er „nicht mein Freund" ist (I/4; B 7; 297). Der von Odoardo dem Prinzen unterstellte Hass veranlasst Appiani dazu, seine Hochzeit vor dem Prinzen geheimzuhalten, während der Prinz selbst es „sehr gewünscht" hätte, sich Appiani „verbinden zu können" (I/6; B 7, 302). Am markantesten zeigt sich das Widerspiel der Perspektiven in der Erzählung über die Begegnung zwischen Emilia und dem Prinzen in der Kirche. Emilia versetzen die schmeichelnden Worte, mit denen der Prinz sich ihr während der Messe nähert, in eine solch besinnungslose Angst, dass sie ihren „guten Engel" bittet, sie „mit Taubheit zu schlagen" (II/6; B 7, 315), um dann tatsächlich nicht zu hören, was der Prinz ihr sagt: „Ihre Angst steckte mich an, ich zitterte mit, und schloß mit einer Bitte um Vergebung" (III/3; B 7, 331). So seine Erzählung im Gespräch mit Marinelli. In allen Virginia-Dramen vor Lessing versteht es sich von selbst, dass hier die Unschuld gegen das Fleisch gewordene Böse verteidigt wird. Lessing löst dieses Deutungsmuster nicht nur auf, sondern übersetzt es in eine vorurteilsbefangene Perspektive. Der Prinz ist kein „Wollüstling, der bewundert, begehrt" (II/4; B 7, 313), wie Odoardo sagt, er ist nicht „galant" (II/6;

B 7, 318), wie Claudia meint, sondern ein unschuldig Liebender, der in eine psychische Ausnahmesituation gerät. Das Stück sichert ihm so jenes Mindestmaß an Sympathie, das nötig ist, damit ihm die Anteilnahme des Publikums nicht versagt bleibt.

Um die finale Katastrophe aus der Psychodynamik der in sie verstrickten Charaktere entwickeln zu können, muss Lessing jedem Charakter einen wunden Punkt geben, der ihn „von Sinnen" (I/6; B 7, 304) kommen lässt, wenn man an ihn rührt: „Sprich dein verdammtes ‚Eben die' noch einmal, und stoß mir den Dolch ins Herz!" (I/6; B 7, 303), sagt der Prinz, als Marinelli ihm offenbart, dass Emilia den Grafen Appiani heiraten wird. „Das gerade wäre der Ort, wo ich am tödlichsten zu verwunden bin!" (II/4; B 7, 813), weiß Odoardo Galotti, als er erfährt, dass der Prinz an seiner Tochter Gefallen gefunden hat. „Himmel und Hölle!", „Tod und Verdammnis!" (II/10, 324), sind die Worte, mit denen Marinelli reagiert, als Appiani ihn als hämischen und feigen Affen bezeichnet, wozu dessen verächtliche Rede über die Familie Galotti ihn provoziert hat. Die Lieblosigkeit und Ignoranz schließlich, mit der der Prinz Orsina begegnet – ihren Brief hat er „nicht einmal gelesen" (IV/3; B 7, 345) –, lässt diese „närrisch" (I/6; B 7, 301) werden und mit Dolch und Gift (vgl. IV/7; B 7, 355), also Mord- und Selbstmordabsichten, nach Dosalo kommen.

Die Logik der Charakterdarstellung wird in der Conti-Szene ausdrücklich reflektiert. Der Prinz wirft dem Maler, der ihm das Porträt Orsinas bringt, vor, „Stolz [...] in Würde, Hohn in Lächeln, Ansatz zu trübsinniger Schwärmerei in sanfte Schwermut verwandelt" (I/4; B 7, 296) zu haben. Der Vorwurf verfängt nicht. Conti ist ein „denkende[r] Künstler" (I/4; B 7, 296); er malt „mit Augen der Liebe" (I/4; B 7, 297), das heißt, er vermag in der plastischen Erscheinung die „*individualischen Vollkommenheiten*" (B 2, 407) des Charakters wahrzunehmen. Das ist eine Variation auf das *Laokoon*-Thema: Was die Malerei, die nur einen Moment gestalten kann, abmildernd andeutet, übersetzt die Dichtung in einen Prozess, in dem der Charakter seine ihm eigenen Tendenzen entfaltet. Das dramatische Spiel führt dem Zuschauer vor Augen, wie die Lieblosigkeit des Prinzen Orsina in den Rachewahn treibt.

Die Verletzbarkeit der Charaktere ist die Voraussetzung für die Sündenfälle, die Lessings Bewusstseinsdrama inszeniert. Weil das Böse aus Übereilung geschieht, wird Lessing die traditionelle Einheit der Zeit zum Mittel der Wahl, die „innere Handlung" voranzutreiben. „Ja, wenn die Zeit nur außer uns wäre! – Wenn eine Minute am Zeiger, sich in uns nicht in Jahre ausdehnen könnte!" (II/8; B 7, 320), lautet der Seufzer, mit dem Appiani diese psychische und moralische Dimension der Zeit zur Geltung bringt: „noch Einen Schritt vom Ziele oder noch gar nicht ausgelaufen sein, ist im Grunde eines" (II/8, B 7, 321). Seine melancholische Reflexion über den einen Schritt, in dem (wie schon in der antiken Tragödie) des Menschen Glück auf dem Spiel steht, findet ihr Echo in der Warnung Odoardos vor dem einen Schritt, der „genug zu einem Fehltritt" ist (II/2; B 7, 309). Der Prinz erlebt diese moralische Dimension der Zeit in Form des Zeit- und Handlungsdrucks, unter den ihn die unmittelbar bevorstehende Hochzeit Emilias setzt. Das hastige „Recht gern" (I/8; B 7, 307), mit dem er in der Camillo-Rota-Episode ein Todesurteil unterfertigen will, macht die Logik des Sündenfalls bereits in der Exposition sinnfällig.

Befangenheit und Besinnungslosigkeit lassen die Figuren den rechten Moment des Handelns verfehlen, sodass sich ihre Versäumnisse und Übereilungen auf fatale Weise verketten: Appiani hat es verabsäumt, dem Prinzen seine Hochzeitspläne mitzuteilen, weil ihn Odoardos Unterstellung, der Prinz sei sein Feind, befangen gemacht hat, und er lässt sich dazu hinreißen, Marinelli, der nun zwischen ihn und den Prinzen getreten ist, auf tödliche Weise zu beleidigen. Der Prinz lässt sich aus Verzweiflung über die Nachricht von der bevorstehenden Vermählung Emilias dazu verleiten, Marinelli freie Hand zu gewähren und gibt ihm so den Spielraum, sich an Appiani zu rächen. Emilia verabsäumt es, Appiani von ihrer Begegnung mit dem Prinzen in der Kirche zu erzählen, weil die Mutter ihr aus leidvoller eigener Erfahrung rät, sich gegenüber dem Bräutigam bedeckt zu halten. Und Odoardo verabsäumt es, Emilia zu sprechen, weil er durch die Nachricht, dass der Prinz sich von ihr bezaubern ließ, so außer sich ist, dass er ihre Rückkehr aus der Kirche nicht erwarten kann.

Diese Versäumnisse und Übereilungen kulminieren in einer Reihe von Zufällen, die sich im Finale auf tragische Weise häufen und von den Figuren selbst thematisiert werden. Geradezu blasphemisch kommentiert Orsina die Tatsache, dass sich der Prinz in Dosalo eingefunden hat, ohne ihrer brieflichen Einladung gefolgt zu sein. Wenn sie Marinelli belehrt, dass „das Wort Zufall“ „Gotteslästerung“ ist, wenn sie in der Anwesenheit des Prinzen das „unmittelbare Werk“ der „allgütige[n] Vorsicht“ erkennt (IV/3; B 7, 347), dann macht sie damit den Himmel zum Mithelfer ihrer Mordabsichten – nicht anders als Odoardo das tun wird, wenn er das Erscheinen Emilias als Zeichen dafür deutet, dass der Himmel ihn dazu auserkoren hat, das Kind zu ermorden, um es davor zu bewahren, zur Hure des Prinzen zu werden:

> Wenn es das alltägliche Possenspiel wäre? Wenn sie es nicht wert wäre, was ich für sie tun will? – *Pause.* Für sie tun will? Was will ich denn für sie tun? – Hab' ich das Herz, es mir zu sagen? – Da denk' ich so was: So was, was sich nur denken läßt. – Gräßlich! Fort, fort! Ich will sie nicht erwarten. Nein! – *Gegen den Himmel:* Wer sie unschuldig in diesen Abgrund gestürzt hat, der ziehe sie wieder heraus. Was braucht er meine Hand dazu? Fort! *er will gehen, und sieht Emilien kommen.* Zu spät! Ah! er will meine Hand; er will sie! (V/6; B 7, 367)

Die Ermordung des Kindes durch den eigenen Vater ist das Telos, auf das Lessings Tragödie zustrebt. Von Anfang an hat er sie als die wahre Katastrophe der überlieferten Geschichte identifiziert. Deshalb musste er sich die Übersetzung eines Ehrenmordes in einen Akt der Selbstzerstörung von allem Anfang an zur literarischen Gestaltungsaufgabe machen. Die Lösung, die Lessing für diese Gestaltungsaufgabe gefunden hat, ist ein Musterbeispiel für seine Kunst der Mustererkennung und der Kombinatorik. Das Finale kombiniert den Virginia-Mythos mit der Tragödie des Mohren von Venedig, die Lessing schon für das Finale der *Minna* zur Inspiration wurde. Und auch hier ist es das Motiv der Ehre, das es Lessing ermöglicht, die Rolle des republikanischen Tugendhelden Virginius mit der Rolle des tragischen Mörders Othello zu besetzen. Damit avanciert Odoardo – der Vater, den alle Figuren des Stückes (Appiani, der Prinz, Orsina, Claudia) an seine Vaterrolle erinnern, ohne dass er ihr gerecht zu werden vermöchte – zur eigentlichen tragischen Figur des Finales.

Othello ist für Lessing der Inbegriff des tragischen Helden, weil er in wahnhafter Verblendung, „as rush as fire" (V/2; WS, 210), sein Liebstes und damit sein Lebensglück zerstört. So wie der Intrigant Jago den arglosen Othello mit dem Verdacht „vergiftet" (vgl. III/3; WS, 124), die Geliebte sei ihm untreu geworden, so vergiftet Orsina Odoardo mit der Vorstellung, der Prinz und die Tochter wären sich eins: „Wirkt es, Alter! wirkt es?" (IV/7; B 7, 355). Othello ist der „honourable murderer" (V/2; WS, 220), der die Schöpfung rächt, indem er Desdemona, dieses zur „strumpet" (V/2; WS, 206) verkommene „cunning pattern of excelling nature" (V/2; WS, 202), tötet. Der ‚vor Zorn brennende' Odoardo (*odio ardo*) tut es ihm gleich. Auch „für ihn steht die Ordnung der Schöpfung auf dem Spiel: Er maßt sich an, das aus zu weichem Tone geformte „Meisterstück der Natur" (I/6; B 7, 300) zu zerstören, und die Rose zu brechen, „ehe der Sturm sie entblättert" (V/7; B 7, 370) – auch dies ein Othello-Zitat (vgl. GTN 3, 377f.).

Das Finale steht im Zeichen der Verführung: „Gewalt! Gewalt! wer kann der Gewalt nicht trotzen? Was Gewalt heißt, ist nichts: Verführung ist die wahre Gewalt“ (V/7; B 7, 369). Emilia spricht von der Verführung zur Sinnlichkeit – die wahre Verführung aber, die auf Lessings Bühne tragische Gestalt gewinnt, ist die Verführung zur Gewalt. Mit ihrer Berufung auf die von der Kirche heiliggesprochenen Selbstmörderinnen: „Nichts Schlimmers zu vermeiden, sprangen Tausende in die Fluten, und sind Heilige!“ (V/7; B 7, 369) und mit dem Hinweis auf den Ehrenmord des Virginius: „Ehedem wohl gab es einen Vater, der seine Tochter von der Schande zu retten, ihr den ersten den besten Stahl in das Herz senkte“ (V/7; B 7, 370) verführt Emilia ihren Vater dazu, sie vor ihrer eigenen Sinnlichkeit zu retten, und macht ihn zum Handlanger ihres Selbstmords. All das will als Ausdruck selbstzerstörerischer Verblendung gelesen werden.

Tatsächlich ist das Finale der *Emilia* nicht nur ein Musterbeispiel für Lessings Kunst der Mythenkritik, sondern auch für die Schwierigkeiten, vor die jede verständnisvolle Lessing-Lektüre gestellt ist. Es erschließt sich nicht, wenn man die Rede der Figuren psychologisch deutet. Lessings Dramensprache folgt einer anderen Logik. Er lässt seine Figuren immer auch die Quellen herbeizitieren, die im dramatischen Spiel auf dem Spiel stehen. Dazu zählt auch das Buch über den Gottesstaat, in dem der Kirchenvater Augustinus auf eben jenes Gerücht von den Jungfrauen, die aus Angst vor der sexuellen Gewalt in die Fluten sprangen, zu sprechen kommt. Augustinus nimmt es zum Anlass, den Selbstmord der Lucretia, von der Titus Livius im ersten Buch seiner *Römischen Geschichte* berichtet, als Irrweg einer von der Begierde nach „Ruhm“ (AA 1,19; 45) getriebenen Seele zu verwerfen. Wenn sich Emilia auf ihren und den Willen ihres Vaters beruft, dann ist das – nicht anders als im Falle des Philotas – ein Ausdruck tragischer Ironie: Sie verfehlt das wahrhaft Gute. Ihr Akt der Selbstbehauptung wird alle in die Tragödie Verstrickten erschüttert zurücklassen.

Das Trauerspiel, an dem Lessing im Herbst 1757 zu arbeiten begonnen hatte, vollendet er im Februar 1772. Lessing steht unter Zeitdruck. Die Uraufführung findet am 13. März zum Geburtstag seiner Landesherrin, der Herzogin Philippine Charlotte, in Wolfenbüttel statt – „mit ausserordentl. Beyfall", wie der *Wandsbecker Bothe* berichtet: „Sie wissen, was Leßing fürs Theater zu schreiben pflegt, aber man sagt hier durchgehends, daß er diesmal noch mehr geschrieben habe" (JB 1, 352).

Wolfenbüttel: Fragmente eines Ungenannten

Im Dezember 1769 wurde Lessing zum Bibliothekar der Herzog-August-Bibliothek in Wolfenbüttel ernannt. Damit ging eine lange Zeit zu Ende, in der er den Versuch unternommen hatte, beruflich Fuß zu fassen – ohne sich dadurch doch zum „Sklaven eines Amts" (3.4.1760; B 11/1, 346) zu machen. Friedrich II. hatte sich dagegen gesträubt, Lessing zum Vorsteher der Königlichen Bibliothek in Berlin zu ernennen – ein unseliger Konflikt mit Voltaire, der den jungen Lessing beschuldigt hatte, sich eines seiner Manuskripte bemächtigt zu haben, hatte das Verhältnis des Königs zu Lessing getrübt. Die Hamburger Entreprise war gescheitert, die Verlagsgründung hatte Lessing an den Rand des Ruins gebracht. In Hamburg hatte er sich aber mit dem Ehepaar König befreundet – Engelbert König, ein wohlhabender Kaufmann und Unternehmer, stirbt im Dezember 1769 auf einer Geschäftsreise in Venedig. Lessing wird zum vertrauten Freund seiner Witwe Eva, einer gebildeten Frau, mit der er sich im September 1771 verlobt. Der Hochzeit geht eine lange Zeit des Wartens und des Zögerns voraus. Sie ist in einem Briefwechsel dokumentiert, der zu den bedeutendsten Zeugnissen des an bedeutenden Korrespondenzen so reichen 18. Jahrhunderts zählt. Die Hochzeit findet im Oktober

R. Vellusig, *Lessing und die Folgen*, https://doi.org/10.1007/978-3-476-05784-6_17

1776 findet, doch das Glück des Paares währt nur kurz: Am 25. Dezember 1777 bringt Lessings Frau einen Sohn zur Welt; er stirbt, wie Lessing dem Bruder schreibt, an den Folgen „der grausamen Art, mit welcher er auf die Welt gezogen werden mußte" (5.1.1778; B 12, 117). Eva Lessing überlebt ihn nur kurz, „der kleine Ruschelkopf" zerrt dem Vater „auch die Mutter mit fort" (an Eschenburg, 31.12.1777; B 12, 116) – sie stirbt am 10. Januar 1778.

Lessings Briefe an den ihm nahestehenden Braunschweiger Professor Johann Joachim Eschenburg zählen zu den eindringlichsten Lebenszeugnissen, die von ihm überliefert sind. Ihr lakonischer Gestus hat Mitwelt und Nachwelt gleichermaßen erschüttert.

> Lieber Eschenburg,
> Meine Frau ist tot: und diese Erfahrung habe ich nun auch gemacht. Ich freue mich, daß mir viel dergleichen Erfahrungen nicht mehr übrig sein können zu machen; und bin ganz leicht. – Auch tut es mir wohl, daß ich mich Ihres, und unsrer übrigen Freunde in Braunschweig, Beileids versichert halten darf.
>
> Der Ihrige Lessing.
> Wolfenb. den 10. Jenner 1778. (B 12, 119)

Der Tod seines Sohnes und seiner Frau fällt in eine Zeit, in der auch Lessings berufliche Existenz auf dem Spiel stand. Der Anlass war ein Manuskript, das ihm Elise und Albert Hinrich Reimarus, die Kinder des in Gelehrtenkreises hochgeschätzten Hebraisten Hermann Samuel Reimarus, zugespielt hatten. Jahrzehntelang und bloß zu seiner eigenen „Gemüths-Beruhigung" hatte sich Reimarus darin Fragen gewidmet, die sich ihm bei der Lektüre des Alten Testaments und der vergleichenden Betrachtung der Evangelien aufgedrängt hatten. Sie galten der Glaubwürdigkeit der biblischen Überlieferung und rührten an den Kern der christlichen Lehre, indem sie den „Zufall der Geburt“ (Saladin) an die Stelle der Gnadenwahl setzten:

> Wir müssen alle gestehen, daß wir das Christenthum nicht durch eigene Einsicht und freye Wahl, vor andern Religionen, erkieset haben. Ein bloßer Zufall, daß unsre Eltern schon Christen, und zwar dieser Secte, waren, hat uns dazu gebracht. Wären wir von Jüdischen, oder Türkischen Eltern erzeugt, wie es natürlicher Weise hätte geschehen können, so wäre uns der Eltern Religion und Secte in Kindheit eingepflantzt worden, und wir hätten hernach eben so vest geglaubt, daß wir, durch eine besondere Gnade Gottes, in dem Schooße der rechtgläubigen Kirche geboren wären, worin man sich allein selig zu werden versprechen könnte, da alle übrigen, die einen andern Glauben hätten, ewig verdammt wären. (HSR 1, 41f.)

Lessings Plan, die *Apologie oder Schutzschrift für die vernünftigen Verehrer Gottes* zur Gänze zu publizieren, scheitert an den Bedenken des Verlegers. Im Januar 1777 veröffentlicht er Teile des Manuskripts in der von ihm zensurfrei herausgegebenen Zeitschrift *Zur Geschichte und Literatur. Aus den Schätzen der Herzoglichen Bibliothek zu Wolfenbüttel*. Die Publikation dieser ‚Fragmente eines Ungenannten‘ markiert den Beginn der philologischen Bibelkritik und der historischen Leben-Jesu-Forschung.

Reimarus verstand sich als Deist, das heißt als Vertreter eines Glaubens, der sich darauf beschränkt, die Existenz Gottes, die Unsterblichkeit der Seele und einen gerechten Ausgleich zwischen sittlichem Tun und persönlichem Wohlergehen in einem zukünftigen Leben anzunehmen. In seinen Abhandlungen über *Die vornehmsten Wahrheiten der natürlichen Religion* (1754) hatte er den Versuch unternommen, Offenbarung und Vernunft miteinander zu versöhnen. Tatsächlich aber fühlte er sich der Dogmatik des Christentums nicht verpflichtet. Bereits in einem von Lessing vorab publizierten Fragment *Von Duldung der Deisten* (1774), in dem Reimarus darüber klagt, dass die orthodoxe Theologie den Vertretern einer „natürlichen Religion" feindlich nachstelle (vgl. B 8, 118f.), unterscheidet er zwischen dem, was der jüdische Wanderprediger Jesus von Nazareth lehrte, und dem, was die Apostel, Evangelisten und Kirchenväter aus dieser Lehre machten (vgl. B 8, 116). Dass die „Religion Christi" von der „christlichen Religion" zu unterscheiden sei (B 10, 223) – darin war sich Lessing mit Reimarus einig. Seinen Widerspruch forderte aber die in den weiteren Fragmenten profilierte Vorstellung heraus, dass mit der Kritik an der Bibel auch das Christentum selbst desavouiert war.

Die fünf von Lessing ausgewählten Fragmente (B 8, 175–311) besitzen einen klaren Argumentationszusammenhang: Die ersten beiden verteidigen (1) die Zuständigkeit der Vernunft in Fragen der religiösen Orientierung und ziehen (2) die Möglichkeit einer an alle gerichteten Offenbarung mit triftigen Gründen in Zweifel; die folgenden drei konkretisieren diese allgemeinen Überlegungen zum Verhältnis von Vernunft und Offenbarung, indem sie (3) die Unglaubwürdigkeit der Geschichten des Alten Testaments (z. B. den Zug der Israeliten durchs Rote Meer) exemplarisch offenlegen, (4) dem Alten Testament selbst den Offenbarungscharakter absprechen und (5) aus den evidenten Widersprüchen in den verschiedenen Fassungen der Auferstehungsgeschichte schließen, dass die Jünger Jesu den Leichnam heimlich aus dem Grab entfernt und das Gerücht von der Auferstehung in die Welt gesetzt hatten – eine geradezu skandalöse These, die ein von Lessing im Mai 1778 nachgereichtes Fragment *Vom Zwecke Jesu und seiner Jünger* (B 9, 224–340) noch umfassender ausarbeitet.

Lessing hat die fünf Fragmente mit einer Reihe von *Gegensätzen des Herausgebers* (B 8, 312–350) versehen, in der er die Bibelkritik des Reimarus seinerseits der Kritik unterzieht. Die Fragen, die sich Reimarus aufgedrängt hatten, waren für Lessing unabweislich; seine Antworten waren es nicht. Sein Haupteinwand bestand in einem Argument, das sich auch gegen die sogenannten Neologen, jene Vertreter der zeitgenössischen protestantischen Theologie, die es unternahmen, Offenbarung und Vernunft miteinander zu versöhnen, richtete: Lessing führt ins Feld, dass „Einwürfe gegen den Buchstaben, und gegen die Bibel, nicht eben auch Einwürfe gegen den Geist und gegen die Religion" sind (B 8, 312). Bereits in der Debatte um die Ewigkeit der Höllenstrafen, die für die Theologie zum Problem geworden war, weil sich schwer verständlich machen ließ, weshalb zeitliche Sünden ewige Strafen nach sich ziehen sollten, hatte er in diesem Sinne argumentiert. Der von Lessing geschätzte Theologe und Philosoph Johann August Eberhard hatte in seiner *Neuen Apologie des Sokrates* (1772) die Ewigkeit der Höllenstrafen auf „eine unbestimmte, aber keineswegs unendliche Dauer" beschränkt wissen wollen (B 7, 498). Lessing konnte sich diesem Deutungsvorschlag nicht anschließen – er ist ihm zu radikal und zu harmlos zugleich. In einem Brief an den Bruder Karl schreibt er: „die Hölle, welche Herr Eberhard nicht ewig haben will, ist gar nicht, und die, welche wirklich ist, ist ewig" (14.7.1773; B 11/2, 567). Auch in dieser Frage unterscheidet er also zwischen dem Buchstaben und dem Geist der Heiligen Schrift: er macht den metaphorischen Charakter der Rede von Himmel und Hölle kenntlich und auf ihren wahren Kern hin transparent. Das Denken in Lohn und Strafe ist kindlich; die in der Bibel angedrohten Strafen sind Strafen nur für ein unaufgeklärtes Moralbewusstsein. Wer mit Leibniz erkannt hat, „daß in der Welt nichts insulieret, nichts ohne Folgen, nichts ohne ewige Folgen ist" (B 7, 491), der wird in der Ewigkeit der Höllenstrafen nichts anderes sehen als die natürlichen Folgen des Handelns, die als solche bestehen blieben: „Genug, daß jede Verzögerung auf dem Wege zur Vollkommenheit in alle Ewigkeit nicht einzubringen ist, und sich also in alle Ewigkeit durch sich selbst bestrafet" (B 7, 493). – Wer freilich nicht anders kann, als Himmel und Hölle als Orte zu denken, die die Guten von den Bösen auf ewige Zeiten voneinander scheidet, der möge, so Lessing, „immer nur bei dem Buchstaben bleiben": für ihn ist der Buchstabe der Offenbarung gedacht (B 7, 496).

Lessings Kritik an einem buchstäblichen Verständnis der religiösen Überlieferung trifft auch den Fragmentisten; auch er fragt nach der Wahrheit des Buchstabens, nicht aber nach der Wahrheit der Religion selbst. Lessing hält ihm entgegen:

> Die Religion ist nicht wahr, weil die Evangelisten und Apostel sie lehrten: sondern sie lehrten sie, weil sie wahr ist. Aus ihrer innern Wahrheit müssen die schriftlichen Überlieferungen erklärt werden, und alle schriftliche Überlieferungen können ihr keine innere Wahrheit geben, wenn sie keine hat. (B 8, 313)

Gegenüber den zeitgenössischen Neologen, die Offenbarung und Vernunft im Sinne eines *„vernünftigen Christentums"* miteinander identifizierten – bloß dass man, wie Lessing polemisch feststellt, „so eigentlich nicht weiß, weder wo ihm die Vernunft, noch wo ihm das Christentum sitzt" (B 8, 134) – hält er an der Eigenart der religiösen Überlieferung und ihrer bild- und gleichnishaften Rede fest. Die innere Wahrheit der Religion ist in der Heiligen Schrift nicht so gegeben, wie philosophische Wahrheiten gegeben sind; sie ist an das Fassungsvermögen eines unaufgeklärten Bewusstseins angepasst. Die Übersetzung ihrer Wahrheiten in „Vernunftswahrheiten" (B 8, 319) darf deshalb den Status der religiösen Rede als einer Rede in Bildern und Gleichnissen nicht aus dem Blick verlieren.

Die wahre Alternative zu der von Reimarus praktizierten Bibelkritik liegt daher in der Befreiung der Religion aus dem „Joche des Buchstabens" (B 9, 50). Dass die protestantische Orthodoxie diesen Schritt nicht mitzuvollziehen bereit oder in der Lage war, zeigte der sogenannte Fragmentenstreit, der die Veröffentlichung der Fragmente vollends zum kulturgeschichtlichen Ereignis machte. Er wird mit einer Gegenschrift des Hannoverschen Gymnasiumsdirektors Johann Daniel Schumann eröffnet, in der dieser die *Beweise für die Wahrheit der christlichen Religion* (1777) beschwört, namentlich diejenigen „Weissagungen" des Alten Testaments, in denen das Leben und Sterben des Messias prophezeit werden, und die „Wunderwerke" Jesu, von denen das Neue Testament Zeugnis gibt. Gegen diesen „Beweis des Geistes und der Kraft" führt Lessing die unabweisbare Tatsache ins Feld, dass „erfüllte Weissagungen, von denen ich nur historisch weiß, daß sie andre wollen erlebt haben", und „Wunder, von denen ich nur historisch weiß, daß sie andre wollen gesehn und geprüft haben", immer nur Weissagungen und Wunder aus zweiter Hand, nie authentische Erfahrungen selbst sind (B 8, 439f.).

Selbstverständlich hält Lessing den Wunderglauben, der für Schumann der Fels ist, auf den die christliche Religion gebaut ist, für höchst fragwürdig. Er lässt sich aber auf die Überzeugungen seines Gesprächspartners ein, um diese auf ihre Konsistenz hin zu prüfen – und ihre Inkonsistenz sichtbar zu machen: Der „garstig breite Graben" (B 8, 443) zwischen dem, was sich historisch ereignet haben mag, und dem, was sich dem vernünftigen Denken mit Gewissheit erschließt, ist unüberwindlich: „*zufällige Geschichtswahrheiten können*", wie Lessing mit Leibniz sagt, „*der Beweis von notwendigen Vernunftswahrheiten nie werden*" (B 8, 441) – die einen auf die anderen zurückzuführen, wäre ein Kategorienfehler (vgl. B 8, 443).

Die Konsequenz, mit der Lessing argumentiert, trifft auch den biblischen Text selbst. Lessing war durch seine religionshistorischen Studien zu der Erkenntnis gelangt, dass der Niederschrift der Evangelien eine Phase der mündlichen Überlieferung vorausging, sodass es das Christentum gab, „ehe Evangelisten und Apostel geschrieben hatten" (B 8, 312). Die von ihm entwickelte These, dass sich die Evangelisten ihrerseits auf eine verlorengegangene schriftliche Quelle stützten, zählt zu den herausragendsten und bleibenden Verdiensten seiner religionshistorischen Studien (vgl. B 8, 738); sie ist ebenso revolutionär wie die von ihm bereits in den Breslauer Jahren (1763/64) verfolgte Frage nach den historischen Bedingungen, die es möglich machten, dass das Christentum sich ‚fortpflanzen und ausbreiten' konnte (vgl. B 5/1, 426–445). Lessings *Neue Hypothese über die Evangelisten als bloß menschliche Geschichtsschreiber betrachtet* (B 8, 629–654) wurde zwar erst 1784 von seinem Bruder Karl aus dem Nachlass veröffentlicht – die in diesem Entwurf entwickelten Ideen aber sind in seinen *Gegensätzen* zu den bibelkritischen Fragmenten des Reimarus allgegenwärtig.

Im Dezember 1777 tritt der Hamburger Hauptpastor Johann Melchior Goeze in die Debatte ein. Goeze ist Vertreter einer Orthodoxie, die sich im Sinne des kirchlichen Strafamts dazu verpflichtet sah, die Reinheit der Lehre gegen die kontroversiellen Stimmen zu verteidigen, die gegen sie erhoben wurden. Goeze identifiziert die Religion mit der Bibel. Lessings Behauptung, dass es eine christliche Religion ohne Heilige Schrift gibt, empört ihn. Dementsprechend richten sich seine publizistischen Attacken nicht primär gegen den anonymen Fragmentisten, der die Bibel kritisiert, sondern gegen dessen Herausgeber, der ihre Autorität „feindselig" infrage gestellt und damit viele gläubige Seelen verunsichert hatte:

> Ich würde vor meiner Todesstunde zittern, wenn ich besorgen müßte, daß von der Ausbreitung dieser boshaften, so vielen Seelen höchst gefährlichen, und der Ehre unsers großen Erlösers so nachteiligen Aufsätze, die Rechenschaft an jenem Tag von mir würde gefordert werden. (B 9, 20)

Lessings Kritik an der Buchstabengläubigkeit der Theologie wird von Goeze als Religionsspötterei eines Theaterdichters interpretiert, der sich mithilfe von poetischen Taschenspielertricks seiner Verpflichtung entzieht, in dogmatischen Fragen Klartext zu reden (vgl. B 9, 121f.). Weil man mit einem Gegner, der nicht sagt, was er als religiöse Wahrheit anerkennt, nicht diskutieren kann, fordert er Lessing auf, ein „vollständiges Glaubensbekenntnis" abzulegen (vgl. B 9, 371). Der Gedanke, dass er damit genau das von ihm verlangt, was Lessing aus prinzipiellen Gründen nicht tun kann, ist Goeze vollkommen fremd. Der Kern der christlichen Lehre ist das Gebot der Gottes- und der Feindesliebe: dazu hat sich der unter die Schauspieler gefallene Theologiestudent Lessing bereits in seinem großen Rechtfertigungsbrief an den Vater bekannt – ihm nachzukommen, ist eine Praxis, die selig macht: „Kinderchen, liebt euch!" lässt er den Evangelisten Johannes in einem apokryphen Testament sagen und der Gemeinde versichern, dass „das allein, wenn es geschieht, genug, hinlänglich genug ist" (B 8, 451). Dass die Religion in einer solchen gelebten Praxis besteht, deren seligmachende Gründe einsichtig sind, ganz unabhängig davon, welche Glaubenssätze über die Schöpfung der Welt oder die Identität des jüdischen Wanderpredigers Jesus von Nazareth man anzunehmen bereit oder in der Lage ist, bleibt für Goeze nicht nachvollziehbar.

Ihre besondere Schärfe gewinnt die Debatte, weil Goeze dem Fragmentisten und seinem Herausgeber nicht nur die moralische Integrität abspricht, sondern weil er auch nicht bereit ist, einen sachlichen Disput über die Wahrheit der Religion überhaupt zuzulassen. Dissens in der Sache gilt ihm als vorsätzliche Verstockung und blasphemische Weigerung, die im Buchstaben der Heiligen Schrift geoffenbarten Wahrheiten des Glaubens anzuerkennen. Allein die Tatsache, dass Lessing die Zumutung von sich weist, den theologischen Streit auf Latein zu führen, widerspricht seinem Selbstverständnis als Hüter der Lehre. Deshalb liegt es für ihn auch nahe, zu hoffen, dass „große Herren und andre Obrigkeiten" den „Zeitungsschreiber[n]“, die „die verderblichsten Grundsätze unter dem großen Haufen verbreiten“, endlich „Zaum und Gebiß“ anlegen (B 9, 37). Und er zögert nicht, ein solches Einschreiten des Staates zu fordern.

Anti-Goeze, Numero zwölf: Nathan der Weise

Am 6. Juli 1778 entzieht der Herzog von Braunschweig Lessing das Privileg der Zensurfreiheit „in Religions-Sachen" (17.8.1778; B 12, 187) und zwingt ihn, seinen publizistischen Streit mit Goeze ad acta zu legen. Lessing setzt den Disput mit anderen Mitteln fort: Das dramatische Gedicht von Nathan dem Weisen ist, mit Friedrich Schlegel zu sprechen, sein „*‚Anti-Goeze', Numero zwölf*" (St, 183).

Der Wechsel vom begrifflichen Diskurs zur ästhetischen Anschauung ist mehr als eine Notlösung; die Frage nach der authentischen Deutung der religiösen Überlieferung findet im Drama ihren authentischen Ausdruck. Wenn Lessing die Bühne in einem Brief an Elise Reimarus als seine wahre „Kanzel" bezeichnet (6.9.1778; B 12, 193), dann tut er das in der Gewissheit, dass Religionen das menschliche Leben deuten, indem sie es in den Horizont eines Unverfügbaren stellen, und dass es der Anschauung bedarf, um diese Lebensdeutungen als solche erfahrbar zu machen. Deshalb heißt es im Motto des Stücks selbstbewusst: „Jntroite, nam et heic Dii sunt!" (B 9, 483) – „Tretet ein, denn auch hier sind Götter!".

R. Vellusig, *Lessing und die Folgen*, https://doi.org/10.1007/978-3-476-05784-6_18

Nathan ist „*Lessings Lessing*" (St, 183) – sein bekanntestes Stück und sein religionsphilosophisches Vermächtnis, verfasst in der Absicht, die „Evidenz und Allgemeinheit" der Offenbarungsreligionen in Zweifel zu ziehen (an Karl Lessing, 18.4.1779; B 9, 1184) und *die* Religion ins wahre Licht zu rücken. In der Ankündigung des *Nathan* weist Lessing darauf hin, dass das Drama zwar in einem jener „Augenblicke des Verdrusses" entstanden ist, „in welchen man immer gern vergessen möchte, wie die Welt wirklich ist", doch hadert es nicht mit den Widerfahrnissen des Lebens. Im Gegenteil. Lessings schreibt: „die Welt, wie ich mir sie denke, ist eine eben so natürliche Welt, und es mag an der Vorsehung wohl nicht allein liegen, daß sie nicht ebenso wirklich ist" (8.8.1778, B 9, 445).

Lessings *Nathan* ist (nicht anders als seine *Minna*) eine glücklich verhinderte Tragödie. In ihrem Zentrum steht eine gute Tat, die dem Wohltäter beinahe zum Verhängnis wird. Nach einem Pogrom, in dem er wie der biblische Hiob seine Frau und seine „sieben hoffnungsvollen Söhne" verloren hat, ist Nathan vor Gott „in Asch' / Und Staub" gelegen, hat mit Gott „gerechtet / Gezürnt, getobt", sich und die Welt „verwünscht" und den Christen den „unversöhnlichsten / Haß zugeschworen", bis die „sanfte" Stimme der Vernunft sich in ihm Gehör verschaffen konnte und ihn in die Lage versetzte, sich aus diesem Alptraum zu befreien:

> Doch nun kam die Vernunft allmählig wieder.
> Sie sprach mit sanfter Stimm': „und doch ist Gott!
> Doch war auch Gottes Ratschluß das! Wohlan!
> Komm! übe, was du längst begriffen hast;
> Was sicherlich zu üben schwerer nicht,
> Als zu begreifen ist, wenn du nur willst.
> Steh auf!" – Ich stand! und rief zu Gott: ich will!
> Willst du nur, daß ich will! (IV/7; B 9, 596f.)

Die Tat, die der „gottergebne" Nathan sich hier „abgewinnt" (IV/7; B 9, 596), ist eine innere Handlung: ein bewusster Entschluss, der auf der Einsicht beruht, dass die wahre Reaktion auf das bittere Leid nicht darin liegen kann, das erlittene Leid zu vermehren, sondern nur darin, es als Teil einer Wirklichkeit anzunehmen, deren Sinn sich allem menschlichen „Wähnen über Gott" (III/1; B 9, 543) entzieht. „Innigste Ergebenheit in Gott" (III/7; B 9, 559) wird die Ringparabel diese Haltung nennen. Der Mensch soll das wollen, „von dem Gott will, daß er es will", heißt es in der *Summa theologiae* des Thomas von Aquin (19,10; TvA, 137); „die letzte Absicht des Christentums", so Lessing im vierten *Anti-Goeze*, ist nicht „unsere Seligkeit, sondern unsre *Seligkeit, vermittelst unserer Erleuchtung*" (B 9, 196) – und diese Seligkeit ist mit der Erleuchtung identisch, weil sie den Geist aus dem Gefängnis seines Haderns und Hassens befreit. Die Zustimmung zur Wirklichkeit als ganzer öffnet Nathan für diese Wirklichkeit neu und lässt ihn das Christenkind, das ihm der Reitknecht seines Freundes in diesem Moment der Not bringt, als Geschenk erfahren.

Diese Tat nun, von der verdeckt bereits in der Eingangsszene die Rede ist: ‚sträflich' vor Gott (I/1; B 9, 487) nennt sie Nathans Haushälterin Daja, „aller Sünden größte Sünd'" (IV/7; B 9, 594) der Patriarch, die Folge der „Tugend" (I/1; B 9, 486) Nathan selbst – diese Tat droht den barmherzigen Samariter auf den Scheiterhaufen zu bringen. Er hat die Todsünde der Apostasie begangen und das gerettete Kind um sein Seelenheil betrogen, so der Patriarch, der befindet, dass es für das Christenkind besser gewesen wäre, umzukommen, als „zu seinem ewigen Verderben" (IV/2; B 9, 578) so gerettet zu werden.

Die Adoption des verwaisten Christenkindes durch den verwitweten und verwaisten Juden ist nicht die einzige Tat, in der ein Mensch einem anderen zum Nächsten wird. Nathans Adoptivtochter, das Judenmädchen Recha, wird von einem christlichen Tempelritter aus dem brennenden Haus gerettet; und dieser Retter musste zuvor selbst gerettet werden: von einem muslimischen Sultan, Saladin, der im gefangenen Feind die Züge seines vermissten Bruders wiedergefunden und den zum Tode Verurteilten deshalb begnadigt hatte. In der Eingangsszene des Stückes weist Nathan diese wundersame Verkettung guter Taten als die wahren Wunder aus und spottet über Dajas Wunderglauben, den sie an Recha weitergibt: Die Vorstellung, dass sie ein Engel aus dem Feuer gerettet haben soll, ist „Stolz! und nichts als Stolz!" (I/2; B 9, 494) – und die Idee, durch diese wundersame Rettung auserwählt zu sein, „Unsinn oder Gotteslästerung" (I/2; B 9, 495) – ein blasphemischer Glaube, in dem sich die drei monotheistischen Religionen gleichen.

Alle drei guten Taten belohnen sich selbst: Der Jude findet in der Liebe zu dem Christenkind seine Liebe zu den sieben Söhnen wieder, der Sultan im begnadigten Tempelritter den Sohn seines geliebten Bruders, der Tempelritter in Recha die Schwester, an die „verstrickt" und in die „verwebt" er sich vom ersten Augenblick an fühlt (III/8; B 9, 562). Und keine dieser guten Taten verdankt sich bewusster Überlegung; sie alle gehören zu jenen Taten, die, wie Nathan sagt, „so selten" die eigenen Taten sind (V/4; B 9, 607): Nathan erfährt die Adoption des Christenkindes als Gnade, die die Vorsehung ihm erweist, Saladin lässt sich von der spontanen Rührung führen, die die Physiognomie des Tempelritters in ihm weckt, und der Tempelherr folgt blindlings Rechas Stimme (I/1; B 9, 488) und wird sich über der Tat, bei der er „nichts gedacht", selbst zum „Rätsel" (I/6; B 9, 513).

Die Verknüpfung dieser guten Taten zu einer glücklichen Fügung ist der Vorschein der Wirklichkeit, von der Lessing in der Ankündigung des *Nathan* spricht. Eine potenziell tragische Wendung nimmt die Geschichte von der Wiedervereinigung einer Familie, die die Glaubenskriege getrennt haben, weil Daja es mit ihrem Glauben nicht vereinbaren kann, dass sie dem Christenkind ihre Herkunft verschweigen muss und sich dazu hinreißen lässt, dem Tempelherrn das Geheimnis von Rechas Herkunft zu verraten, und weil dieser Tempelherr, der seine Liebe zur Schwester als erotische Liebe missversteht, glaubt, in der Adoption des Christenkindes durch den Juden den wahren Grund für Nathans Zögern gefunden zu haben, ihm seine Tochter zur Frau zu geben.

Die Szene, in der Nathan das erste Mal ahnt, dass Recha und der Tempelherr Geschwister sein könnten, wird durch die ominösen Worte beschlossen: „Der Blick des Forschers fand / Nicht selten mehr, als er zu finden wünschte" (II/7; B 9, 536). – Das ist eines jener Zitate, mit denen Lessing dem „denkenden Kopf" zu verstehen gibt, welches Spiel hier gespielt wird. Lessings *Nathan* ist nicht nur eine verhinderte Tragödie, sondern, spezifischer noch, ein ins Glück gewendetes Ödipus-Drama, ist Ödipus doch der Held, der auf der Suche nach dem Mörder des Laios sich selbst findet.

Mit dem *Ödipus* teilt der *Nathan* nicht nur die analytische Anlage – die Bühnenhandlung besteht im Wesentlichen aus der Enthüllung der Vorgeschichte und der wahren Identität der Figuren – sondern auch das zentrale Motiv des Orakelglaubens. In einer nachgelassenen Schrift mit dem Titel *Womit sich die geoffenbarte Religion am meisten weiß, macht sie mir gerade verdächtig* führt er den *Ödipus* als Exempel dafür an, dass die Griechen der „törichten Begierde der Menschen, ihr Schicksal in diesem Leben vorauszuwissen" durch „schickliche Erdichtungen des Unvermeidlichen" vorzubeugen wussten (B 8, 663f.). Die Begierde, das eigene Schicksal in diesem Leben zu kennen, ist töricht, weil sie die Zukunft ihres offenen Horizonts beraubt; das gilt auch für die Frage nach dem, was uns nach dem Tod erwartet: Wer sich „um ein künftiges Leben" bekümmert, verliert „das gegenwärtige". Lessings Vorbehalt gegen den Orakelglauben ist deshalb auch ein Vorbehalt „gegen alle geoffenbarte Religion":

> Wenn es auch wahr wäre, daß es eine Kunst gäbe, das Zukünftige zu wissen, so sollten wir diese Kunst lieber nicht lernen. Wenn es auch wahr wäre, daß es eine Religion gäbe, die uns von jenem Leben ganz ungezweifelt unterrichtete, so sollten wir lieber dieser Religion kein Gehör geben. (B 8, 664)

Das ist nichts Geringeres als eine Absage an die Heilsgewissheit der christlichen Religion. Der Glaube, durch den Opfertod Christi das ewige Leben gewonnen zu haben, macht sie Lessing „verdächtig". Der Jubel, den Paulus im ersten Brief an die Korinther anstimmt: „Tod, wo ist dein Stachel? Hölle, wo ist dein Sieg?" (1 Kor 15,26), das Glück ewiger Erlösung, das Luther in der Heiligen Schrift beglaubigt findet – sie werden Lessing zum Problem. Wer sich im Besitz der Wahrheit weiß und seines Seelenheils gewiss ist, läuft Gefahr, das rechte Handeln zu verfehlen oder, schlimmer noch, um des rechten Glaubens willen das Böse zu tun.

In der Vorrede zum *Nathan* weist Lessing darauf hin, „daß der Nachteil, welchen geoffenbarte Religionen dem menschlichen Geschlechte bringen, zu keiner Zeit einem vernünftigen Manne müsse auffallender gewesen sein, als zu den Zeiten der Kreuzzüge" (B 9, 665). Die Verkörperung der „frommen Raserei" (II/5; B 9, 532), wie der durch die Kriegserfahrungen geläuterte Tempelherr sie nennt, ist die Figur des Patriarchen, der dem Begnadigten zumutet, seinen Retter zu ermorden, um sich eine „Krone" im Himmel zu erwerben (B 9; I/5, 507). Dass es eben dieses Schielen auf den Himmel ist, das den Blick für das wahrhaft Gute verstellt, ist die Pointe der Religionskritik, die Lessing im Drama durchspielt und für die ihm der *Ödipus* und die Ringparabel das Spielmaterial liefern.

Im *Ödipus* ist es das Orakel von Delphi, das Laios dazu verführt, seinen Sohn auszusetzen, und das den vom barmherzigen Hirten geretteten Ödipus dazu verführt, seine Zieheltern zu fliehen, sodass er unwissentlich an den Ort zurückkehren kann, an dem sich sein Schicksal erfüllt. Man wird die Tragödie des Sophokles als Ausdruck einer Skepsis gegenüber dem attischen „Könnens-Bewusstsein" (CM, 39) lesen dürfen – und Lessing hat das vermutlich getan. An die Stelle der egozentrischen Selbstermächtigung, die nur ihr eigenes Heil kennt, tritt die bewusste Selbstbeschränkung durch die Verpflichtung auf das Gute; an die Stelle des Kindesmords, der dem Laios auf verhängnisvolle Weise misslingt, tritt das Motiv der Rettung des verwaisten Kindes durch den kinderlosen Juden. Das macht den *Nathan* zum Drama der Vaterschaft: Nathan ist Rechas „wahrer Vater", weil er – wie der Tempelherr weiß – „die göttliche Gestalt" in ihr erblickt und sie durch seine Erziehung lebendig werden lässt (V/3; B 9, 604).

Auch im Zentrum der Ringparabel, dem Kernstück des *Nathan*, steht eine Prophezeiung: Der Ring, der in einer langen Kette der Generationen vom Vater an den liebsten Sohn weitergegeben wird, hat „die geheime Kraft, vor Gott / Und Menschen angenehm zu machen, wer / In dieser Zuversicht" ihn trägt (III/7; B 9, 556). Am krudesten tritt diese magische Qualität des Ringes in den Ringparabeln des Spätmittelalters zutage, wie sie in den *Gesta Romanorum*, einer Sammlung exemplarischer Geschichten und Legenden, überliefert sind. Hier gibt es tatsächlich den einen, wahren Ring, der Wunder vollbringt und diese Wunderkraft im Probefall auch erweist, und es gibt den einen, wahren Erben und zwei vom Vater willentlich betrogene Brüder. In der für Lessing maßgeblichen novellistischen Tradition der Ringparabel, die ihre elaborierteste Form in der Fassung von Boccaccios *Decamerone* (1351) gefunden hat, liegt der Akzent nicht auf der Frage nach der wahren Religion – diese ist nur das Mittel zum Zweck, mit der ein Sultan einem Juden eine Falle stellt, um von ihm Geld zu erpressen. Im *Decamerone* soll die Geschichte demonstrieren, wie man sich durch kluge Rede aus einer prekären Lage befreit. Bereits Boccaccio ergänzt diese Täuschungshandlung, die in seiner Vorlage, der Novellensammlung *Il Novellino*, dominiert, durch eine

Nachgeschichte, in der der Sultan und der Jude Freundschaft schließen. An diese Freundschaftshandlung knüpft Lessing an. Anders als bei Boccaccio aber will sein Saladin die Wahrheit „in Wahrheit" wissen (B 9; III/6, 554). Hier geht es also tatsächlich um die Frage nach der Wahrheit der überlieferten Religionen. Deshalb gibt Lessings dem Ring die Macht, Wunder zu wirken, zurück; allerdings modifiziert er dieses Motiv auf entscheidende Weise: Er bindet die Wirksamkeit des Rings an die Haltung seines Trägers und erweitert die Geschichte um eine Nachgeschichte, in der die Söhne ihre Brüder des Betrugs bezichtigen und vor Gericht ziehen.

Mit dieser Nachgeschichte tritt die Frage nach der angemessenen Deutung des Ringes ins Zentrum der Aufmerksamkeit. Lessings Fassung der Ringparabel ist deshalb mehr als eine bloße Parabel über die Gleichheit der drei monotheistischen Buchreligionen; sie ist eine Parabel, die sich die parabolische Qualität der religiösen Rede zum Thema macht (vgl. GTN 3, 410f.). In dem Monolog, in dem sich Nathan darauf besinnt, wie er dem Sultan antworten soll, schüttelt er darüber den Kopf, dass Saladin die Wahrheit zum Nennwert haben möchte. Damit greift Lessing die Unterscheidung zwischen dem Geist und dem Buchstaben auf, die er im Fragmentenstreit ins Feld geführt hatte, um den Glauben an den Buchstaben der Heiligen Bücher als Missverständnis der Buchreligionen auszuweisen. Nathans Ausweg zielt in dieselbe Richtung: „Nicht die Kinder bloß, speist man / Mit Märchen ab" (III/6; B 9, 554) – Geschichten sind das unverzichtbare Artikulationsmedium für die Erfahrungen, von denen die Religionen sprechen; denn ihr Wissen ist kein Wissen, das man haben kann, sondern eine Deutung des menschlichen Lebens, die ihren Geltungsgrund in der Erfahrung hat. Wer glaubt, mit dem Besitz Heiliger Bücher im Besitz einer exklusiven Wahrheit zu sein, betrügt sich selbst. Das widerfährt den Brüdern: Der Ring stammt „aus lieber Hand" (III/7; B 9, 555); er ist eine Liebesgabe. Wenn der Vater, der seine Söhne alle gleich liebt, diesen Ring von einem Künstler nachbilden lässt, damit niemand (nicht einmal er selbst!) die Ringe voneinander unterscheiden kann, dann tut er das aus Liebe. Und wenn die Söhne miteinander in Streit geraten, wer der Besitzer des echten Ringes sei, dann tun sie das ebenfalls aus Liebe: Sie können nicht glauben, „von einem solchen lieben Vater“ (III/7; B 9, 558) betrogen worden zu sein. Dass aus der „unbestochnen / Von Vorurteilen freien Liebe“ (III/7; B 9, 559) des Vaters zu seinen Kindern und der Liebe der Kinder zu diesem Vater der unversöhnliche Streit entsteht, ist der Skandal, der Lessing umtreibt. Der Ring ist nicht die Sache selbst; die Sache ist die Liebe, die in Lessings Fassung der Ringparabel als nicht-exklusive Elternliebe Gestalt gewinnt. Nur wer sich geliebt weiß, kann selbst liebesfähig werden und so die Kraft des Ringes an den Tag bringen. Was die Psychologie „Urvertrauen“ nennt, nennt Lessings Spiel „Ergebenheit in Gott“. Im Alten Testament wird diese Ergebenheit von Hiob verkörpert. In Lessings Nachlass findet sich die Notiz: „*Islam* ein Arabisches Wort, welches die Überlassung seiner in den Willen Gottes bedeut“ (B 9, 660).

In einem Brief an seinen Bruder Karl hat Lessing darauf hingewiesen, dass er zur Geschichte des Boccaccio „eine sehr interessante Episode“ (11.8.1778; B 12, 186) hinzuerfunden habe. Diese Episode ist die Geschichte von der Adoption Rechas, die Nathan allein der „frommen Einfalt“ erzählt, weil sie allein versteht, „was sich der gottergebne Mensch / Für Taten abgewinnen kann“ (IV/7; B 9, 596). In ihr überlagern sich das Motiv der Nächstenliebe und das Motiv der Vaterschaft; in ihr gewinnt die Erfahrung Gestalt, dass die Tugend sich selbst belohnt, weil sie den Tugendhaften aus der Egozentrik seines Wollens befreit. Die Söhne der Ringparabel sind „Betrogene Betrieger“ (III/7; B 9, 559), weil sie auf dem Versprechen beharren, das der Vater ihnen gegeben hat, und die Kraft des Ringes dadurch zerstören.

Die Ringparabel deutet das dramatische Geschehen und will durch das dramatische Geschehen gedeutet werden. Lessings anti-tragisches Spiel lässt die durch die Religionskriege entzweite

Familie wieder zueinander finden, indem sie das Drama des Verkennens, von dem die Ringparabel erzählt, in ein Drama des Wiedererkennens – eine Kette von Anagnorisis-Szenen – übersetzt, in dem die „Stimme der Natur" alle Trennungen überwindet. Auf dieses Spiel des Verkennens und Erkennens weist das Stück im Finale noch einmal ausdrücklich hin: Mit einem „Sein Herz / Weiß nichts davon! – Wir sind Betrieger!" (V/8; B 9, 625) schaudert Recha vor dem Tempelherrn zurück, als dieser sie zunächst nicht als Schwester erkennen will. Nicht weniger sprechend sind die an den Tempelherrn gerichteten Worte Saladins, mit denen Lessings anti-tragisches Spiel schließt: „Seht den Bösewicht! / Er wußte was davon [von seiner Herkunft, R.V.], und konnte mich / Zu seinem Mörder machen wollen!" (V/8; B 9, 627). Sie erinnern an die Katastrophe des Verwandtenmords, die im Zentrum der griechischen Tragödie stand und die in Lessings dramatischem Gedicht glücklich vermieden wurde.

Der ganze intellektuelle Reichtum des *Nathan* erschließt sich freilich erst, wenn man ihn in den Kontext der späten sozial-, religions- und geschichtsphilosophischen Schriften Lessings über das Wesen der Freimaurerei und die „Erziehung des Menschengeschlechts" stellt. In *Ernst und Falk* macht er sich die Risiken und Nebenwirkungen der Vergesellschaftung zum Thema; in der *Erziehungsschrift* rekonstruiert er die Geschichte der Offenbarungsreligionen als einen zwar unabsehbaren, aber doch zielgerichteten Prozess.

Gespräche für Freimaurer: Ernst und Falk

„Nichts geht über das *laut denken* mit einem Freunde." (B 10, 14) Mit diesem programmatischen Bekenntnis zum ungezwungenen Gedankenaustausch beginnen die Gespräche, die Ernst und Falk über das Wesen der Freimaurerei führen. In ihrem Zentrum steht die Frage nach der „bürgerlichen Gesellschaft des Menschen überhaupt" (B 10, 24) und nach den Risiken und Nebenwirkungen, die mit der Vergesellschaftung des Menschen unweigerlich verbunden sind. Die bürgerliche Gesellschaft, so Lessings zentraler Gedanke, „kann die Menschen nicht vereinigen, ohne sie zu trennen" (B 10, 30). Diese Dialektik von Vereinigung und Trennung zeigt sich auf staatlicher, religiöser und ständischer Ebene; sie macht aus Menschen, die als *bloße* Menschen „vermöge ihrer gleichen Natur gegeneinander angezogen werden" (B 10, 28), *solche* und *solche* Menschen: „Deutsche und Franzosen, Holländer und Spanier, Russen und Schweden" (B 10, 28), „Juden und Christen und Türken" (B 10, 29), Menschen von „bürgerlicher Hoheit" und „bürgerlicher Geringfügigkeit" (B 10, 33). Als solche laufen sie Gefahr, den Angehörigen anderer Gruppen mit Vorsicht oder Vorbehalt – „kalt, zurückhaltend, mißtrauisch" – zu begegnen und mit ihnen „in Collision" zu geraten (B 10, 28).

R. Vellusig, *Lessing und die Folgen*, https://doi.org/10.1007/978-3-476-05784-6_19

Falks sozialphilosophische Analyse führt dem aufmerksamen Freund eine Dialektik vor Augen, die unhintergehbar ist. Gleichwohl ist die Einsicht, dass auch noch die beste aller möglichen Staatsverfassungen nachteilige Folgen hat, kein Anlass zur Verbitterung; Falk will Ernst die bürgerliche Gesellschaft nicht verächtlich machen – ganz im Gegenteil: Nur in ihr lässt sich jene Vernunft ‚anbauen', die den unerwünschten Übeln des staatlichen Zusammenlebens entgegenzuwirken vermag (B 10, 31). Bereits ihr sachlich distanziertes Studium ist ein Mittel, sich mit dem Unvermeidlichen zu versöhnen, weil es dem Gemüt den natürlichen Lauf der Dinge aufschließt: Was „in Tagen der Schwermut" Anlass geben mag, „wider Vorsehung und Tugend" zu murren, vermag den sozialphilosophisch ‚Erleuchteten' „ruhig und glücklich" zu machen (B 10, 37).

Falks Apologie der Fehlbarkeit der menschlichen Erfindungen ist eine ins Soziale gewendete Theodizee – und sie ist deshalb nicht das letzte Wort. Die Einsicht in das Unvermeidliche bereitet einer anderen Einsicht den Weg: Weil Menschen „nur durch Trennung zu vereinigen! Nur durch unaufhörliche Trennung in Vereinigung zu erhalten" (B 10, 31) sind, braucht es immer auch Menschen, „die über jene Trennungen hinweg sind" (B 10, 40), die sich also aus der exklusiven Bindung an den Werthorizont ihrer Bezugsgruppe gelöst haben. Diese Menschen, so Falks Pointe, sind die Freimaurer. Ihr Anliegen ist es, „jene Trennungen, wodurch die Menschen einander so fremd werden, so eng als möglich wieder zusammen zu ziehen" (B 10, 34). So wünschenswert das aber ist, so wenig kann es doch durch „bürgerliche Gesetze" verordnet werden, weil es „gerade außer den Grenzen aller und jeder Staaten liegen" würde: Die Taten der Freimaurer, die für die Güte ihrer Überzeugungen stehen, sind ‚überpflichtige Werke' – *opera supererogata* (B 10, 32).

Der Begriff des *opus supererogatum* stammt aus dem Lukas-Evangelium (Lk 10,35; vgl. JvL, 132). Er bezieht sich dort auf den Großmut des barmherzigen Samariters, der dem unter die Räuber gefallenen Juden nicht nur hilft, sondern auch noch für die Kosten seiner Pflege aufkommt. Er steht nicht zufällig im Zentrum der Gespräche: Das christliche Gebot der Nächstenliebe beruht auf der Erfahrung einer gemeinsamen Menschennatur; Lessings Sozialphilosophie versucht diese Erfahrung auf weltbürgerlichem Niveau zu denken.

Am Abend des 14. Oktober 1771 war Lessing in die Hamburger Loge „Zu den drei Rosen" aufgenommen worden – bei der Initiation sollte es allerdings bleiben. Für die arkanen Rituale der Freimaurerei, ihre „Worte und Zeichen und Gebräuche" (B 10, 16), hatte Lessing keinen Sinn, für ihr ökonomisches Gebaren und die Rivalität zwischen den Logen noch weniger (vgl. B 10, 53f.). Der Gesichtspunkt, aus dem Lessing das Wesen der Freimaurerei bestimmt, ist dezidiert sozialphilosophischer Natur und er beansprucht der einzige zu sein, „aus welchem – sich nicht einem blöden Auge ein bloßes Phantom zeigt, – sondern gesunde Augen eine wahre Gestalt erblicken" (B 10, 12).

Die wahre Freimaurerei ist ein anthropologisches Faktum, im Wesen des Menschen nicht weniger verwurzelt als die Neigung, sich denjenigen zugehörig zu fühlen, die einem vertraut sind, weil sie dieselbe Sprache sprechen, dasselbe Territorium bewohnen, dasselbe Schicksal teilen, dieselben Sitten und Gebräuche besitzen, denselben Glauben haben und sich an denselben Werten orientieren: Sie zeigt sich in der Erfahrung spontaner Sympathie. Deshalb kann Falk sagen: „Die Freimäurerei war immer" (B 10, 16) – sie ist der unentbehrliche Widerpart zu den staatlichen Regulierungen, die dem sozialen Miteinander eine stabile Form verleihen; sie beruht „nicht auf *äußerlichen Verbindungen*, die so leicht in *bürgerliche Anordnungen* ausarten; sondern auf dem gemeinschaftlichen Gefühl sympathisierender Geister" (B 10, 57).

Die Gespräche zwischen Ernst und Falk sind deshalb vor allem an die Freimaurerlogen selbst gerichtet – oder vielmehr an alle, die im Ernst nach dem Wesen der Freimaurerei fragen. Es sind, wie es im Untertitel heißt, „Gespräche für Freimäurer" (B

10,11). Ernst, der dem weitsichtigen Blick seines Freundes Falk gefolgt und einer Loge beigetreten ist, muss ernüchtert feststellen, dass diese ihrem Anspruch, „jeden würdigen Mann von gehöriger Anlage, ohne Unterschied des Vaterlandes, ohne Unterschied der Religion, ohne Unterschied seines bürgerlichen Standes, in ihren Orden aufzunehmen" (B 10, 40), nicht gerecht wird. Er findet in ihr nur die bürgerlichen Trennungen wieder, deren Aufhebung sie doch entgegenwirken will. Anstatt „über alle bürgerliche Modifications hin weg zu denken", bleiben die Mitglieder der Loge unter sich und sind sich als „gute Gesellschaft" selbst genug (B 10, 52).

Der Zusammenhang zwischen Lessings Sozial- und seiner Religionsphilosophie ist mit Händen zu greifen. Hier wie dort unterscheidet er zwischen „Schema, Hülle, Einkleidung" (B 10, 54) und „innerer Wahrheit", zwischen Loge und Freimaurerei, Kirche und Glauben (B 10, 53). Weil die Loge nicht die Freimaurerei ist, sondern nur ihre sich wandelnde bürgerliche Erscheinungsform, kann man Freimaurer sein, „ohne Freimäurer zu *heißen*" (B 10, 37). Und: Weil der Glaube nicht die Kirche ist, kann man Christ sein, ohne Christ zu heißen (vgl. B 8, 453). Der wahre Christ hat erkannt, dass der christliche Glaube seine wahre Bestimmung im *opus supererogatum* der Nächstenliebe findet.

Die Gespräche zwischen Ernst und Falk folgen der Logik des Epigramms von „*Erwartung* und *Aufschluß*" (B 7, 188), Rätsel und Lösung. An ihrem Anfang steht der geheimnisvolle Satz, dass die „wahren Taten" der Freimaurer „ihr Geheimnis" sind: Sie „zielen dahin, um größten Teils alles, was man gemeiniglich gute Taten zu nennen pflegt, entbehrlich zu machen" (B 10, 21). Dieses Geheimnis kann der wahre Freimaurer nicht unbefangen äußern, weil der, dem es mitgeteilt wird, immer schon einen Sinn für das rechte Verständnis der Worte haben muss, um sie angemessen auffassen zu können. Dass es Wahrheiten gibt, „die man besser verschweigt", ist die Einsicht eines Weisen: „Der Weise *kann* nicht sagen, was er besser verschweigt" (B 10, 25).

Das „*laut denken* mit einem Freunde" gleicht einer behutsamen Initiation. Ernst erweist sich als wahrer Freimaurer, weil er den Andeutungen und Winken des Freundes zu folgen und die gemeiniglich als gut bezeichneten Taten zu identifizieren vermag: Es sind die Heldentaten der politischen und religiösen Märtyrer: „Was Blut kostet ist gewiß kein Blut wert" (B 10, 56). Entbehrlich werden sie, weil eine vorurteilsfreie Offenheit für zwischenmenschliche Begegnungen die Trennungen, die durch die bürgerliche Gesellschaft in die Welt kommen, überwindet, ohne den Staat, die Kirche, die sozialen Unterschiede selbst abschaffen zu müssen.

Lessings Sozialphilosophie ist auf radikale Weise individualistisch gedacht: Sie entwirft ein Modell der Konfliktgenese. Lessings Dramen spielen es von allem Anfang an durch – in Form der tragischen Eskalation oder ihrer glücklichen Vermeidung. Dramatische Gestalt gewinnt das Ethos der Freimaurerei im Motiv der Befreundung von Menschen über die Grenzen ihrer Gruppenzugehörigkeit hinweg: in der Samaritertat des reisenden Juden, in der Rettung des wahren Freigeists durch den wahren Theologen, im menschenfreundlichen Großmut Tellheims, nicht zuletzt in den drei guten Taten, die im Zentrum des *Nathan* stehen.

Falk beschreibt die Arbeit der Freimaurer als Form der Kultivierung im ursprünglichen Sinn des Wortes: Den Übeln, „ohne welche auch der glücklichste Bürger nicht sein kann", entgegenzuarbeiten bedeutet, freimaurerischen „Empfindungen" den Boden zu bereiten: „ihr Aufkeimen begünstigen, ihre Pflanzen versetzen, begäten, beblatten" (B 10, 37). – All das braucht Zeit: „tausend tausend Jahre" hat der bescheidene Richter der Ringparabel den drei Söhnen in Aussicht gestellt, „der Steine Kräfte" in ihren Ringen „an Tag / Zu legen" (III/7; B 9, 559). Mit einem solchen Zeithorizont rechnen auch Lessings Freimaurerdialoge:

die wahren Taten der Freimäurer sind so groß, so weit aussehend, daß ganze Jahrhunderte vergehen können, ehe man sagen kann: das haben sie getan! Gleichwohl haben sie alles Gute getan, was noch in der Welt ist, – merke wohl: in der *Welt!* – Und fahren fort, an alle dem Guten zu arbeiten, was noch in der Welt werden wird, – merke wohl, in der *Welt*. (B 10, 21)

Die Erziehung des Menschengeschlechts

In den *Gegensätzen* zu den Fragmenten des Reimarus hatte Lessing 53 Paragrafen einer als anonym ausgewiesenen Schrift veröffentlicht, in denen er eine Geschichte der jüdisch-christlichen Buchreligionen entwirft. Sie trägt den Titel *Die Erziehung des Menschengeschlechts*. Als Lessing das Werk 1780 publiziert, umfasst es 100 Paragrafen. Lessing selbst tritt nicht als Autor, sondern als Herausgeber auf. Mit gutem Grund.

Der Freimaurer Falk weiß, dass alle Entwicklung Zeit braucht: „Sei ohne Sorge, der Freimäurer erwartet ruhig den Aufgang der Sonne, und läßt die Lichter brennen, so lange sie wollen und können" (B 10, 56). Geduld ist auch die Tugend, auf die die *Erziehungsschrift* setzt. Auch sie rechnet mit unabsehbaren Zeiträumen. In der Vorrede bekennt sich Lessing geradezu emphatisch zum Irrtum, der allem Menschlichen innewohnt:

> Warum wollen wir in allen positiven Religionen nicht lieber weiter nichts, als den Gang erblicken, nach welchem sich der menschliche Verstand jedes Orts einzig und allein entwickeln können, und noch ferner entwickeln soll? als über eine derselben entweder lächeln, oder zürnen? [...]

R. Vellusig, *Lessing und die Folgen*, https://doi.org/10.1007/978-3-476-05784-6_20

> Gott hätte seine Hand bei allem im Spiele: nur bei unsern Irrtümern nicht? (B 10, 74)

Dieses Bekenntnis zum Irrtum ist ein Bekenntnis zur Geschichte und zum Prinzip der Entwicklung. Die Wirklichkeit ist ein Prozess. Das gilt für die Gattung so gut wie für das Individuum. In einem nachgelassenen Fragment spielt Lessing mit dem Gedanken, dass es mehr als fünf Sinne geben könnte (vgl. B 10, 229–232); die Evolution unserer sinnlichen Wahrnehmungsfähigkeit ist vielleicht nicht abgeschlossen – nicht anders als die intellektuelle und moralische Entwicklung des Menschengeschlechts. Diese Entwicklung aber hat eine kulturelle Dimension, und das ist der Gesichtspunkt, den Lessing in der *Erziehungsschrift* geltend macht: Er parallelisiert die Geschichte der geoffenbarten Religionen und ihrer bewusstseinsprägenden Macht mit der Erziehung und sozialen Entwicklung des Einzelnen.

An Leibniz hatte Lessing bewundert, dass er „einen jeden auf demjenigen Wege zur Wahrheit zu führen" versuchte, „auf welchem er ihn fand" (B 7, 483). Dieses Prinzip der „Akkommodation" (vgl. MF 1, 427f.), der Anpassung der Lehre an das Fassungsvermögen des Zöglings, sieht Lessing auch in der Geschichte der Offenbarungsreligionen am Werk: Er begreift die Schriften des Alten und des Neuen Testaments als Dokumente, an denen sich dieser kulturelle Lernprozess nachvollziehen lässt. Dazu bedarf es allerdings eines Standpunkts, der jenseits des Standpunkts angesiedelt ist, auf dem die Offenbarungsreligionen selbst stehen.

Darin liegt der Sinn der Herausgeberfiktion. Nicht anders als im Fragmentenstreit versucht Lessing auch hier den Vorwurf der Parteilichkeit von sich abzuwehren und von einem überparteilichen Standpunkt aus zu argumentieren. Auch darin weiß er sich Leibniz verpflichtet, dessen „Lehre von der besten Welt" er nicht als *dessen* Lehre von der besten Welt bezeichnet wissen will

(B 7, 484). Die *Theodizee* versucht einen solchen partikularen Standpunkt hinter sich zu lassen und den Lauf der Welt aus einer göttlichen Perspektive zu denken.

So auch die *Erziehungsschrift*: Sie wirft einen Blick auf die Geschichte des Moralbewusstseins, der selbst keine parteilichen Interessen verfolgt, sondern – wie der weise Nathan – „Des Menschen wahre / Vorteile" (III/5; B 9, 552) im Sinn hat. Im Vorbericht charakterisiert Lessing den Verfasser daher als einen Wanderer, der – gleichsam an einem prägnanten Moment der Geschichte – auf den Weg zurückblickt, den das Menschengeschlecht gegangen ist, und der – wie der Freimaurer Falk „den Fittig" seiner „Fantasie" ausbreitend (B 10, 47) – den Blick in eine unermessliche Ferne richtet, in der sich ihm „ein sanftes Abendrot" zeigt (B 10, 74). Die Zukunft selbst bleibt ihm verschlossen, seine Spekulationen aber versuchen sie zu erahnen.

In seinen *Gegensätzen* zu Reimarus hatte Lessing behauptet: „Die geoffenbarte Religion setzt im geringsten eine vernünftige Religion voraus, sondern schließt sie in sich" (B 8, 319). Diesem Grundsatz ist auch die *Erziehungsschrift* verpflichtet: Die Vernunft ist der Offenbarung nicht überlegen; sie versucht ihrem wahrheitsfähigen Gehalt auf die Spur zu kommen. Dass die Schriften der Offenbarungsreligionen eine solche Auslegung brauchen und dass sie einer solche Auslegung auch standhalten, setzt Lessing voraus. Es geht um die Deutung des menschlichen Lebens in einem umfassenden Sinn. Zur Diskussion steht die Frage, (1) wie wir das Ganze der Wirklichkeit denken sollen, (2) wie wir uns selbst als Teil dieser Wirklichkeit verstehen wollen und (3) welche Konsequenzen das für unser Handeln hat. Der Gedanke, dass eine „*Seligkeit*" (B 9, 196) darin liegt, zu Begriffen zu finden, „die Gott anständiger und dem menschlichen Geschlechte ersprießlicher" sind (B 9, 83), war für Lessing schon im Fragmentenstreit maßgeblich; „nähere und bessere Begriffe vom göttlichen Wesen, von unserer Natur, von unseren Verhältnissen zu Gott" (§ 77; B 10, 95) sind auch das Telos der *Erziehungsschrift*. Sie unternimmt den Versuch, die Geschichte des Judentums und des sich aus dem Judentum entwickelnden Christentums vom Standpunkt eines umsichtigen Erziehers aus zu denken und die heiligen Schriften der Offenbarungsreligionen als „Elementarbücher“ (§ 26, § 64) zu lesen, die den Schülern den göttlichen Grund der Wirklichkeit sukzessive erschließen und ihrem Handeln so eine ‚ersprießliche‘ Richtung geben.

Die Erziehung des Menschengeschlechts vollzieht sich in drei Phasen: Sie beginnt mit der alttestamentarischen Orientierung an göttlichen Geboten und Verboten und dem Prinzip von Lohn und Strafe (vgl. § 16; B 10, 78). Sie setzt sich fort in der christlichen Lehre von der Unsterblichkeit der Seele, die das Prinzip der Selbstsorge in die Welt bringt und den Blick vom weltlichen Wohlergehen auf die „Reinigkeit des Herzens in Hinsicht auf ein anderes Leben“ (§ 61; B 10, 90) lenkt. Sie findet ihre „Vollendung“ in der „Zeit eines *neuen ewigen Evangeliums*“ (§ 86; B 10, 96), das den „flatterhaften Blick“ des Menschen nicht an ein künftiges Heil zu heften braucht, weil es weiß, dass das Tun des Guten sich selbst belohnt – nicht in Zukunft, sondern im Moment des Handelns selbst. Denn die Einsicht in das, was nicht nur für mich, sondern schlechthin gut ist, vermag dem Handelnden eine Entschiedenheit zu verleihen, die aus der Erfahrung erwächst, sein Wollen zu wollen und das heißt, mit sich selbst im Reinen zu sein.

Der jüdische Philosoph Baruch de Spinoza, dessen *Ethik* neben Leibnizens *Theodizee* für Lessing zur maßgeblichen Inspiration wurde, nennt das moralische Gut, um das es hier geht, Selbstzufriedenheit – „acquiescentia in se ipso“: „Selbstzufriedenheit ist eine Freude, die dem entsprungen ist, daß der Mensch sich selbst und seine Wirkungsmacht betrachtet“ (BdS, 467). Die Einsicht, dass eine moralische Glückseligkeit darin liegt, das Gute zu tun, „weil es das Gute ist“ (§ 85; B 10, 96), war das religions- und moralphilosophische Herzstück der Hiob-Szene, die Lessing im *Nathan* gestaltet, und sie ist die Pointe der Deutung, die Nathans Richter dem Symbol des Ringes gibt: Es gibt keine wahren und falschen Ringe, nur selbsterfüllende und selbstzerstörerische Weisen, ihn zu tragen. Die einzig wahre Weise, den Ring zu tragen, ist diejenige, die der „unbestochnen / Von Vorurteilen freien Liebe" (III/7; B 9, 559) des Vaters nacheifert: Sie befreit ihren Träger aus der „Eigennützigkeit des menschlichen Herzens" (§ 80; B 10, 95).

Die Erziehung des Menschengeschlechts ist ein Prozess der Bewusstseinsbildung in einem umfassenden Sinn: Er betrifft die rechte *Einsicht*, die rechten *Beweggründe*, das rechte *Handeln*. Die Bemühung um eine angemessene Deutung der religiösen Überlieferung ist selbst Teil dieses Prozesses: Sie erweitert das Fassungsvermögen des menschlichen Geistes und bereitet der Bildung des Charakters den Boden. Lessings „Speculationen" verstehen sich als „die *schicklichsten* Übungen des menschlichen Verstandes überhaupt, so lange das menschliche Herz überhaupt, höchstens nur vermögend ist, die Tugend wegen ihrer ewigen glückseligen Folgen zu lieben" (§ 79; B 10, 95). Ohne eine Schulung an „geistigen Gegenständen" würde er nicht zu jener „völligen Aufklärung" gelangen, die nötig ist, um diejenige „Reinigkeit des Herzens" hervorzubringen, „die uns, die Tugend um ihrer selbst willen zu lieben, fähig macht" (§ 80; B 10, 95).

Die *Erziehungsschrift* liest die Lebensgeschichte Jesu deshalb nicht als Erfüllung der Prophezeiungen, von denen im Alten Testament die Rede ist, und sie betrachtet die überlieferten Wundertaten Jesu nicht als Beglaubigung seiner Lehre – mögen sie einst auch dazu beigetragen haben, dass sich diese Lehre verbreiten konnte (§ 59). An die Stelle dieser „Beweise des Geistes und der Kraft" setzt Lessing die hermeneutische Spurensuche: Er sucht und findet im Alten Testament „Vorübungen" (§ 44), „Anspielungen" (§ 45) und „Fingerzeige" (§ 46), die auf die neutestamentarische Lehre von der Unsterblichkeit der Seele vorausweisen, und er macht es sich in einem zweiten Schritt zur Aufgabe, die „geoffenbarten Wahrheiten" des Neuen Testaments – die Lehre von der Dreieinigkeit Gottes (§ 73), der Erbsünde (§ 74) und der Genugtuung des Sohnes (§ 74) – in „Vernunftswahrheiten" zu übersetzen (§ 76; B 10, 94), also jenen Gehalt sichtbar zu machen, der sich der menschlichen Vernunft auch ohne Leitung der Offenbarung erschließt. Damit wird nun das Neue Testament selbst zu einem Erbe, das nicht einfach wörtlich genommen werden darf, sondern angemessen gedeutet werden will, weil es als Rede in Bildern und Gleichnissen – wie der Opal des Ringes – „hundert schöne Farben" (III/7; B 9, 555) spielt.

Die Argumentationsstrategie der *Erziehungsschrift* zeigt besonders eindrücklich, wie sehr Lessing in Kategorien des Lernens denkt und wie entschieden er das Selbstdenken ins Zentrum dieses Lernens stellt. Seine gesamte literarische Produktion folgt einer Poetik der Selbsterfahrung, und auch seine Religionsphilosophie begreift die Geschichte der Buchreligionen als eine Schule der moralischen Erkenntnis. Religion ist nichtig, wenn sie nicht zur lebendigen Einsicht wird. Diese Einsicht lässt sich nicht sagen; sie will in einem Prozess der Aufklärung über die eigenen Irrtümer und Vorurteile erworben werden. Wer „rechnen lernen" will, darf sich nicht damit begnügen, dass der Rechenmeister ihm die Lösung verrät; die Lösung kann ihm nur als „Leitfaden" dienen, an dem er sich beim Rechnen orientiert. So auch im Falle der Offenbarungsreligionen: Ihre Wahrheiten wurden offenbart, um von der Vernunft angeeignet zu werden: „Sie waren gleichsam das Facit, welches der Rechenmeister seinen Schülern voraus sagt, damit sie sich im Rechnen einigermaßen darnach richten können" (§ 76; B 10, 94).

Die Parallele zwischen der Erziehung des Menschengeschlechts und der sozialen Entwicklung des Einzelnen hat ihre Grenze: Der Prozess der individuellen Vervollkommnung endet mit dem Tod. Dieses Ende wird Lessing in den letzten Abschnitten der *Erziehungsschrift* zur intellektuellen Herausforderung. Die streng argumentierende Paragrafenfolge nimmt hier Züge eines enthusiastisch aufgeregten Sprechens an: Sie gewinnt zunächst den Charakter eines Gebets, schließlich eines inneren Monologs. Lessings letzte Gedanken gelten der neutestamentarischen Frage nach der Unsterblichkeit der Seele, der er in philosophischer Gestalt bereits in der Monadologie von Leibniz und in der Schrift von Charles Bonnet über die *Palingénésie philosophique* (1769) begegnet war. Palingenesie, Seelenwanderung, Wiedergeburt: Lessing legt sich nicht fest. Er übt sich in philosophischer Spekulation.

Für das Menschengeschlecht liegt die „Zeit der Vollendung" (§ 85; B 10, 96) in weiter Ferne: Wir leben nicht in einem „*aufgeklärten Zeitalter*", sondern in einem „Zeitalter der *Aufklärung*" (IK 2, 59), wird Kant sagen. Aufklärung ist ein zukunftsoffener kultureller Prozess. Wenn die Erziehung ein *Ziel* haben, wenn sie nicht nur dem Menschengeschlecht, sondern auch dem Einzel-Ich zum Heil ausschlagen soll, dann darf dieser Prozess nicht einfach abbrechen. Das Telos der Erziehung ist „Bildung": die Einsicht in den „Wertgehalt der Wirklichkeit" (RS, 48), die das Herz läutert und den Einzelnen dazu befähigt, das Gute zu tun, „weil es das Gute ist" (§ 85; B 10, 96). – Zu dieser Vollendung zu gelangen, ist ein Leben aber nicht genug.

Die Folgen

Der öffentliche Lessing

Lessing starb am 15. Februar 1781 in seiner Braunschweiger Wohnung. In einem seiner letzten, an Moses Mendelssohn gerichteten Briefe gedenkt er gemeinsamer Zeiten und dankt dem Freund für die Wertschätzung, die er ihm in seinem letzten Schreiben entgegengebracht hat. An diesem „Briefchen", so heißt es,

> kaue und *nutsche* ich noch. Das saftigste Wort ist hier das edelste. Und wahrlich, lieber Freund, ich brauche so ein Briefchen von Zeit zu Zeit sehr nötig, wenn ich nicht ganz mißmütig werden soll. Ich glaube nicht, daß Sie mich als einen Menschen kennen, der nach Lobe heißhungrig ist. Aber die Kälte, mit der die Welt gewissen Leuten zu bezeugen pflegt, daß sie ihr auch gar nichts recht machen, ist, wenn nicht tötend, doch erstarrend.
>
> (19.12.1780; B 12, 370)

Lessing hat ein beispiellos öffentliches Leben geführt, Öffentlichkeit gesucht und öffentliche Debatten angestoßen: „Ich bin mir nicht bewußt, an jemanden jemals eine Zeile geschrieben zu haben, welche nicht die ganze Welt lesen könnte" (8.1.1773;

R. Vellusig, *Lessing und die Folgen*, https://doi.org/10.1007/978-3-476-05784-6_21

B 11/2, 497), heißt es einmal in einem Brief an Eva König. Wenn er im Brief an Moses Mendelssohn über die Kälte klagt, die ihm entgegengebracht wird, dann ist das keine Klage über fehlendes Lob, sondern über fehlende Resonanz – und darüber, dass die von ihm ausgestreuten „Fermenta cognitionis" (HD 95; B 6, 655), insbesondere die „Fermentationen" (B 10, 221) seiner religionsphilosophischen Streitschriften, keinen kreativen Nachhall fanden.

„Fermenta cognitionis" – Denkanstöße: Lessings Klage darüber, dass seine Publikationen das Denken nicht in ‚Gärung' brachten, liegt die Überzeugung zugrunde, dass die Vernunft nur in der kritischen Auseinandersetzung mit dem Denken anderer gedeihen kann. Der Anbau der Vernunft ist, wie der Freimaurer Falk sagt, nur in der bürgerlichen Gesellschaft möglich (vgl. B 10, 31); der Boden, der sie nährt, ist der Buchdruck.

Dass Aufklärung ein kollektiver Prozess ist, der die Pressefreiheit voraussetzt, wird wenige Jahre nach Lessings Tod auch Kant in seiner berühmten Beantwortung der Frage nach dem Wesen der Aufklärung betonen. Und der Lessing nahestehende Johann Gottfried Herder wird dessen Freimaurergespräche im 26. seiner *Briefe zur Beförderung der Humanität* fortschreiben und die medientheoretische Dimension von Lessings Sozialphilosophie noch stärker akzentuieren: Die wahre Gesellschaft der Freimaurer ist die „*Gesellschaft aller denkenden Menschen in allen Weltteilen*". Ihr „Meister vom Stuhl" war Gutenberg – seine Erfindung des Buchdrucks mit beweglichen Lettern hatte die Entstehung jener überregionalen, ständisch nicht gebundenen Medienöffentlichkeit initiiert, in der die „Geister" sich verständigen können, ohne auf die „Zusammenkunft der Körper" angewiesen zu sein (JGH, 139).

Lessing hat eine solche Medientheorie der Aufklärung in der Vorrede zu seiner Schrift über die Darstellung des Todes in der antiken Kunst (*Wie die Alten den Tod gebildet*) selbst anvisiert:

> Es sei, daß noch durch keinen Streit die Wahrheit ausgemacht worden: so hat dennoch die Wahrheit bei jedem Streite gewonnen. Der Streit hat den Geist der Prüfung genähret, hat Vorurteil und Ansehen in einer beständigen Erschütterung erhalten; kurz, hat die geschminkte Unwahrheit verhindert, sich an die Stelle der Wahrheit festzusetzen. (B 6, 717)

Das entsprach Lessings intellektuellem Profil. Er war ganz darauf ausgerichtet, hergebrachte Meinungen und die Plausibilitäten des Common Sense auf ihre Gültigkeit hin zu prüfen. Insbesondere „in spekulativen Dingen" war ihm, wie seine Freunde bezeugten, „die gefundene Wahrheit nicht so viel werth, als die Uebung des Geistes, wodurch man sie zu finden sucht" (RD, 72) – ja, er fand mehr Vergnügen darin, „einen ungereimten Satz mit Scharfsinn behaupten, als die Wahrheit schlecht vertheidigen zu hören" (RD, 65).

Diese Wertschätzung der Praxis ist vielleicht der charakteristischste Zug von Lessings Wesen und zugleich auch der Schlüssel zu seinem Werk. Streitend den „Geist der Prüfung" nähren, klüglich zweifelnd die Wahrheit der Religion ergründen, fabulierend die anschauende Erkenntnis schulen, Schauspiele betrachtend mitleidiger und heiterer werden – immer und überall ist es eine Praxis, die Lessing in seinen Schriften exemplarisch vorführt: eine Praxis des *Denkens*, die bereit ist, alle Gewissheiten zur Disposition zu stellen, weil sie erkannt hat, dass der Irrtum ein notwendiger Bestandteil der intellektuellen Entwicklung ist; eine Praxis des *Glaubens*, die erkannt hat, dass sich jede Form der religiösen Weltdeutung erst bewährt, wenn sie zur lebendigen Erfahrung wird und sich im Tun des Guten verwirklicht; eine Praxis des *Dichtens*, die sich als traditionskritische Modernisierung der antiken Dichtung begreift und als solche auch begriffen werden will. Wenn es ein Projekt gibt, dem sich

Lessing verpflichtet wusste, dann war es die Erziehung des Menschengeschlechts durch die im Gespräch und mehr noch im Lesen und Schreiben praktizierte Schulung der Fähigkeit, sich selbst zu erziehen.

Als Religionsphilosoph wie als Dichter war Lessing durch das fasziniert, was am Anfang stand und im Prozess der kulturellen Überlieferung nicht nur tradiert, sondern auch verfälscht wurde: die Religion Christi, die er gegen die christliche Religion verteidigte, die Kunst der griechischen Tragödie, deren Ethos er gegen die traditionelle Reduktion der Klassiker auf formale Konventionen und sensationelle Stoffe neu zur Geltung brachte. Wenn er im Beschluss der *Hamburgischen Dramaturgie* schreibt: „Meine erste Gedanken sind gewiß kein Haar besser, als Jedermanns erste Gedanken: und mit Jedermanns Gedanken bleibt man am klügsten zu Hause" (B 6, 682), dann heißt das auch: Lessings dramatisches Werk ist trotz seiner Bühnenwirksamkeit zu voraussetzungsreich, um sich dem Zuschauer und Leser ohne Weiteres zu erschließen. Missverständnisse sind vorprogrammiert. Lessing zählt zwar zu den Gründerfiguren der modernen dramatischen Poesie, die ihren Gegenstand nicht in einer Reihe sensationeller Ereignisfolgen, sondern in der Dynamik des menschlichen Bewusstseins findet; der verständnisvolle Nachvollzug dieser Dramatik und ihrer Gedankenspiele aber hat dem Publikum seit jeher Probleme bereitet.

Schon die Zeitgenossen konnten sich in seine Kunst, die Masterplots der Poesie – die Geschichten vom Kampf der Tugend gegen das Laster, vom Opfertod für das Vaterland, vom Martyrium der verfolgten Unschuld – kritisch zu revidieren, nicht finden. Das gilt vor allem für Lessings Tragödien, die bis heute als Gründungstexte des sogenannten „bürgerlichen Trauerspiels" gelten, mit der Fülle an trivialen Familiendramen, die in den folgenden Jahrzehnten entstehen, tatsächlich aber nicht mehr gemein haben als die Tatsache, dass ihre Konflikte nicht im Kontext des politischen Machtkampfs angesiedelt sind. In ihnen dominiert, wie die Forschung gezeigt hat (vgl. CMö), eben jener Moralismus von Tugend und Laster, der Lessing zum Problem geworden war.

Die Wirkungsgeschichte Lessings ist in wesentlicher Hinsicht eine Geschichte der Missverständnisse. Dabei spielte es keine Rolle, ob man Lessing gewogen war oder ihm feindselig gegenüberstand: Johann Jakob Dusch, den Lessing in den Literaturbriefen mehrfach angegriffen hatte, veröffentlichte zwei ausführliche *Briefe über „Miß Sara Sampson“*, in denen er sich nicht genugtun kann, über die Ereignislosigkeit des Dramas den Kopf zu schütteln (vgl. St, 55f.), weil ihm Lessings lehrstückhafte Plotkonstruktion verschlossen bleibt. Der Dramatiker und Popularphilosoph Johann Jakob Engel, der mit seinen *Ideen zu einer Mimik* (1785/86) Lessings Überlegungen zu einer Theorie der Schauspielkunst fortführen wird, zerbricht sich in seinen *Briefen über Emilia Galotti* den Kopf darüber, weshalb Odoardo Galotti die Tochter und nicht den Prinzen erdolcht (JJE 2, 115–117) – und kann nicht sehen, dass die von ihm anvisierte Alternative zwischen Kindsmord und Tyrannenmord eben jene Alternative ist, die Lessings Modernisierung des Virginia-Mythos hinfällig macht.

Bereits die Reaktionen auf den *Philotas* zeugen von der Verständnislosigkeit, auf die Lessings Kunst des Perspektivismus, sein Versuch, die Blindheit der Figuren zum Gegenstand der perspektivischen Darstellung zu machen, traf. Der mit Lessing befreundete Johann Wilhelm Ludwig Gleim fühlte sich bemüßigt, den *Philotas* in Verse zu setzen, und verkehrte dabei Lessings Einakter in sein Gegenteil: Er erzählt einmal mehr die patriotische Geschichte vom Kampf zwischen gewissenlosen Aggressoren und heroischen Verteidigern des Vaterlandes, die Lessings Drama aus kosmopolitischer Perspektive revidiert hatte (vgl. GTN 3, Kap. V.8). Nicht anders verfuhr Lessings erklärter Widersacher, der Schweizer Dramatiker und Literaturtheoretiker Johann Jakob Bodmer, der sich durch Lessings

Drama herausgefordert sah, ein Drama über Polytimet, den Sohn des Aridäus, zu verfassen. Auch Bodmer ist nicht in der Lage, die spiegelbildliche Anlage der Konfliktsituation wahrzunehmen (vgl. GTN 3, Kap. V.9).

Lessing ist aber nicht nur der erste deutsche Dichter, dessen literarisches Werk eine Art Sekundärliteratur provozierte, sondern auch der erste deutsche Dichter, dessen Werk philologisch umfassend erschlossen wurde. Lessing selbst hatte schon früh damit begonnen, Werkpolitik zu betreiben und sich durch die Edition seiner *Schrifften* (1753–1755) als Autor zu profilieren; sein Bruder Karl, der auch als Lessings erster Biograf in Erscheinung trat und dessen literarischen Nachlass publizierte, edierte in Zusammenarbeit mit Johann Joachim Eschenburg und Friedrich Nicolai erstmals Lessings *Sämmtliche Schriften* (1793–1825). Maßstäbe setzte dann aber die Werkausgabe Karl Lachmanns, der sich mit historisch-kritischen Editionen des Nibelungenlieds (1826) und der Lieder Walthers von der Vogelweide (1827) einen Namen gemacht hatte und die von ihm entwickelte textkritische Methode auf Lessings Werk anwandte (1838–1840). Für seine epochemachende Edition leitend war die Vorstellung von dem *einen*, vom Autor ursprünglich intendierten Text, den es in kritischer Prüfung der Überlieferungsträger zu rekonstruieren gilt. In Gestalt der dritten, von Franz Muncker neu durchgesehenen und vermehrten Auflage wurden Lessings *Sämmtliche Schriften* (1886–1924) zu der bis ins 20. Jahrhundert maßgeblichen und – trotz ihrer inzwischen veralteten Editionsprinzipien und ihrer editorischen Unzulänglichkeiten – immer noch unersetzten Gesamtausgabe (vgl. MF, 56–60).

Ein besonders anschauliches Beispiel für die Akribie, mit der Lessings Werk im 19. Jahrhundert philologisch aufgearbeitet wurde, bietet das Lebenswerk des Anatomen und Privatgelehrten Paul Albrecht. Albrecht macht es sich zur Aufgabe, Lessing als Plagiator zu entlarven. In sechs im Selbstverlag erschienenen Bänden (1888–1891) weist er in endlosen Listen nach, „daß *eigen*hirnige Gedanken im Leszing überhaupt nicht vorkommen, daß alles, was uns an ihm gefällt, *fremd*hirniges Erzeugniss ist" (PA 1, 3). Insbesondere Lessings Dramen verwandeln sich dabei in geschickt hergestelltes Flickwerk: „So besteht z. B. der junge Gelehrte [...] aus 107, Minna von Barnhelm aus 319, Misz Sara Sampson aus 436, Emilia Galotti aus 499, Nathan der Weise aus 340 an einander gehefteten Fetzen" (PA 1, 3). Albrechts Urteil ist deshalb so frappant, weil sich Lessing wie kaum ein anderer Autor dazu bekannt hatte, Literatur aus Literatur zu machen und auf seine Quellen in Form von Schlüsselzitaten auch hinzuweisen. „Shakespear will studiert, nicht geplündert sein" (HD 73; B 6, 549), erklärt er in der *Hamburgischen Dramaturgie*. Und das gilt selbstredend auch für sein Verhältnis zu den Alten, als deren Schüler er sich begriff.

In der Akribie, mit der Lessings Werk und seine Lebenszeugnisse von der positivistischen Literaturwissenschaft des 19. Jahrhunderts erschlossen wurde, bekundet sich die Wertschätzung, die Lessing als deutscher Nationalautor fand. Diese Wertschätzung zeigt sich auch in der Etablierung Lessings als Schulklassiker – und die Aufwertung des Faches Deutsch an den Humanistischen Gymnasien trug ihrerseits wesentlich zur Verankerung Lessings im Bildungsbewusstsein bei (vgl. CG 1–5).

Das 19. Jahrhundert schuf aber nicht nur die Basis für die Auseinandersetzung mit Lessings Leben und Werk, es machte Lessing nicht nur zum Schul- und Seminarklassiker – im 19. Jahrhundert wurden auch die Lessing-Legenden und die Deutungsmuster geprägt, an denen sich die Germanistik bis heute abarbeitet. In ihnen dokumentiert sich die Singularität und die „Missverständlichkeit" dieses ältesten literarischen Klassikers der deutschen Literatur (vgl. GTN 1, 238ff.). Dabei zeigt sich ein eigentümliches Missverhältnis zwischen der zeitlosen Wertschätzung der Person und dem ratlosen Kopfschütteln über das dramatische Werk.

Der Vorklassiker und der Vorkämpfer

Lessing wurde bereits von den Zeitgenossen als intellektuelle Autorität wahrgenommen. Dieser Rang wurde ihm zeitlebens nicht streitig gemacht und blieb auch nach seinem Tod außer Streit. In keiner Lessing-Biografie fehlen die Ruhmesworte, mit denen Friedrich Schlegel und Goethe Lessing bedachten: „*Er selbst war mehr wert, als alle seine Talente*“ (St, 178), heißt es in Schlegels großem Charakterporträt aus dem Jahr 1797. „Ein Mann wie Lessing täte uns Not“, befindet Goethe in seinen Gesprächen mit Eckermann: „Denn wodurch ist dieser so groß als durch seinen Charakter, durch sein Festhalten!“ (St, 254). Die Wertschätzung der Person kennt kein Ende: Den Namen Lessings kann kein Deutscher aussprechen, „ohne daß in seiner Brust ein mehr oder minder starkes Echo laut wird“ (St, 262), bekundet Heinrich Heine. Dem Theaterkritiker und Journalisten Alfred Kerr gilt Lessing als ein „ein hoher Zivilist“ (St, 437). „Wäre uns von Lessing nichts bekannt als sein Leben, so hätten wir schon Anlaß genug, diesem makellosen Menschen, diesem großen Kämpfer zu huldigen“ (GLJ, 20), schreibt Ricarda Huch im *Buch des Goethe-Lessing-Jahres* 1929. – *Von der Menschlichkeit in finsteren Zeiten* (St, 486) hat Hannah Arendt ihre Rede anlässlich der Ver-

R. Vellusig, *Lessing und die Folgen*, https://doi.org/10.1007/978-3-476-05784-6_22

leihung des Lessing-Preises der Hansestadt Hamburg im Jahr 1960 betitelt. Und so ad libitum.

Was für die Person gilt, gilt nicht auch für ihr literarisches Werk. Heines Enthusiasmus bleibt abwägend: Der philosophische und theologische Kämpfer Lessing ist ihm „wichtiger als seine Dramaturgie und seine Dramata" (St, 264). Bereits zu Lebzeiten geben Lessings Dramen Anlass, an der Güte ihrer Kunst zu zweifeln. Und dieser Zwiespalt prägt auch das Lessing-Bild der nachfolgenden Generationen. Im 19. Jahrhundert beginnt die sich formierende Germanistik die Geschichte ihres Forschungsgegenstands zu erzählen und das literarische Erbe der Deutschen zu sichten, um es als Ausweis ihrer kulturellen Leistungen anzusehen. Lessing kommt in dieser Geschichte eine zentrale Stellung zu. Mit ihm fängt alles an – er ist, wie bereits Heinrich Heine schreibt, „der Stifter der neueren deutschen Originalliteratur" (St, 260), der Meisterdramatiker, der das Banner der deutschen Literatur pflanzt.

So resümiert es denn auch Erich Schmidt, der vielleicht renommierteste Literarhistoriker des ausgehenden 19. Jahrhunderts. In der zweiten Auflage seiner Maßstäbe setzenden Lessing-Biografie stellt er Lessings Leben und Werk an den Anfang der deutschen Literatur: „Unter den deutschen Schriftstellern des achtzehnten Jahrhunderts ist Lessing vor Goethe und Schiller der einzige, der uns bis heute mit seiner Persönlichkeit und seinen Werken wahrhaft lebendig und gegenwärtig erscheint" (St, 397). Klopstock, „der Vater einer neuen schwergerüsteten und hochfliegenden Dichtersprache", der zu Lebzeiten noch als ebenbürtiger Gegenspieler Lessings galt, Wieland, der geistreiche Romancier, dessen *Geschichte des Agathon* (1766/67) einst Epoche gemacht hatte, Herder, der große Kulturvermittler, der seine Spuren vor allem in der Ästhetik und Geschichtswissenschaft hinterlassen hat – sie alle sieht Erich Schmidt dem Gedächtnis „weiterer Kreise" entschwinden (St, 397). Nicht so Lessing. Lessing lebt, aber auch er hat „den Zoll der Sterblichkeit“ bezahlen müssen (St, 397). Zwar leuchte das „Dreigestirn“ seiner Meisterdramen – die *Minna*, die *Emilia*, der *Nathan* – immer noch „am Himmel des deutschen Theaters“ (St, 398), auf den anderen Stücken und der gesamten kleineren Poesie Lessings aber ruhe schon „der Staub des Vergehens“ (St, 397).

Besonders sprechend ist die Darstellung des Literarhistorikers Hermann Hettner, der das Lessing-Kapitel seiner *Literaturgeschichte des achtzehnten Jahrhunderts* mit den vielzitierten Worten einleitet:

> Dem Deutschen geht das Herz auf, wenn er von Lessing redet. Lessing ist der mannhafteste Charakter der deutschen Literaturgeschichte. Sein Leben und Streben war ein unablässiges Kriegen und Siegen. [...]
> In all jenen großartigen Entwicklungskämpfen, durch welche das achtzehnte Jahrhundert die Deutschen so überraschend schnell aus der Schmach der kläglichsten Erniedrigung zum gebildetsten und geistig freisten Volk der Erde emporhob, stand Lessing immer in vorderster Reihe. Nach allen Richtungen pflanzte er das Banner der neuen Zeit auf; so fest und unerschütterlich, daß im Hinblick auf die Verirrungen der späteren Geschlechter Gustav Kühne treffend gesagt hat, fortschreiten heiße jetzt in vielen Dingen nichts anderes als auf Lessing zurückgehen. [...]
> Was Lessing dem deutschen Drama als Dichter, was er ihm als kritischer Kunstlehrer geworden, erhellt schlagend aus der Thatsache, daß zwischen Gottsched's sterbendem Cato und Goethe's und Schiller's unsterblichen dramatischen Meisterwerken nur ein Menschenalter liegt. Wie war dieser wundergleiche Umschwung möglich? Es giebt nur eine einzige Antwort. Dieses Menschenalter war das Leben und Wirken Lessing's. (HH 2, 486f.)

Hettner stellt Lessings Lebenswerk in eine Übergangsphase der deutschen Literatur- und Kulturgeschichte: Lessing überwindet den Dilettantismus Gottscheds und seiner Zeit und bereitet Goethe und Schiller den Weg – er ist der „Vorklassiker" (WB 2) der deutschen Literatur. Diese Markierung einer epochalen Zäsur, die mit dem Leben und Wirken Lessings identisch ist, war durch das Literaturkapitel in Goethes *Dichtung und Wahrheit* vorgebildet, in dem Goethe Lessing vor dem Hintergrund der „nullen Epoche" der deutschen Literatur porträtiert hatte (DuW I/7; MA 16, 291). Sie sollte sich als literarhistorisches Deutungsmuster etablieren und ihre Entsprechung in der Vorstellung von der Überwindung der Aufklärung durch die Generation der Stürmer und Dränger und ihrer Vollendung durch die Klassiker finden.

In seinen „ästhetischen Untersuchungen" zum modernen Drama (1852) erklärt Hermann Hettner denn auch Schiller und Goethe zum Maß aller Dinge – ihr Schaffen wird den modernen Dichtern zur Nachahmung empfohlen; Lessings Werk hingegen wird geradezu zum Machwerk eines moralisierenden Stümpers und Trivialdramatikers degradiert, bei dem alles „auf die hausbackenste Moral" hinauslaufe:

> Miß Sara Sampson und Emilia Galotti drehen sich einzig um die alleräußerste Spitze des äußeren Moralgebots, um die jungfräuliche Keuschheit, Minna von Barnhelm sogar um peinliche Delikatesse in Geldsachen, und selbst der Nathan ist im Grunde genommen nichts als eine moralische Toleranzpredigt. (HH 1, 72)

Ein und derselbe Lessing, der in seinen Notizen zu Burkes Philosophie des Erhabenen und Schönen den Beischlaf zur „intimsten Liebe in der ganzen Natur" (B 4, 451) erklärt hatte, wird von Hettner als Dichter denunziert, dem die jungfräuliche Keuschheit seiner Heldinnen als Inbegriff moralischer Integrität gilt.

Die Legende vom moralistisch bornierten Dramatiker findet

ihr Pendant in der Legende vom männlichen Kämpfer (vgl. JS). Männlichkeit gilt als Lessings Tugend; der Kampf als seine vornehmste Leistung. Dass gerade er einen wachen Sinn für das destruktive und selbstdestruktive Potenzial männlicher Selbstbehauptung hatte und wahre Männlichkeit sich für Lessing in der Vaterschaft bewährte, bleibt dabei unbedacht. Lessing ist der Kämpfer und Vorkämpfer schlechthin: Er kämpft für die Befreiung der deutschen Literatur und Kultur von der kulturellen Vorherrschaft Frankreichs, für die politische und soziale Emanzipation des Bürgertums vom absolutistischen Fürstenstaat und für die Selbstbehauptung des modernen Denkens gegenüber den traditionellen religiösen Welt- und Lebensdeutungen.

Die Metapher von Lessing dem Kämpfer wird noch im 18. Jahrhundert geprägt. Sie findet sich bereits im großen Nekrolog Johann Gottfried Herders (1793), der Lessings „männliche Wahrheitsliebe“ (St, 130) rühmt und ihn als „edlen Wahrheitssucher, Wahrheitskenner, Wahrheitsverfechter“ (St, 133) im kulturellen Gedächtnis verankert. Sie wird von Heinrich Heine aufgegriffen, der Lessing in seinem großen Essay über *Die romantische Schule* (1833) als „literarischen Arminius“ bezeichnet, der das deutsche Theater von der „Fremdherrschaft“ der Franzosen befreite (St, 260). Sie bestimmt, „ins Heroische gesteigert“, wie Erich Schmidt 1899 spöttisch bemerkt, das Bild, das sich die Nation von Lessing macht: Er ist ihr „ein Held und Schutzheiliger der Geistesfreiheit“ (St, 398) geworden. Mit Franz Mehring, der in seinem Buch über die *Lessing-Legende* (1893) gegen die ideologische Vereinnahmung Lessings als Dichter des friederizianischen Zeitalters zu Felde zieht, etabliert sich Lessing als einer der „geistigen Vorkämpfer des deutschen Bürgertums“ (St, 403); sein vorgeblicher Tugendmoralismus wird zur ideologischen Waffe des aufsteigenden Bürgertums gegen den lasterhaften Adel erklärt – ein Deutungsmuster, das sich die Germanistik der DDR ebenso zu eigen machte wie die sich politisierende westdeutsche Germanistik der 1970er Jahre und das seinen Nachhall noch in den Schulbüchern der Gegenwart findet.

Ob moderat oder militant, differenziert oder diffus – wie immer die Metapher von Lessing dem Kämpfer auch aufgegriffen wird, sie spielt den Mann gegen sein Werk aus: „Lessing war als Dramatiker höchster Verstand; ihm fehlte die dichterische Phantasie, aus der sich Gestalt auf Gestalt löst und unabhängig von ihrem Schöpfer lebt" (St, 411). So das Urteil Franz Mehrings. Das hat seinen guten Grund: Das Bild, das sich das 19. Jahrhunderts von Lessing machte, ist von dem Bild geprägt, das sie von der Aufklärung insgesamt hatte: Säkularisierung, Verbürgerlichung, Glaube an die Vernunft. Die Geschichte der Kanonisierung Lessings ist Teil eines umfassenderen Kanonisierungsprozesses, deren zentrale Gestalten Goethe und Schiller sind. Die Neuerfindung der poetischen Literatur durch die ‚Generation Goethe' blieb für die Wahrnehmung von Lessings literarischem Werk nicht ohne Folgen.

Lessing und Goethe

Lessing und Goethe sind einander nie begegnet. Als Goethe von Lessings Tod erfährt, zeigt er sich betroffen. Noch am selben Tag schreibt er an Charlotte von Stein: „Mir hätte nicht leicht etwas fatalers begegnen können als daß Lessing gestorben ist. Keine viertelstunde vorher eh die Nachricht kam macht ich einen Plan ihn zu besuchen. Wir verliehren viel viel mehr an ihm als wir glauben" (20.2.1782, zit. nach WB 3, 5).

Das klingt, als hätte das Geschick verhindert, was längst fällig war. Tatsächlich hätte es genügend Gelegenheit gegeben, Lessing zu treffen; wenigstens als junger Student ist Goethe ihm aber geradezu aus dem Weg gegangen (vgl. DuW II/8; MA 16, 352). Dass Goethe zu Lessing und Lessing zu Goethe nicht finden konnte, hat etwas Ominöses: es macht sinnfällig, dass mit Lessing nicht nur etwas Neues begann, sondern auch etwas Altes zu Ende ging. Mit Goethes Werk kommt eine neue Literatur in die Welt, und so sehr sich Lessings Dramen ihrerseits als Verwirklichung eines literarischen Modernisierungsprogramms begreifen lassen, so fremd bleiben sie doch der Generation, die nach ihm die Bühne der Literatur betritt.

Zur Inspiration für diese junge Generation wird Lessing zunächst als Entdecker Shakespeares. Für Lessing war Shake-

R. Vellusig, *Lessing und die Folgen*, https://doi.org/10.1007/978-3-476-05784-6_23

speare der Inbegriff eines Dramatikers, der auf ebenso unorthodoxe wie vorbildliche Weise verwirklicht, wovon die *Poetik* des Aristoteles spricht. Er gilt ihm als Verkörperung des Genies, das „die Probe aller Regeln in sich" hat (HD 96; B 6, 657). Für die ‚Generation Goethe' wird Shakespeare zum Befreier von allen dramaturgischen Konventionen – auch den Konventionen, denen sich Lessing verpflichtet wusste, insofern er sie als vorbildliche Verwirklichung elementarer dramatischer Prinzipien begriff. Lessing hatte im Rückgang auf die antike Idee, dass der Mensch ein „Tageswesen" sei, die Einheit der Zeit als Mimesis unserer moralischen Existenz begriffen; Goethe sieht in Shakespeare einen Geist, der sich von den Fesseln der Regeln befreit hat und ihm so den Weg ins Freie weist:

> Ich zweifelte keinen Augenblick, dem regelmäßigen Theater zu entsagen. Es schien mir die Einheit des Orts so kerkermäßig ängstlich, die Einheiten der Handlung und der Zeit lästige Fesseln unsrer Einbildungskraft. Ich sprang in die freie Luft und fühlte erst, daß ich Hände und Füße hatte. Und jetzo da ich sahe wieviel Unrecht mir die Herrn der Regeln in ihrem Loch angetan haben, wie viel freie Seelen noch drinne sich krümmen, so wäre mir mein Herz geborsten, wenn ich ihnen nicht Fehde angekündigt hätte, und nicht täglich suchte ihre Türne [!] zusammen zu schlagen. (MA 1.2, 412)

Wenn Goethe in seiner Rede *Zum Schäkespears Tag* (1771) selbstbewusst verkündet: „Von Verdiensten, die wir zu schätzen wissen, haben wir den Keim in uns" (MA 1.2, 411), dann ist dieses Bekenntnis eine Hommage an den eigenen „erkenntlichen Genius" (MA 1.2, 412), der ihm die Augen für die Lebenswahrheit von Shakespeares Dramen geöffnet hat: „Natur! Natur! nichts so Natur als Schäkespears Menschen" (MA 1.2, 413), lautet die enthusiastische Losung.

Mit dieser Naturwahrheit, deren Erkenntnis der junge Goethe dem eigenen Genie verdankt, können Lessings Dramen nicht konkurrieren. Goethe schätzt sie aufgrund ihres dramaturgischen Raffinements: *Minna von Barnhelm* rühmt er wegen ihrer meisterhaften Exposition (vgl. St, 233), aber sie erscheinen ihm doch auch als „nur gedacht", wie er an Herder schreibt (10.7. 1772; HA 1, 133) – eine Formulierung, die auf *Emilia Galotti* gemünzt ist, deren literarische Qualität er in einem Brief an Zelter auf zwiespältige Weise charakterisiert:

> Zu seiner Zeit stieg dieses Stück wie die Insel Delos aus der Gottsched-Gellert-Weißischen pp. Wasserflut, um eine kreißende Göttin barmherzig aufzunehmen. Wir jungen Leute ermutigten uns daran und wurden deshalb Lessing viel schuldig.
> Auf dem jetzigen Grade der Kultur kann es nicht mehr wirksam sein. Untersuchen wir's genau, so haben wir davor Respekt wie vor einer Mumie, die uns von alter hoher Würde des Aufbewahrten ein Zeugnis gibt.
> (27.3.1830; St, 257f.)

Der sich selbst historisch gewordene Goethe erweist Lessings Werk zwar Respekt, betrachtet es aber nur noch als bewahrenswertes Zeugnis einer vergangenen literarischen Epoche. Und auch in den Gesprächen mit Eckermann verteidigt er Lessing, indem er seine literarische Lebensleistung in einen historischen Kontext stellt: „Bedauert doch den außerordentlichen Menschen, daß er in einer so erbärmlichen Zeit leben mußte, die ihm keine besseren Stoffe gab, als in seinen Stücken verarbeitet sind" (7.2.1827; St, 254).

Nun hat Lessing seine Stoffe allerdings nicht in der sozialen Wirklichkeit seiner Zeit, sondern in der Literatur selbst gefunden; und er hat in diesen Stoffen auch die Themen gefunden, die ihn selbst bewegten: allen voran die Misanthropie und die

„Irascibilität“ (B 9, 692), deren beziehungsfeindliche und selbstzerstörerische Züge ihm nicht zuletzt deshalb zum Problem wurden, weil sie ihm selbst vertraut waren. In einem der wenigen autobiografischen Zeugnisse, die von ihm erhalten sind, schreibt er sie dem Erbe seines Vaters zu, der „so leicht in der Hitze“ sich übereilte und der hoffte, sich doch wenigsten gern im Sohn gebessert zu haben (B 9, 693).

Lessings Themen sind, auch wenn es sich um keine aktuellen Stoffe handelt, von allgemeinem und durchaus auch persönlichem Interesse. Was ihm allerdings völlig fremd ist, ist die Idee, das eigene Leben und die eigenen biografischen Erfahrungen zum Gegenstand der Literatur zu machen. Das aber ist das erklärte Programm Goethes. Goethe ist der Erfinder eines literarischen Schreibens, das sich den eigenen Lebenserfahrungen zuwendet und in der Fähigkeit, dies zu tun, seinen Geltungsgrund findet: „Alles, was […] von mir bekannt geworden“, heißt es in *Dichtung und Wahrheit*, „sind nur Bruchstücke einer großen Konfession“ (DuW II/7; MA 16, 306). Dieses Bekenntnis gilt vorab für Goethes frühe Lyrik, aber es ist vor allem das Signum des *Werther*.

Gerade die Debatte um Goethes *Werther* aber offenbart die Kluft, die Lessing von der ‚Generation Goethe‘ trennt. Wie die Briefromane Richardsons und Rousseaus, so wurde auch der *Werther* zu einem europäischen Bestseller, und er wurde es deshalb, weil sein Autor für die innere Wirklichkeit der Liebesdramen, in die er sich verstrickte, eine Sprache gefunden hatte, die dieses Erleben authentisch zu artikulieren verstand. Das mediale Feld, auf dem der junge Goethe zum Schriftsteller wurde, war der Brief. Es ist deshalb kein Zufall, dass Goethes *Werther* ein Briefroman ist, so wenig wie es ein Zufall ist, dass seine Leiden die Leiden des *jungen* Werther sind und dass die Leser des Romans junge Männer und junge Frauen waren. Der *Werther* ist eines der herausragenden literarischen Zeugnisse einer neuen, gemischt-geschlechtlichen Jugendkultur, an der

Lessing selbst keinen Anteil hatte und die seiner Generation auch fremd war.

Lessing steht all dem mit Skepsis gegenüber: Zwar weiß er die ästhetischen Qualitäten des Romans durchaus zu schätzen, zeigt sich aber besorgt, ob „ein so warmes Produkt nicht mehr Unheil als Gutes stiften“ sollte, weil die Leser, „die poetische Schönheit leicht für die moralische nehmen“ könnten (an Eschenburg, 26.10.1774; B 11/2, 667). Abgesehen davon, dass Lessing durch seine Bekanntschaft mit dem jungen Jerusalem, dessen Selbstmord Goethe als Vorlage gedient hatte, dem Roman gegenüber voreingenommen war: für die „Liebe als Passion“, als dessen literarische Gründungsurkunde der *Werther* gilt, hatte er keinen Sinn. Liebesgeschichten waren ihm suspekt, weil sie das Spektrum zwischenmenschlicher Beziehungen auf die schwärmerische Phase des Verliebtseins reduzieren und weil sie in ihrer trivialen Form die Sexualität auf unangemessene Weise moralisieren. Werthers Selbstmord begreift Lessing als Folge der „christliche[n] Erziehung“, die – anders als die für ihn vorbildliche Antike – „ein körperliches Bedürfnis so schön in eine geistige Vollkommenheit zu verwandeln weiß“: „Glauben Sie wohl“, schreibt er an Eschenburg,

> daß je ein römischer oder griechischer Jüngling sich *so* und *darum* das Leben genommen? Gewiß nicht. Die wußten sich gegen die Schwärmerei der Liebe ganz anders zu schützen: und zu Sokrates Zeiten würde man eine solche ἐξ ἔρωτος κατοχή [Besessenheit von Liebe] welche τι τολμᾷν παρὰ φύσιν [etwas gegen die Natur zu wagen] antreibt, nur kaum einem Mädelchen verziehen haben.
> (26.10.1774; B 11/2, 667)

Besonders aufschlussreich ist Lessings Abwehr auch deshalb, weil Goethes Roman eben jenes Mitleid in Anspruch nimmt, das im Zentrum der *Hamburgischen Dramaturgie* stand: „Ihr könnt seinem Geist und seinem Charakter eure Bewunderung und Liebe, und seinem Schicksale eure Tränen nicht versagen" (MA 1.2, 197), heißt es in der Vorrede des Herausgebers; und Werther selbst weist im Gespräch mit Lottes Verlobtem Albert darauf hin, dass jedes Urteil über eine moralisch verwerfliche Tat vorerst die „innern Verhältnisse einer Handlung" (MA 1.2, 233) zu berücksichtigen habe. Goethes Roman ist, nicht anders als Lessings Drama, eine Form der Bewusstseinspoesie; anders als Lessing aber macht er das Publikum nicht zum Richter seiner Figuren, sondern setzt auch extreme Bewusstseinslagen wie den zur Erfahrung existenzieller Verlassenheit gesteigerten ‚Liebeswahn' ins Recht, weil sie Ausdruck der *conditio humana* sind.

Goethe liest Lessings *Emilia*, die auf Werthers Pult aufgeschlagen war (vgl. MA 1.2, 299), als Liebesdrama – dass Emilia den Prinzen heimlich liebt, hält er für ausgemacht (vgl. FWR 2, 663f.). Und als Liebesgeschichte begreift er auch Lessings *Minna*, deren Exposition er rühmt, über deren Stocken im dritten Akt er aber die Nase rümpft, weil die Liebeshandlung durch die für das Spiel vom Soldatenglück zentralen Episodenhandlungen an Schwung verliert (vgl. FWR 2, 663).

So groß die Unterschiede zwischen Lessing und Goethe in ästhetischer Hinsicht sind, so nahe stehen sie einander doch in religionsphilosophischen Fragen. Der junge Goethe fällt in Leipzig dadurch auf, dass er nicht in die Kirche geht – dazu ist er, wie Johann Christian Kestner, der Verlobte Charlotte Buffs, bezeugt, „nicht genug Lügner": „Vor der christlichen Religion hat er Hochachtung, nicht aber in der Gestalt, wie sie unsere Theologen vorstellten" (GG 1, 62). Wenn Goethe seinen Faust Gretchens unschuldiger Frage nach dessen Glauben ausweichen lässt, weil diese Frage im Klartext nicht zu beantworten ist: „Wer darf ihn nennen? / Und wer bekennen: / Ich glaub' ihn. / Wer empfinden? / Und sich unterwinden / Zu sagen: ich glaub' ihn nicht? / Der Allumfasser, / Der Allerhalter, / Faßt und erhält er nicht / Dich, mich, sich selbst? / [...] Name ist Schall und

Rauch" (MA 6.1, 635f.) – dann steht er auch hier Lessing nahe, der sich seinerseits von Goeze auf kein Glaubensbekenntnis festlegen ließ und seinem Gegner, der nicht müde wurde, ein solches einzufordern, immer neu entgegenhielt, dass die Sprache der Bilder und Gleichnisse kein ästhetisches Gaukelspiel, sondern eine authentische Weise ist, sich über Glaubensfragen zu verständigen.

Am deutlichsten in Lessings Nachfolge bewegt sich Goethe mit seiner *Iphigenie*, die seit je als Drama der Humanität wahrgenommen und mit Lessings *Nathan* in einen Rang gestellt wurde. Auch die *Iphigenie* ist ein religionsphilosophisches Drama. In seinem Zentrum steht der Tantalos-Mythos, dessen Parallelen zum jüdisch-christlichen Mythos vom Sündenfall unübersehbar sind und im Parzenlied besonders sinnfällig werden. Der Mythos erzählt von der Hybris des Tantalos, der – zur Tafel der Götter geladen – die Götter auf die Probe stellt, indem er ihnen seinen eigenen Sohn zum Mahl vorsetzt; und er erzählt von der Rache der Götter, die den Sünder in den Orkus verstoßen, zu ewigen Qualen verdammen und über seine Nachkommen einen Fluch verhängen, der sich in Form des Kindsopfers und des Verwandtenmords von Generation zu Generation fortzeugt. Das Parzenlied klagt die Götter an – ihre despotische Macht: „Sie halten die Herrschaft / In ewigen Händen, / Und können sie brauchen, / Wie's ihnen gefällt", und ihre Willkür: „Es wenden die Herrscher / Ihr segnendes Auge / Von ganzen Geschlechtern / Und meiden, im Enkel / Die eh'mals geliebten, / Still redenden Züge / Des Ahnherrn zu sehn" (IV/5; MA 3.1, 208).

Diese Deutung des menschlichen Leides als Folge eines Sündenfalls und eines von göttlichen Mächten verhängten Schicksals wird Iphigenie zum Skandal – ist sie durch den wohltätigen Eingriff der Göttin Diana doch selbst dem Schicksal entgangen, von ihrem in den Krieg ziehenden Vater Agamemnon geopfert zu werden. Und es wird ihr zur Versuchung: Vor die qualvolle Wahl gestellt, als Priesterin der Diana ihren auf der Insel gestrandeten Bruder Orest der Göttin zum Opfer zu bringen oder König Thoas, dem sie dankbar verbunden ist, zu hintergehen und mit Orest das Bild der Göttin zu stehlen, droht in ihr ein „Widerwillen" zu keimen und ihre „zarte Brust" zu zerreißen. In dieser Situation richtet sie ein Stoßgebet an die Götter, in dem es um alles geht und das im Geist jener religiösen Aufklärung gesprochen ist, die auch Lessing betrieben hatte: „Rettet mich / Und rettet euer Bild in meiner Seele!" (IV/5; MA 3.1, 207).

Auch in Goethes Drama geht es um die Frage nach der Wahrheit der „Religion überhaupt" (B 2, 264) und diese Frage verknüpft sich auch bei ihm mit der Frage nach den Gottesbildern, die in den religiösen Mythen Gestalt gewinnen. „Einen Gott erkennen, sich die würdigsten Begriffe von ihm zu machen suchen, auf diese würdigsten Begriffe bei allen unsern Handlungen und Gedanken Rücksicht nehmen" – so bestimmt Lessing den „Inbegriff aller natürlichen Religion" (B 5/1, 423). Die Lebenspraxis, die vor den Menschen angenehm macht, ist ein Vorschein des Göttlichen und zugleich dessen Verwirklichung – so formuliert es Goethes Gedicht über das Göttliche: „Heil den unbekannten / Höhern Wesen, / Die wir ahnden! / Ihnen gleiche der Mensch; / Sein Beispiel lehr uns / Jene glauben." Und: „Der edle Mensch / Sei hülfreich und gut! / Unermüdet schaff er / Das Nützliche, Rechte / Sei uns ein Vorbild / Jener geahneten Wesen!" (MA 2.1, 90f.).

In der *Iphigenie* ist es die Bilderwelt der griechischen Mythen, die Goethe als poetisches Spielmaterial nutzt, um seine Frage zu formulieren und zu beantworten. Die Antwort lautet: Die Geschichten von Sünde und Vergeltung, Erlösung und Verdammung erzählen nicht von einer außer- und übermenschlichen Wirklichkeit, sondern spiegeln eine seelische und zwischenmenschliche Wirklichkeit wider. Sie zeugen vom eigenen Racheverlangen und von der männlich-kriegerischen Selbstbehauptung im Kampf auf Leben und Tod: „Der mißversteht die Himmlischen, der sie /

Blutgierig wähnt: er dichtet ihnen nur / Die eignen grausamen Begierden an“ (I/3; MA 3.1, 175).

Religiöse Aufklärung beruht auf der Einsicht in diesen Projektionsmechanismus der religiösen Mythen; sie vollendet sich in der gelebten Praxis, die ihrerseits die „Reinigkeit des Herzens“ verlangt, wie es in der *Erziehungsschrift* heißt (§ 80; B 10, 95). Iphigenie weiß: Die Götter „reden nur durch unser Herz zu uns“; und sie weiß auch, dass „der Sturm“ des Herzens diese „zarte Stimme“ nur allzu leicht „überbraust“ (I/3; MA 3.1, 174). Deshalb ist die Stimme der Vernunft auch im *Nathan* leise und sanft; sie verlangt das besinnende Innehalten, wenn sie vernommen werden will, weil sie mit dem Innehalten und der Besinnung auf die eigene Menschlichkeit identisch ist: „Es hört sie jeder, / Geboren unter jedem Himmel, dem / Des Lebens Quelle durch den Busen rein / Und ungehindert fließt“ (V/3; MA 3.1, 214).

So wie Nathan sich vom „unversöhnlichsten / Haß“ befreit, den er den Christen „zugeschworen“ hat (IV/7; B 9, 596), so befreit sich Iphigenie von dem „tiefen Haß“ (IV/5; MA 3.1, 207) auf die Götter, der ihr Erbteil ist, indem sie sich Thoas bedingungslos anvertraut. Es ist kein Zufall, dass diese bewusste Alternative zu den mythischen Deutungsmustern zwischenmenschlicher Konflikte von einer Frau stammt und von einer Frau vorgelebt wird. – Auch Lessings wahre Tugendhelden sind fromme und lebenskluge Frauen wie Minna, „weichliche, weibische“ Männer wie Aridäus (8; B 4, 34) und Väter wie Nathan, die zwischen egozentrischer Klugheit und dem wahren Vorteil der Menschen zu unterscheiden gelernt haben. Iphigenies „unerhörte Tat“ (V/3; MA 3.1, 213) befreit zugleich auch ihre männlichen Interaktionspartner davor, sich in den Reaktionsmustern der Rache, von der der Tantalidenmythos erzählt, heillos zu verstricken.

Der unpoetische Dichter

Goethes Neuerfindung der Literatur durch die Entwicklung sprachlicher Ausdrucksformen, die an der Expressivität der Alltagssprache und an der Intimität der inneren Sprache Maß nahmen, und die „literarische Revolution" (DuW III/11; MA 16, 523) seiner Generation, die die Vorstellung vom Dichtergenie in die Welt brachte, waren dafür verantwortlich, dass Lessing als „unpoetischer Dichter" wahrgenommen wurde.

Zeugnisse, die das bekunden, sind Legion. Alle preisen Lessings kritischen Scharfsinn, die Prägnanz und polemische Kraft seines Stils – und können sich doch nicht dazu durchringen, ihm den Status eines echten Dichters zuzuerkennen. „Ich habe Lessing, soweit ich ihn als Dichter kenne, nie sehr bewundern können", bekennt 1785 Johann Georg Heinzmann und befindet freimütig, dass Lessings Dramen zwar „immer unter die ersten deutschen Schauspiele" gehörten, aber keines von ihnen „den Stempel des eigentlichen Dichtergenies" trage: „Seine Dichtungskraft war mehr eine gelernte Rolle als Natur, und er besaß in höchstmöglichem Grade, die Kunst, das Genie [...] nachzumachen, ohne es selbst zu haben" (St, 148).

Dem Hegelianer Heinrich Gustav Hotho gilt es in seinen *Vorstudien für Kunst und Leben* (1835) als erwiesen, „daß Lessing kein

R. Vellusig, *Lessing und die Folgen*, https://doi.org/10.1007/978-3-476-05784-6_24

Dichter in der tieferen Bedeutung des Wortes war" (St, 267). Auch er billigt Lessing zu, „der eigentliche Gründer unserer neuen dramatischen Poesie" geworden zu sein, aber auch ihm erscheint die Lebendigkeit seiner Dramensprache bloß als ein Surrogat für eine Ursprünglichkeit, die Lessing fehle:

> Zwar spricht der klarste Verstand mit allem seinem Scharfsinn nur allzu durchsichtig aus jedem Worte des epigrammatisch zugespitzten Dialogs, und auch die Töne der Empfindung und flutenden Leidenschaft verdanken seinen antithetischen Überlegungen ihren Ursprung, aber so glücklich ist in diesen Kunststücken mit dem mühseligen Fleiße Versteckens gespielt, daß sie jedem, der nicht vollständig in der poetischen Natur zu Hause ist, den täuschenden Anblick der Ursprünglichkeit gewähren können. (St, 267)

Das Bild des unpoetischen Dichters ist das Bild des 19. Jahrhunderts, das ganz im Bann der Klassiker stand. Begründet wurde der Topos um 1800. Von herausragender Bedeutung war das große Lessing-Porträt, das der Romantiker Friedrich Schlegel entworfen hatte, um Lessings philosophischen und kritischen Geist zu würdigen. Schlegel bezweifelt, dass Lessing „poetischen Sinn und Kunstgefühl gehabt habe" (St, 179). Sein dramatisches „Hauptwerk", die „bewunderte und gewiß bewundrungswürdige" *Emilia Galotti*, nennt er „ein großes Exempel der dramatischen Algebra", ein „in Schweiß und Pein produzierte[s] Meisterstück des reinen Verstandes", das aber „ins Gemüt" nicht dringt und nicht dringen kann, „weil es nicht aus dem Gemüt gekommen ist" (St, 182). Dabei geht es Schlegel nicht darum, Lessings Werk kleinzureden; seine literarische Einzigartigkeit aber ist für ihn nicht poetischer Natur: Sie zeigt sich in einer unvergleichlichen „*Mischung von Literatur, Polemik, Witz und Philosophie*" (St, 189). Alle Figuren seiner Dramen, die

Diener und Dienerinnen so gut wie ihre Herrinnen und Herren, *Lessingisieren* (St, 185): Sie sprechen hellwach, geistesgegenwärtig, lakonisch pointiert – und das bis in die kleinste Wendung des Dialogs.

Als etwa der junge Tempelherr erkennt, in welche Gefahr er Nathan gebracht hat, weil er sich dazu hinreißen ließ, den Patriarchen aufzusuchen, erklärt er sich mit den Worten: „Ich bildete mir ein / Ihr wolltet, was Ihr einmal nun den Christen / So abgejagt, an einen Christen wieder / Nicht gern verlieren. Und so fiel mir ein, / Euch kurz und gut das Messer an die Kehle / Zu setzen“ (V/5; B 9, 609). Nathan antwortet auf dieses Geständnis so knapp wie pointiert: „Kurz und gut? Und gut? – Wo steckt / Das Gute?“ (V/5; B 9, 609) – Solche Sequenzen hat Schlegel im Sinn, wenn er davon spricht, dass Lessings Figuren „Lessingisieren“. Die idiomatische Wendung „kurz und gut“ bezieht sich nicht auf das Mitgeteilte, sondern auf den Akt der Mitteilung. Um die Sache abzukürzen, lässt man es mit dem Gesagten gut sein. Nathan aber nimmt diese Redewendung wörtlich oder vielmehr: Lessing lässt Nathan den Tempelherrn beim Wort nehmen und gibt ihm so Gelegenheit, eine zentrale moralpsychologische Einsicht auf witzig pointierte Weise zur Sprache zu bringen. Die Tat des Tempelherrn war eine Übereilung, zu der er sich aus egozentrischer Befangenheit hinreißen ließ, und diese Übereilung hätte, das wahre Gute verfehlend, beinahe fatale Folgen gehabt.

In diesem scharfsinnigen Witz liegt die Qualität von Lessings dramatischem Stil. Er entfaltet seinen ganzen Reiz in den Lustspielen und wurde deshalb wohl auch vor allem von Autoren gewürdigt, die sich ihrerseits auf dem Feld des Lustspiels bewegten. Hugo von Hofmannsthal, dessen Komödien (*Der Schwierige, Der Unbestechliche*) in der Tradition Lessings stehen, insofern sie, wie er, den Tugendhelden ins Zentrum des komischen Spiels stellen, hat in seiner Ansprache zu Lessings 200. Geburtstag die „unvergleichliche Gespanntheit“ gerühmt, die diese „geistreichste“ Dialogkunst mit ihrem „Einander-aufs-Wort-Lauern, Einander-die-Replik-Zuspielen“ und dem „Fechten mit dem Verstand (und mit dem als Verstand maskierten Gemüt)“ besitzt (St, 453). Auch Hofmannsthal weiß, dass sich Lessings Dramensprache nicht mit derjenigen Goethes vergleichen lässt: „nichts vom Hauchenden, Seelenhaften, das dann durch Goethe in die Sprache des Theaters kam, auch nichts vom finstern Naturlaut, den die Stürmer und Dränger aufbrachten“; alle Figuren Lessings, so sein Befund, „reden in scharfen Antithesen, in pointierten Wendungen, wie wenn sie alle Denker wären“ – und eben darin liegt der eigentümliche Reiz dieser Sprache: „sie hat ein solches geistiges Leben in sich, daß sie aus dem Stück etwas Unverwesliches macht“ (St, 452f.).

Dieser Ton Lessings findet sich noch in seinen intimsten Äußerungen, etwa in den Mitwelt und Nachwelt gleichermaßen erschütternden Briefen über den Tod seines Sohnes und seiner Frau. In ihm zeigt sich Lessings unvergleichliche Physiognomie: seine geistreiche Lakonie und das scharfsinnige Spiel mit Antithesen, das der Souveränität entspricht, mit der er seine publizistischen Beiträge als didaktisch-dialogischen Prozess zu inszenieren weiß. Auch Thomas Mann hat deshalb im Lessingjahr 1929 den Versuch unternommen, dem nicht verstummen wollenden Streit um Lessings Dichtertum ein Ende zu setzen. Er tut es, indem er das Maß, an dem Lessings literarisches Werk gemessen wird, selbst infrage stellt: Lessings „Modernität und Zeitgemäßheit“, so Thomas Manns Argument, „scheint mir eben hierin zu liegen, daß der allzu deutsche Begriff des Dichterischen an ihm scheitert, daß er nicht passen will, weil er nicht zureicht“ (St, 449). Lessing ist ein Solitär, der keiner Norm zu entsprechen braucht, weil er in seinem Stil unverkennbar ist: „Muß man denn durchaus ein Dichter sein, wenn man ein Lessing ist?“ (St, 449).

Lessing und Schiller

Auch Schillers Verhältnis zu Lessing war ambivalent; auch sein literarisches Werk markiert eine literarhistorische Zäsur. Schiller sucht das Pathos und den hohen Ton; er ist der Dichter des Erhabenen. Bereits in seinen frühen Dramen verbindet er die an Lessings Dramen geschulte Intimität des Kammerspiels mit der großen Geste der Opernbühne, die ihn seit seiner Jugend fasziniert hatte. Er knüpft an Lessing an, geht aber doch über ihn hinaus und prägt das Verständnis des Tragischen auf eine Weise, die auch für die Wirkungsgeschichte Lessings nicht ohne Folgen bleiben sollte.

Wenn man Goethe Glauben schenken darf, dann „liebte" Schiller „Lessings Dramen eigentlich nicht" (Über das deutsche Theater; MA 11.2, 163). Diesem harschen Urteil steht die faktische Nähe des jungen Schiller zu Lessings dramatischem Werk, vor allem aber zu dessen dramentheoretischen Schriften entgegen, über die er rückblickend sagt: „Es ist doch gar keine Frage, daß Leßing unter allen Deutschen seinerzeit über das was die Kunst betrifft am klarsten gewesen, am schärfsten und zugleich am liberalsten darüber gedacht und das Wesentliche, worauf es ankommt, am unverrücktesten ins Auge gefaßt hat" (an Goethe, 4.6.1799; MA 8.1, 699). Seine mit großem rhetori-

R. Vellusig, *Lessing und die Folgen*, https://doi.org/10.1007/978-3-476-05784-6_25

schem Elan entworfene Mannheimer Rede über die Wirkungsmacht einer „guten stehenden Schaubühne" (1784) ist Lessings Idee verpflichtet, dass die sittliche Wirkung des Theaters vom Vergnügen, das menschliche Leben in ihm nachgebildet zu finden und an ihm Anteil zu nehmen, nicht zu trennen ist. Und auch die Idee einer „ästhetischen Erziehung des Menschen", die Schiller nach seiner Begegnung mit der Philosophie Kants in den gleichnamigen Briefen entwickeln wird, findet sich in Lessings ethisch-ästhetischem Literaturprogramm vorgebildet. Auch Schiller ist davon überzeugt, dass die dichterische Vergegenwärtigung des menschlichen Lebens für die Entwicklung einer umfassenden Empfindungsfähigkeit und somit für die humane Selbstgestaltung unverzichtbar ist – auch und gerade dann, wenn sich die Literatur nicht darauf beschränkt, vorbildliches oder lasterhaftes Verhalten nachzuahmen.

Wie sehr es Schiller darum zu tun ist, die Grenzen des Menschenmöglichen zu erkunden und so einen Beitrag zu einer unvoreingenommenen, von moralischen Vorurteilen freien Bewusstseinskultur zu leisten, zeigt seine frühe Faszination für die Figur des Verbrechers, den er in der „wahren Geschichte" vom *Verbrecher aus verlorener Ehre* (1786) und in den *Räubern* (1781) zum Gegenstand der poetischen Darstellung macht.

Als Erzähler verfolgt er ein literarisches Programm, dessen Nähe zu Lessings Poetik des Mitleids unverkennbar ist. Die Erzählung von der Geschichte des Wilddiebs, Mörders und Verbrecherhauptmanns Christian Wolf verpflichtet sich dazu, die „republikanische Freyheit des lesenden Publikums" zu respektieren. Sie soll diesem den bewussten Nachvollzug seines Handelns ermöglichen. Dazu muss der Leser mit dem Helden vertraut werden, sodass er ihn sein Verbrechen „nicht bloß *vollbringen*, sondern auch *wollen* sehen" (NA 16, 8) kann. Denn nur so kann sich bei ihm jener „heilsame Schrecken" einstellen, „der die stolze Gesundheit warnet", die im Verbrecher nicht Ihresgleichen, sondern bloß „ein Geschöpf fremder Gattung" sieht.

Rühren, anstatt zu befremden, kann nur, was „ein dunkles Bewußtsein ähnlicher Gefahr“ (NA 16, 8) in uns weckt. Wenn das nicht der Fall ist, verfehlt die Erzählung den Zweck, „eine Schule der Bildung zu sein“ und erschöpft sich darin, die Sensationslust des Publikums, seine „Neugier“, zu bedienen (NA 16, 8).

Der Erzähler Schiller lässt seinen Verbrecher in einen Sog der Leidenschaften geraten, doch er verleiht ihm zugleich auch eine menschliche Größe, die Lessings ethisch-ästhetisches Literaturprogramm überbietet, weil die „große Kraft“, die bei „jedem großen Verbrechen“ in Bewegung war (NA 16, 7), Anlass zu erhabenen Regungen gibt. Hatte Lessing den Bösewicht von der Bühne verbannt, weil ihm ein Wesen, das das Böse tut, weil es das Böse ist, nur als „armselige Zuflucht eines schalen Kopfes“ (HD 2; B 6, 196) erscheinen konnte, so gibt Schiller seinem Bösewicht die Kraft, seine Bosheit zu wollen und sich zu seiner Bosheit zu bekennen. Der Wilddieb Christian Wolf, der nach Absolvierung seiner Haftstrafe erleben muss, dass selbst die Kinder ihn meiden, entschließt sich in Trotz und Verzweiflung dazu, „Böses“ zu tun: „ehemals hatte ich aus *Notwendigkeit* und *Leichtsinn* gesündigt, jetzt tat ich's aus freier Wahl zu meinem Vergnügen“ (NA 16, 14f.). Wenn er sich am Ende der Erzählung „aus freier Wahl“ (NA 16, 29) den Gerichten ausliefert, dann erhebt er sich über alle sinnlichen Bedenklichkeiten und gewinnt eine sittliche Größe, in der sich die Willensfreiheit des Subjekts offenbart.

Bereits in der Vorrede zu den *Räubern* hatte Schiller betont, das Laster „in seiner kolossalischen Grösse vor das Auge des Menschen stellen“ zu wollen:

> Jedem, auch dem Lasterhaftesten, ist gewissermassen der Stempel des göttlichen Ebenbilds aufgedrükt, und vielleicht hat der grosse Bösewicht keinen so weiten Weg zum grossen Rechtschaffenen, als der kleine; denn die Moralität hält gleichen Gang mit den Kräften, und je

weiter die Fähigkeit, desto weiter und ungeheurer ihre Verirrung, desto imputabler ihre Verfälschung. (NA 3, 7)

Dass von einem Menschen, der ein Ziel verfolgt, eine große Faszination ausgeht, war auch Lessing bewusst: „wir lieben das Zweckmäßige so sehr, daß es uns, auch unabhängig von der Moralität des Zweckes, Vergnügen bereitet" (HD 79; B 6, 579), heißt es in der *Hamburgischen Dramaturgie*; aber die Kraft als solche, die Schiller bewunderte, war ihm als Quelle aller Taten keine Bewunderung wert. Die Stimme der Vernunft, der Lessings Dramen Gehör verschaffen, ist nicht kraftvoll, sondern sanft.

Auch Schiller zählt zu den Gründerfiguren der modernen Bewusstseinsdramatik. Auch er verfolgt den Anspruch, die Psycho-Logik des menschlichen Herzens auf der Bühne auszustellen und „die Seele gleichsam bei ihren geheimsten Operationen zu ertappen" (NA 3, 5) – so die Formulierung, die er in der Vorrede zu den *Räubern* verwendet. Und auch bei Schiller steht dabei die Frage nach der Stellung des Menschen im Ganzen der Schöpfung auf dem Spiel. Sein dramatisches Werk, seine Ästhetik und seine philosophischen Schriften wollen als Beiträge zur Sinndeutung der menschlichen Existenz nach dem Ende der kirchlich organisierten Offenbarungsreligionen gelesen werden.

Die kulturellen Konsequenzen einer Schriftkultur, deren volle Entfaltung den Glauben an die buchstäbliche Wahrheit der religiösen Mythen brüchig werden ließ, stehen nicht nur im Zentrum des geschichtsphilosophischen Gedichts über *Die Götter Griechenlandes* (1788), sondern auch der sogenannten *Philosophischen Briefe* (1786).

In den *Göttern Griechenlands* stellt Schiller der Welt, die durch die Naturwissenschaften seelenlos geworden ist, die anthropomorphe Bilderwelt des Mythos entgegen: „Da der Dichtkunst mahlerische Hülle / sich noch lieblich um die Wahrheit wand! – / Durch die Schöpfung floß da Lebensfülle, / und, was nie empfinden wird, empfand. / An der Liebe Busen sie zu drücken, / gab man höhern Adel der Natur. / Alles wies den eingeweyhten Blicken, / alles eines Gottes Spur" (NA 1, 190). Und er preist die bunte Vielfalt der antiken Kultreligionen und die Art und Weise, wie, mit Lessing zu sprechen, „die Alten den Tod gebildet": „Damals trat kein gräßliches Gerippe / vor das Bett des Sterbenden. Ein Kuß / nahm das lezte Leben von der Lippe, / Still und traurig senkt' ein Genius / seine Fackel" (NA 1, 193).

In den *Philosophischen Briefen* charakterisiert Schiller seine Epoche als eine Zeit, „wo Erleichterung und Ausbreitung der Lektüre den denkenden Theil des Publikums so erstaunlich vergrößert" haben, dass „nur wenige mehr *da stehen bleiben* wollen, wo der *Zufall der Geburt sie hingeworfen*" (NA 20, 105). Die religiöse Aufklärung hat die Vernunft aus dem Bannkreis des mythischen Denkens befreit, aber diese Befreiung hat ihren Preis: Der aufgeklärte Raphael, so der Ausgangpunkt des Briefwechsels, hat Julius seinen Kinderglauben geraubt und ihm mit dem Teufel, vor dem er bebte, und der Gottheit, an der er herzlich hing, auch seinen Seelenfrieden genommen. Diesen Verlust versucht Julius mit einem philosophischen Glaubensbekenntnis zu kompensieren: Er setzt es an die Stelle der geoffenbarten Wahrheit, um so den „Enthusiasmus" wiederzufinden, der ihn einst beseelt und ermutigt hatte. Im Zentrum seiner *Theosophie* steht die Liebe, in der Ode *An die Freude* nennt Schiller sie „Simpathie" (NA 1, 169) – sie ist die Kraft, die die in die Individuen zerteilte Gottheit wiederherstellt: „Egoismus errichtet seinen Mittelpunkt in sich selber; Liebe pflanzt ihn außerhalb ihrer in die Achse des ewigen Ganzen." (NA 20, 123) Liebe ist die Schwerkraft der moralischen Welt; sie garantiert den Zusammenhalt der Schöpfung.

Die Nähe der *Theosophie des Julius* zu Lessings *Erziehungsschrift* ist mit Händen zu greifen. Auch Schiller weiß, dass das menschliche Denken beschränkt und die Sprache der Religion eine Sprache der Bilder und Gleichnisse ist: Gott ist nur eine Metapher, nicht die Sache selbst, aber der Versuch der Vernunft, „das Unsinnliche mit Hilfe des Sinnlichen" auszumessen und „die Mathematik ihrer Schlüße auf die verborgene Phisik des *Uebermenschlichen*" anzuwenden (NA 20, 127), ist dennoch wahrheitsfähig – und sie behält ihren Wert selbst dann, wenn sie irrt: „Jede Fertigkeit der Vernunft, auch im Irrthum, vermehrt ihre Fertigkeit zu Empfängniß der Wahrheit" (NA 20, 129).

In den *Philosophischen Briefen* ist es die Metapher der Schwerkraft, mit deren Hilfe Schiller die moralische Welt zu denken versucht. In den Dramen wird ihm (wie schon Lessing) der Mythos vom Sündenfall zur Inspiration. Schiller sieht in ihm „die größte Begebenheit der Menschheitsgeschichte", weil sie den Menschen zu einem moralischen und damit zu einem freien Wesen machte:

> Dieser Abfall des Menschen vom Instinkte der das moralische Uebel zwar in die Schöpfung brachte, aber nur um das moralisch Gute darinn möglich zu machen, ist ohne Widerspruch die glücklichste und größte Begebenheit in der Menschheitsgeschichte; von diesem Augenblick her schreibt sich seine Freiheit [...].
>
> (Etwas über die erste Menschengesellschaft; NA 17, 399f.)

Alle tragischen Helden der Jugenddramen Schillers sind Helden, die der Versuchung des „eritis sicut Deus" (Gen 3,5) erliegen und sich aus angemaßter Größe in Schuld verstricken. Das gilt für Karl Moor (*Die Räuber*), der sich der Gesellschaft mit geradezu universellem Hass entgegenstellt und erkennen muss, dass zwei Wesen seines Formats die Grundfeste der Schöpfung erschüttern müssten. Das gilt für Fiesko (*Die Verschwörung des Fiesko zu Genua*), der vor der Wahl steht, Genuas erster Diener oder sein Tyrann zu werden, und der dieser Versuchung um den Preis seiner Ermordung unterliegt – so jedenfalls in der Erstfassung des Stücks. Das gilt für Marquis Posa (*Don Karlos*), der nicht davor zurückschreckt, den Freund zum Instrument seines enthusiastischen Freiheitskampfes zu machen, weil er sich anmaßt, mit dem Himmel zu spielen: „In meines Karlos Seele / Schuf ich ein Paradies für Millionen." (IV/21; NA 7.1, 582) – „Wer ist der Mensch, der sich vermessen will, / Des Zufalls schweres Steuer zu regieren, / Und doch nicht der Allwissende zu seyn?" (IV/21; NA 6, 581).

„Verführung ist die wahre Gewalt" (V/7; B 7, 369) – das vielzitierte Diktum Emilias könnte als Motto auch über Schillers Jugenddramen stehen. Besonders sinnfällig wird das in seinem bürgerlichen Trauerspiel *Kabale und Liebe* (1784), das neben Lessings *Emilia* als Musterexemplar der Gattung gilt, aber wie diese doch eine Gattung ganz eigener Art ist. *Kabale und Liebe* führt den Zuschauer in die Welt des Hofes und seiner Intrigen und erkundet die Psychologie der Macht und der Verführung. Ihr eigentlicher Held ist nicht Louise Millerin, die Tochter des städtischen Musikus – nach ihr war das Trauerspiel zunächst benannt –, sondern Ferdinand von Walter, der Sohn des Präsidenten.

Die Begegnung der Liebenden wird von Schiller als Erfahrung einer Weltschöpfung gedeutet: „Als ich ihn das erstemal sah [...] – o damals gieng in meiner Seele der erste Morgen auf. [...] Ich sah keine Welt mehr, und doch besinn ich mich, daß sie niemals so schön war. Ich wußte von keinem Gott mehr, und doch hatt ich ihn nie so geliebt" (I/1; NA 5, 20/22). So Louise. Ferdinand sieht in Louises hingebungsvollem Blick „die Handschrift des Himmels" (I/4; NA 5, 24) und maßt sich an, sich zum Herrn ihres Schicksals aufzuschwingen: „Mir vertraue dich. Du brauchst keinen Engel mehr – Ich will mich zwischen dich und das Schiksal werfen – empfangen für dich jede Wunde – auffassen für dich jeden Tropfen aus dem Becher der Freude – dir ihn bringen in der Schaale der Liebe" (I/4; NA 5, 26).

Im Finale verkehrt sich all das in sein Gegenteil: Ferdinand, der behauptet hatte, Louise durch die „Seele" zu schauen „wie durch das klare Wasser" eines Brillanten (I/4; NA 5, 24), lässt sich durch die Intrige des Sekretärs Wurm, Schillers Marinelli, blenden – und kann nicht sehen, dass der von Louise erpresste Liebesbrief an den Hofmarschall von Kalb darauf abzielt, seine Leidenschaft „in eine zerstörende Gährung zu jagen“ (III/1; NA 5, 86). So verwandelt er sich in den Rächer der Schöpfung: „Richter der Welt! Fodre Sie mir nicht ab. Das Mädchen ist mein. Ich trat dir deine ganze Welt für das Mädchen ab, habe Verzicht gethan auf deine ganze herrliche Schöpfung. Laß mir das Mädchen. – Richter der Welt! [...] – Das Mädchen ist mein! Ich einst ihr Gott, jetzt ihr Teufel!“ (IV/4; NA 5, 126).

Zur eigentlichen Inspiration für die Konstruktion der Liebesgeschichte zwischen Ferdinand und Louise wurden Schiller zwei Tragödien Shakespeares: *Romeo und Julia* und *Othello*. Von der Tragödie der „star-cross'd lovers“ übernimmt er das Motiv des herkunftsbedingten Liebeskonflikts und die Idee eines schicksalhaften Verhängnisses, das die Liebenden nicht zueinanderfinden lässt. Sie findet ihr Echo in der Klage der vom Geliebten verkannten und vergifteten Louise: „Ein entsetzliches Schiksal hat die Sprache unsrer Herzen verwirrt“ (V/7; NA 5, 184). – *Othello* liefert Schiller die Vorlage für den Eifersuchtsmord, mit dem der getäuschte und verblendete Tugendheld die Integrität der Schöpfung wiederherstellen möchte. Auch Ferdinand verliert den Glauben an die Schöpfung: „If she be false, O, then heaven mocks itself“ (III/3; WS, 120). Auch Louise ist ein „cunning pattern of excelling nature“ (V/2; WS, 202) – ein „Meisterstück der Natur“ (I/6; B 7, 300), die sich, wie Lessings Othello, Odoardo Galotti, glaubt, „im Tone“ vergriff (V/7; B 7, 369):

> Tränen um deine Seele, Louise – Tränen um die Gottheit, die ihres unendlichen Wohlwollens hier verfehlte, die so muthwillig um das herrlichste ihrer Werke kommt – [...] Es ist was gemeines, daß Menschen fallen, und Paradiese verloren werden; aber wenn die Pest unter Engel wüthet, so rufe man Trauer aus durch die ganze Natur. (NA 5, 184)

Schiller hat Lessing vorgeworfen, mehr „Aufseher seiner Helden" als ihr Freund zu sein (14.4.1783; NA 23, 81). Er selbst weiß sich mit seinen Helden eins – ihre Hybris ist ihm vertraut. In einem Brief an den ihm freundschaftlich verbundenen Bibliothekar Reinwald bekennt er sich dazu, sich in seinen literarischen Gestalten selbst zu begegnen (14.4.1783; NA 23, 79). Das gibt seinem Theater die ihm eigene Kraft. Es ist, wie er 1784 in der *Erinnerung an das Publikum* seines *Fiesko* schreibt, darauf angelegt, „die Herzen so vieler Hunderte, wie auf den allmächtigen Schlag einer magischen Rute, nach der Phantasie eines Dichters beben" zu lassen, „des Zuschauers Seele am Zügel" zu führen und sie nach eigenem Gefallen „einem Ball gleich dem Himmel oder der Hölle" zuzuwerfen (NA 22, 90f.). Und dieser Dichter ist er selbst.

Der Kontrast zu Lessings Idee, für die „Erleuchtetsten und Besten seiner Zeit" zu schreiben (HD 1; B 6, 191), um sich mit ihnen über die Psychologik menschlicher Konflikte und ihrer traditionellen Deutungsmuster zu verständigen, könnte größer nicht sein. In Schillers tragödientheoretischen Schriften der 1790er Jahre rückt denn auch das Mitleid aus dem Zentrum der Tragödie. Es wird zu einem bloßen (sinnlichen) Mittel, einen höheren (übersinnlichen) Zweck zu erreichen (vgl. HJS, 51f.). Dieser höhere Zweck ist die Erfahrung des Erhabenen, die aus der Bewunderung für den Helden erwächst, der – anders als bei Lessing – ein mittlerer Charakter ist, weil er Mensch ist: Sinnen- und Vernunftwesen in einem: „Das *Sinnenwesen* muß tief und heftig *leiden*; Pathos muß da seyn, damit das Vernunftwesen seine Unabhängigkeit kund thun und sich *handelnd* darstellen könne" (Ueber das Pathetische; NA 20, 196). In seinen *Briefen über Don Karlos* (1788) hatte Schiller den Selbstmord Marquis Posas noch als eine Form enthusiastischer Selbsterhöhung gedeutet und figurenpsychologisch verteidigt (vgl. NA 22, 173ff.) – in seiner zwischen 1793 und 1796 entstandenen Schrift *Ueber das*

Erhabene wird ihm die bewusste Fügung ins Unvermeidliche zum Ausweis menschlicher Größe.

Schiller bestimmt das Gefühl des Erhabenen als ein „gemischtes Gefühl" – als eine Zusammensetzung von „*Wehseyn*" und „*Frohseyn*" (NA 21, 42), die dem Einzelnen die lebendige Erfahrung vermittelt, dass er sich als moralisches Wesen über die Notwendigkeiten der sinnlichen Welt erheben kann. Das Wehsein gilt dem empirischen Ich, dem leidenden Sinnenwesen; das Frohsein speist sich aus dem Bewusstsein der Freiheit, die der Einzelne als Vernunftwesen besitzt. Die Kunst soll den Menschen dazu befähigen, „seinen Willen zu behaupten" (NA 21, 39), indem sie ihn mit menschlichen Schicksalen konfrontiert, in denen sich die Macht des sittlichen Willens über allen Zwang erhebt. Der Schauplatz, auf dem solche Geschicke sich ereignen, ist die Weltgeschichte. Sie entlarvt das Bedürfnis, „sich wohl seyn zu lassen" (NA 21, 48), als Illusion kleiner Geister. Die wahre Aufgabe der Kunst besteht darin, die Gemüter mit Hilfe eines „künstlichen Unglücks" gegen das unvermeidliche Schicksal zu immunisieren: „Das Pathetische [...] ist eine Inokulation des unvermeidlichen Schicksals, wodurch es seiner Bösartigkeit beraubt und der Angriff desselben auf die starke Seite des Menschen hingeleitet wird" (NA 20, 41). Nicht der mitleidigste Mensch ist der beste Mensch, sondern derjenige, der durch die Erfahrung des Erhabenen gelernt hat, den Widrigkeiten des wirklichen Lebens gelassen zu begegnen.

Aufschlussreich sind die Beispiele, mit denen Schiller seine Vorstellung von tragischer Größe gelegentlich anschaulich macht. Es sind allesamt Geschichten, die von der Bereitschaft zur Aufopferung des eigenen Lebens, dem „höchsten Interesse der Sinnlichkeit", im Dienst einer moralischen Pflicht erzählen (Ueber die tragische Kunst; NA 20, 156). In der *Bürgschaft* (1799) hat Schiller diesem Ideal sein vielleicht wirkungsmächtigstes Denkmal gesetzt: „Und ist es zu spät, und kann ich ihm nicht / Ein Retter willkommen erscheinen, / So soll mich der Tod ihm vereinen. / Deß rühme der blutge Tirann sich nicht, / Daß der Freund dem Freunde gebrochen die Pflicht, / Er schlachte der Opfer zweye / Und glaube an Liebe und Treue“ (NA 1, 424).

Wie sehr sich Schillers tragische Fantasie von Lessings ethisch-ästhetischem Programm unterscheidet, zeigt sich noch im kleinsten Detail. Schiller eröffnet die Abhandlung *Über das Erhabene* mit einem Zitat aus Lessings *Nathan*: „Kein Mensch muß müssen“ (NA 21, 38). Der Frage, die Nathan an diese Maxime knüpft, und dem kleinen Dialog, der sich aus ihr entspinnt, schenkt er keine Beachtung. Nathan: „Kein Mensch muß müssen, und ein Derwisch müßte? / Was müßt' er denn?“ Al-Hafi: „Warum man ihn recht bittet, / Und er für gut erkennt: das muß ein Derwisch.“ Die moralphilosophische Pointe, um die es Lessing zu tun ist, veranlasst Nathan ihrerseits dazu, im Derwisch den wahren Menschen und den wahren Freund zu erkennen: „Bei unserm Gott! da sagst du wahr. – Laß dich / Umarmen, Mensch“ (I/3; B 9, 498). Das kann Schiller nicht brauchen. Er löst den Eingangssatz aus dem epigrammatisch pointierten Dialog und macht aus Nathans Feststellung ein Diktum, das als Ausdruck moralischer Selbstbehauptung verstanden werden will: „Der Wille ist der Geschlechtscharakter des Menschen, und die Vernunft selbst ist nur die ewige Regel desselben“ (NA 21, 38).

Das hat seinen guten Grund. Lessings *Nathan* ist eine antitragische Alternative zur Tragödie des Ödipus. Schiller, der das von ihm hochgeschätzte, aber auch skeptisch beäugte Stück 1801 in einer für die Wirkungsgeschichte des Dramas maßgeblichen Bearbeitung auf die Bühne des Weimarer Hoftheaters brachte, unternahm kurze Zeit später selbst den Versuch, die antike Tragödie lebendig werden zu lassen: Seine *Braut von Messina* ist als eine am *Ödipus* des Sophokles geschulte Tragödie zugleich auch ein Gegenspiel zu Lessings *Nathan* und zu Goethes *Iphigenie*.

Schiller bietet alles auf, was die antike Tragödie stofflich und dramaturgisch zu bieten hat: Er häuft Gräuel auf Gräuel: Kindsmord, Inzest, Brudermord und Suizid. Und er idealisiert das poetische Spiel, indem er die Figuren in würdevollen Versen sprechen lässt und einen das Geschehen reflektierenden Chor auf die Bühne bringt. Auch im Zentrum von Schillers Tragödie stehen ein Geschlechterfluch und ein Orakel: Der Fluch gilt dem Fürsten von Messina, der dem Vater die Braut geraubt hatte: „Grauenvoller Flüche schrecklichen Saamen" schüttet der Ahnherr im Zorn auf „das sündige Ehebett" aus (V. 964ff.; NA 21, 53). Die in ihm gezeugten Söhne sind von Kindheit an in Neid und Hass entzweit. Als dem Fürsten von einem „sternekundigen / Arabier" (V. 1317f.; NA 21, 65) geweissagt wird, dass sein gesamtes Geschlecht vernichtet wird, wenn seine Frau ein Mädchen zur Welt bringt (und dies auch tatsächlich geschieht), befiehlt der Vater, das Kind zu töten. Die Fürstin aber verhindert die blutige Tat und verwahrt das Mädchen in einem Kloster. Auch ihr war ein Traum gedeutet worden: Ein Mönch hatte ihr verheißen, dass dieses Kind nicht Fluch, sondern Segen über die Familie bringen und die Söhne „in heißer Liebesglut vereinen würde" (V. 1351; NA 21, 66).

Das gehört zur Vorgeschichte des Bühnengeschehens und wird – wie im *Ödipus*, an dem Schiller diese Technik studiert hatte – im Lauf des Stücks enthüllt. Die Handlung setzt nach dem Tod des Fürsten an jenem Tag ein, an dem die Mutter die feindlichen Brüder versöhnen und ihnen die nun erwachsene Schwester zuführen möchte. Doch der eine, Don Manuel, hat die junge Frau wie durch Zufall kennengelernt und sie im Geheimen zu seiner Braut gemacht; der andere, Don Cesar, hat sich in eben diese junge Frau verliebt und wirbt leidenschaftlich um sie. Als Don Cesar den Bruder in den Armen der aus dem Kloster entführten Beatrice findet, erdolcht er ihn – um unmittelbar danach das ganze Ausmaß des tragischen Verhängnisses zu erkennen und sich selbst das Leben zu nehmen: „Den alten Fluch des Hauses lös' ich sterbend auf, / Der freie Tod nur bricht die Kette des Geschicks" (V. 2640f.; NA 10, 118).

Von Fluch und Verhängnis, von Orakeln und Zeichen ist in Schillers Spiel allenthalben die Rede: Sie zu deuten, sind die vergeblichen Versuche, sich gegen das Schicksal zu wappnen. Schiller weist dies als Erbteil aller Religionen – der griechischen Götterlehre, des christlichen Monotheismus, des „maurischen Aberglaubens“ – aus, die in seinem Messina versammelt sind und für die Einbildungskraft „ein kollektives Ganze“ darstellen (Ueber den Gebrauch des Chors in der Tragödie; NA 21, 15). Aber die Frage nach der Wahrheit der Religion oder gar die Theodizee sind nicht sein Thema. In der Schrift *Ueber das Erhabene* hatte er die Tragödie darauf verpflichtet, den Zuschauer mit dem „bösen Verhängnis“ vertraut zu machen: mit „der unaufhaltsamen Flucht des Glücks, der betrogenen Sicherheit, der triumphierenden Ungerechtigkeit und der unterliegenden Unschuld“ (NA 21, 52). – Wie immer man Don Cesars Selbstmord betrachten mag: als große Tat, mit der sich der tragische Held über das Schicksal erhebt, das alles Wünschen und Hoffen grauenvoll zunichtegemacht hat, oder als Vollendung eines schicksalhaften Verblendungszusammenhangs, aus dessen Bann er sich auch sterbend nicht lösen kann – Schillers tragisches Spiel braucht die große Schuld und die große Geste des frei gewählten Todes. Der Chor kommentiert das Ende des Spiels „*nach einem tiefen Schweigen*“: „Erschüttert steh ich, weiß nicht, ob ich ihn / Bejammern oder preisen soll sein Loos. / Dieß Eine fühl ich und erkenn es klar, / Das Leben ist der Güter höchstes *nicht*, / Der Übel größtes aber ist die *Schuld*“ (V. 2835–2839; NA 10, 125).

Schillers Tragödie ist kein religionsphilosophisches Drama, sondern selbst ein religiöser Akt: eine „Kulthandlung“ (KW, 154), die es den im Zuschauerraum versammelten Einzelnen erlaubt, auf der Bühne ihrer gemeinsamen Menschlichkeit ansichtig zu werden, „herausgerissen aus jedem Drange des Schicksals, durch *eine* allwebende Sympathie verbrüdert, in Ein Geschlecht wieder aufgelößt“ (NA 20, 100). So hatte Schiller diese Befreiung des Einzelnen aus seiner gesellschaftlichen Vereinzelung in seiner Rede über die Schaubühne imaginiert. Lessings Sozialphilosophie so nah, und ihr doch auch so fern.

Der untragische Dichter

Wenn Lessing durch Goethe zum unpoetischen Dichter wurde, so wurde er durch Schiller zum untragischen Dichter. Das Nachdenken über die Tragödie als einer literarischen Gattung nimmt mit Schiller eine Wende ins Anthropologische; die Gattungspoetik tragischer Handlungsmuster, die Aristoteles ausgearbeitet und Lessing neu entdeckt hatte, wandelt sich zu einer Philosophie des Tragischen, deren Maßstäbe den Blick auf Lessings Werk verstellen. Dieser Prozess vollzieht sich im 19. Jahrhundert; er verdichtet sich in der Formel von der „tragischen Notwendigkeit" und dem Gedanken einer Unvermeidbarkeit und Unentrinnbarkeit des tragischen Schicksals. Wo die Katastrophe – wie im Falle Lessings – durch besonnenes Handeln vermieden werden könnte, kann von wahrer Tragik nicht die Rede sein. Für Lessings Kunst, die tragische Verblendung des Tugendhelden sichtbar zu machen, ist nicht erst und nicht nur das 19. Jahrhundert blind und taub. Aus dessen Perspektive erscheint Lessing als Wegbereiter Schillers, der das von ihm anvisierte Ziel selbst nicht erreicht hat.

Diese Wendung der Tragödientheorie von einer Poetik des selbstverschuldeten Unglücks zu einer Anthropologie oder Metaphysik des Tragischen zeigt sich besonders markant im Werk

R. Vellusig, *Lessing und die Folgen*, https://doi.org/10.1007/978-3-476-05784-6_26

Friedrich Hebbels, dessen „bürgerliches Trauerspiel" *Maria Magdalena* (1844) doch unverkennbar in der Tradition Lessings steht. Der Arbeit am Drama geht eine intensive Auseinandersetzung mit Lessings *Emilia Galotti* voraus. Das Trauerspiel erscheint Hebbel zu kalkuliert: „der Dichter schulmeistert das Musenroß" (St, 286); der zufälligen Fügung der einzelnen Schritte zu einem tragischen Handlungszusammenhang fehlt „das ernste Antlitz der Notwendigkeit" (St, 287); „ein Ding, wie ein Widerspruch" (St, 287) ist für Hebbel Emilia selbst – in ihren Charakter kann er sich nicht finden. Dass sie in jenem Moment, in dem ihr Verlobter tot ist, „dem meuchelmörderischen Wollüstling gegenüber" nichts so lebhaft fühlt, als dass sie verführbar ist, erscheint ihm nicht natürlich oder als Ausdruck einer „gemeine[n] Seele" (St, 287). Wahrhaft tragisch wäre es, wenn das Mädchen „aus heiliger Scheu vor den dämonischen Kräften in ihrem Inneren in ihrer letzten freien Stunde weiblich furchtsam und doch heldenkühn den Tod erwählt[e]" (St, 287) – dies zu gestalten aber, fehlten Lessing die poetischen Mittel. Hebbels dichterische Fantasie sucht deshalb nach einem alternativen Szenario – und findet sie in Emilias „bisher in den Schlaf gelullten glühenden Sinnlichkeit" (St, 288), die der Prinz in ihr erweckt und sie in einen inneren Konflikt führt: „Im Herzen den Einen tragen und dem Andern zum Altar folgen, das verträgt sich nicht mit ihrer Frömmigkeit, ihrer Gemüthsreinheit" (St, 288).

Der eigentliche tragische Held in Lessings Trauerspiel ist freilich nicht die Tochter, sondern der Vater; der tiefe innere Konflikt, den Hebbel vermisst, ist eine Fantasie des 19. Jahrhunderts: „Bei Lessing erschüttert uns nirgends die tiefe Tragik tiefer Naturen" (HH 1, 72), konstatiert Hermann Hettner in seinen ästhetischen Untersuchungen zum modernen Drama (1852). Der Literarhistoriker Gustav Kettner urteilt im Rückblick auf *Lessings Dramen im Lichte ihrer und unserer Zeit* (1904): „Lessing rechnet noch nicht mit der dämonischen Gewalt und der selbstvergessenen Seligkeit einer die ganze Persönlichkeit erfüllenden Leidenschaft, sondern nur mit der dumpfen Macht sinnlicher Triebe, die von Anfang an als sündig empfunden wird" (GK, 244f.). Es versteht sich beinahe von selbst, dass Kettner das Ideal tragischer Größe in den Dramen Schillers, namentlich im *Don Karlos* und in der *Braut von Messina*, vorgebildet sieht:

> Wie ganz anders der Opfertod eines Posa, der mit einem: „Oh Königin, das Leben ist doch schön!" scheidet, oder eines Don Cesar, der „in seinen Armen hält, was das irdische Leben zu einem Los der Götter machen könnte"! Für Emilia ist der Tod doch nur eine Erlösung, ihre Tat schließlich nur eine Tat der Verzweiflung. (GK, 245)

So auch Hebbel. Im programmatischen Vorwort zur *Maria Magdalena* betont er, dass das wahrhaft Tragische „als ein von vornherein mit Notwendigkeit Bedingtes, als ein, wie der Tod mit dem Leben selbst Gesetztes und gar nicht zu Umgehendes auftreten" muss (FH, 26). Tragisch ist ein Geschehen, das mit schicksalhafter Notwendigkeit in den Untergang führt. Das bürgerliche Trauerspiel aber hat nach Hebbels Ansicht Tragisches in Trauriges verkehrt. Der Versuch, die Gattung zu rehabilitieren, muss deshalb darauf verzichten, die Katastrophe aus bloßen „*Äußerlichkeiten*" zu entwickeln, namentlich aus dem durch „Liebesaffären" bedingten „Zusammenstoß" der bürgerlichen Welt mit der vornehmen – er muss das Tragische in der bürgerlichen Welt selbst finden: in der „schroffen Geschlossenheit" ihres Werthorizonts und der „*schrecklichen Gebundenheit* des *Lebens* in der *Einseitigkeit*" (FH, 26).

Der „beschränkteste Kreis" der Lebenswelt, die Hebbel auf die Bühne bringt und an die er seine Heldin unrettbar bindet, steht im Bann von Anerkennung und Ehre. Sozialer Status ist ihr Lebenselixier, soziale Ächtung der Tod schlechthin. Klara, die mit ihrer kranken Mutter, dem selbstsüchtigen Bruder und ihrem prinzipienfesten Vater, dem Tischlermeister Anton, in der Schicksalsgemeinschaft eines Handwerkerhaushalts lebt, hat sich von ihrem Verehrer Leonhard zu Intimitäten nötigen lassen. Nun ist sie schwanger. Als der Bruder Karl des Diebstahls verdächtigt und verhaftet wird (eine soziale Demütigung, die die Mutter nicht überlebt), sagt sich der zum Kassierer avancierte Leonhard von Klara „aus Rücksicht auf sein Amt" (II/5; FH, 75) los und überlässt sie ihrem Schicksal. Der Vater nimmt ihr das Versprechen ab, keine Schande über ihn zu bringen, und droht ihr, sich sonst das Leben zu nehmen:

> In dem Augenblick, wo ich bemerke, daß man auch auf dich mit Fingern zeigt, werd ich – (*mit einer Bewegung an den Hals*) mich rasieren, und dann, das schwör ich dir zu, rasier ich den ganzen Kerl weg. [...] Denn alles, alles kann ich ertragen und hab's bewiesen, nur nicht die Schande! Legt mir auf den Nacken, was ihr wollt, nur schneidet nicht den Nerv durch, der mich zusammenhält! (II/1; FH, 65f.)

Ihre frühe Liebe Friedrich, der als Sekretär Karriere gemacht hat und dem sie immer noch zugetan ist, will sie heiraten, kommt aber nicht darüber hinweg, „vor dem Kerl, dem man ins Gesicht spucken möchte, die Augen niederschlagen" zu müssen (II/5; FH, 76) – So kommt alles, wie es kommen muss: Klara kann „nicht zurück und auch nicht vorwärts" (II/5; FH, 73). Die Schwangerschaft dient Hebbel dazu, seine Protagonistin unter Handlungsdruck zu setzen. Um nicht zur „Vatermörderin" zu werden, sieht sie sich gezwungen, lieber sich selbst und damit auch ihr Kind zu töten (III/4; FH, 83) – zuletzt allein nur darum besorgt, dies nicht wie einen Selbstmord erscheinen zu lassen.

Den Konflikt, den Hebbel Emilia andichtet – „Im Herzen den Einen tragen und dem Andern zum Altar folgen" (St, 288) – reicht er an Klara weiter. Man kann an ihm studieren, wie er das Lessing unterstellte Motiv des standesbedingten Liebeskonflikts transformiert und die „*inneren*“ Bedingungen der bürgerlichen Welt (FH, 26) für die Tragödie in Anschlag bringt. In dem einleitenden Widmungsgedicht verpflichtet er den Dichter dazu, das „innere Labyrinth“ des menschlichen Bewusstseins mit dem „äußeren der Welt“ verschränkt zu zeigen und „in klarem Bilde darzustellen, / Wie beide sich ergänzen und erhellen“ (FH, 32). Auf diese Weise wird die sexuelle Vereinigung zwischen Leonhard und Klara dargestellt und von Hebbel zum eigentlichen Ausgangspunkt des Verhängnisses gemacht: Klara hat sich Leonhard nur deshalb hingegeben, weil sie sich bereden wollte, Friedrich vergessen zu haben. Sie hatte, als er an die Akademie ging und nichts mehr von sich hören ließ, „Spott und Hohn von allen Seiten“ über sich ergehen lassen müssen: „Die denkt noch an den! – Die glaubt, daß Kindereien ernsthaft gemeint waren! – Erhält sie Briefe? Und dann die Mutter! [...] Dazu mein eignes Herz. Hat er dich vergessen, zeig ihm, daß auch du – o Gott!“ (II/5; FH, 74). Als Klara ihn beim Tanz unverhofft wiedersieht und Leonhard sogleich merkt, dass er Gefahr läuft, sie an einen Nebenbuhler zu verlieren, sucht er sie „durch das letzte Band“ an sich „fest zu knüpfen“ (I/4; FH, 43): „Und er trat vor mich hin! Er oder ich! Oh, mein Herz, mein verfluchtes Herz! Um ihm, um mir selbst zu beweisen, daß es nicht so sei, oder um's zu ersticken, wenn's so wäre, tat ich, was mich jetzt – (*In Tränen ausbrechend.*) (II/5; FH, 74).

Hebbel legt es darauf an, seiner Titelheldin jeden Ausweg zu verbauen und jede Rettungshoffnung gleich auch wieder zunichte zu machen. In der Lebenswelt, die sein Trauerspiel auf die Bühne bringt, hat jeder gute Gründe, die Schuld anderen zuzuschieben und sich selbst ins Recht zu setzen. Die perspektivische Anlage des Dramas, die die „*Einseitigkeit*“, soll heißen: die Egozentrik des Handelns auf besonders drastische Weise sichtbar macht, lässt diesen „beschränktesten Kreis“ als umfassenden Verblendungszusammenhang erscheinen. Seine prägnanteste Gestalt ist Meister Anton – die Figur eines Vaters, der so rau ist wie der „alte Degen“ Odoardo Galotti und der seine Tochter so lieblos erpresst wie der Musikus Miller seine Louise. Er ist in diesem Lebenskreis, in dem jeder nur seinen Vorteil sucht, zu einem „borstigen Igel“ geworden:

> Erst waren all die Stacheln bei mir nach innen gerichtet, da kniffen und drückten sie alle zu ihrem Spaß auf meiner glatten Haut herum und freuten sich, wenn ich zusammenfuhr, weil die Spitzen mir in Herz und Eingeweide drangen. Aber das Ding gefiel mir nicht, ich kehrte meine Haut um, nun fuhren ihnen die Borsten in die Finger, und ich hatte Frieden. (I/5; FH, 53)

Mitleid ist in ihr nur falscher Schein, der die Verachtung kaschiert: „Ich kann's in einer Welt nicht aushalten, wo die Leute mitleidig sein müßen, wenn sie nicht vor mir ausspucken sollen“ (II/1; FH, 65). Als Anton erfährt, dass Klara sich in den Brunnen gestürzt hat, „der Kopf gräßlich am Brunnenrand zerschmettert“ (III/11; FH, 93), quittiert er das mit den lieblosen Worten: „Sie hat mir nichts erspart – man hat's gesehen!“ Und: „Ich verstehe die Welt nicht mehr!“ (III/11; FH, 94).

Die Welt ist aus den Fugen geraten – das Shakespeare-Zitat, mit dem das Stück schließt, weist Hebbels Trauerspiel als einen Versuch aus, im „beschränktesten Kreis“ der Verhältnisse nicht nur ein individuelles Schicksal zu zeigen, sondern eine Welt zur Anschauung zu bringen, deren Institutionen zu leeren Formen erstarrt sind.

Wie sehr auch das Lessing-Bild des 20. Jahrhunderts durch das Verständnis des Tragischen geprägt ist, das sich im 19. Jahrhundert etabliert, zeigt sich am Beispiel Brechts. Sein Entwurf eines epischen Theaters versteht sich zwar als Alternative zur gesamten aristotelischen Theatertradition Europas, aber auch er steht doch mehr, als ihm bewusst ist, in der Tradition eines Klassikerverständnisses, das die wahre Erfahrung des Tragischen im Werk Schillers verwirklicht sieht.

Brecht ist der Antiaristoteliker *par excellence* und als solcher auch der Antipode Lessings. Er sieht sich dazu verpflichtet, das Mitleid aus dem Theater zu verbannen, weil es den Zuschauer dazu verführt, in narkotischen Trancezuständen zu versinken, wo intellektuelle Distanz angebracht ist und ein kritischer Blick auf die sozialen Verhältnisse Not tut. Viele seiner Stücke spielen die tragische Ohnmacht menschlicher Mitleidsregungen durch: Der junge Genosse im Lehrstück *Die Maßnahme*, Shen Te, der gute Mensch von Sezuan, Johanna Dark, die heilige Johanna der Schlachthöfe – sie alle sind „Märtyrer des Mitleids" (HJS, 11), literarische Figuren, denen das menschliche Elend zu Herzen geht und die sich von der Regung ihres Herzens dazu verführen lassen, unvernünftig zu handeln.

Brechts Aversion gegenüber dem Mitleid war im Kern eine Aversion gegen die Selbstgenügsamkeit des Kunstgenusses, die er in der „Menschenfresser"-Dramatik (BB, 149) des Naturalismus auf besonders drastische Weise verwirklicht sah – jener illusionistischen Dramaturgie der „vierten Wand", die dem Zuschauer suggeriert, Betrachter einer intimen Welt zu sein, die sich seinem Blick unwillkürlich offenbart. Und sie war eine Aversion gegen die Faszination durch menschliche Größe und das „große individuelle Erlebnis" (BB, 149), die die sozialen Bedingungen des Handelns ausblendet. Schillers „große[s] gigantische[s] Schicksal, / Welches den Menschen erhebt / wenn es den Menschen zermalmt" (Xenien; NA 1, 359), die Vorstellung tragischer Notwendigkeiten, die das 19. Jahrhundert so fasziniert hatte, waren Brecht ein Gräuel. Sein Projekt eines epischen Theaters verstand sich als groß angelegter Versuch, die Geschichtsmächtigkeit des Menschen zu verteidigen.

Auch die Altphilologie hat sich in ihrem Verständnis des Tragischen lange Zeit an dem orientiert, „was im Deutschen seit Schiller unter Tragik verstanden wird" (ASc, 193). Was dem Bildungsbewusstsein seit dem 19. Jahrhundert als „tragisch" galt, kann man zum Beispiel im *Damen Conversations Lexikon* aus dem

Jahr 1838 nachlesen. Dort heißt es (unter ausdrücklichem Bezug auf Schiller): „Tragisch nennen wir, was uns die menschliche Kraft und Größe darstellt im Kampfe mit dem Schicksal oder überhaupt mit allem Aengstlichen, Drückenden und Peinigenden des wirklichen Lebens." Und weiter: „Bei dem Anblicke dieser Kämpfe wird unser Gemüth bewegt und gerührt, aber auch zugleich erhoben von der Größe des Helden, der allen Schlägen des Schicksals trotzt und, wenn er untergeht, erst wahrhaft zu siegen scheint" (DCL 10, 180).

Vielleicht liegt dieses Schiller-deutsche Verständnis des Tragischen auch der Aristoteles-Interpretation zugrunde, die der renommierte Altphilologe Wolfgang Schadewaldt in den 1950er Jahren vorgelegt hat. Schadewaldt hat in einem viel beachteten Aufsatz gegen Lessings Aristoteles-Deutung Einspruch erhoben und die elementare Erschütterung betont, die Aristoteles mit der Formel von *eleos* und *phobos* im Sinn hatte: „Jammer und Schauder", nicht „Mitleid und Furcht" will die Tragödie wecken. Und diese Elementaraffekte sollen keine moralische Wirkung entfalten, sondern eine Art psychosomatischen Entladungs- und Reinigungseffekt erzeugen. Dem Schauder ordnet Schadewaldt „das Bedrohende, das Überwältigend-Nahe, das ‚Ungeheure' des Schicksals" zu; dem Jammer die „Übergewalt des Leids, das vernichtet" (WSc, 169f.). – Die Anklänge an Schillers Theorie des Pathos und des Erhabenen sind kaum zu überhören. Jüngere Arbeiten zur *Poetik* des Aristoteles haben diese Interpretation revidiert und Lessings philologische Leistung neu gewürdigt (vgl. EK).

Der Gesetzgeber der Künste

Lessing hat keine Romane geschrieben. Das hat wohl vor allem damit zu tun, dass der Roman in der antiken Dichtung eine nur marginale, in der antiken Dichtungstheorie überhaupt keine Rolle spielte. Er ist ein Kind der Schriftkultur. Im Lauf des 18. Jahrhunderts etabliert er sich im Kanon der literarischen Gattungen, auch wenn ihm die Literaturtheorie selbst noch lange Zeit mit Skepsis begegnet. Zur Poetik des Romans hat Lessing nichts beigetragen, seine dramentheoretischen und medienästhetischen Schriften wurden aber auch für das moderne narrative Schreiben zur Inspiration. Und das hat seinen guten Grund: Sie sind Teil eines umfassenderen Literalisierungsprozesses der Kultur, in dessen Verlauf sich die Literatur ihrer Schriftlichkeit bewusst wird und sich schreibend neue Gestaltungsspielräume des Erzählens erschließt.

Zum erklärten Vorbild wurde Lessing für Friedrich von Blanckenburg. Blanckenburg, ein in ästhetischen Fragen dilettierender Offizier, veröffentlichte 1774 einen *Versuch über den Roman*, der als erste bedeutende Romanpoetik Deutschlands gilt. Lessing wird ihm dabei in zweierlei Hinsicht zum Vorbild: zum einen als Autor der *Hamburgischen Dramaturgie*, der die Kunst der literarischen Mythenbildung gegenüber der bloßen Geschichts-

R. Vellusig, *Lessing und die Folgen*, https://doi.org/10.1007/978-3-476-05784-6_27

schreibung profiliert; zum anderen als Autor des *Laokoon*, dessen Homer-Lektüren für Blanckenburg zum Maßstab für die Kunst des narrativen Schreibens werden.

Die Kunst der Mythenbildung ist die Kunst, die Ereignisse als eine „Kette von Ursach und Wirkung" (FvB, 10) zu entwickeln. Auf diese Kunst der Motivation verpflichtet Blanckenburg auch den Romancier. In Christoph Martin Wielands *Geschichte des Agathon*, die Lessing seinerseits als „ersten und einzigen Roman für den denkenden Kopf" (HD 69; B 6, 531) gewürdigt hatte, sieht Blanckenburg dieses Programm auf exemplarische Weise verwirklicht. Die Kunst des narrativen Schreibens ist die Kunst, die menschlichen Leidenschaften nicht erzählend zu beschreiben, sondern im Ausdruck und Handeln der Figuren zu vergegenwärtigen, nicht zu sagen, was sie fühlen, sondern ihre Gefühle im Handeln sichtbar zu machen.

> Die Romanendichter schränken sich gewöhnlich aufs bloße *Erzählen* der Leidenschaften und Empfindungen ihrer Personen ein. Wenn diese lieben, so erzählen sie uns, daß sie lieben; und damit ist die Sache gemacht. [...] Sie sagen uns höchstens die Sache selbst, und wir wollen mehr sehn, als dies. Der Eindruck ist sehr verschieden, den es macht, wenn wir eine Wirkung vor unsern Augen erfolgen sehen, oder wenn wir sie erzählt hören. Und diesen flachen, kahlen Eindruck, den die bloße *Erzählung* der Begebenheit macht, und der unsre Leidenschaften gar nicht erregt, kann nun der Romanendichter vermeiden, wenn er diese Erzählung in Handlung zu verwandeln weis.
> (FvB, 493f.)

Wie das Drama, dessen illusionsbildende Qualitäten Lessing sowohl in der *Hamburgischen Dramaturgie* als auch im *Laokoon* so nachdrücklich betont, so soll auch der Roman eine „*ideale Gegenwart*" (FvB, 493) – ein Hier und Jetzt – etablieren. Er soll „das

Entstehen, Fortgehn und ganze *Werden* der Leidenschaften" anschaulich machen und so das „*Mitleid*" des Lesers wecken (FvB, 29f.) – ihn nicht nur „auf die *angenehmste*", sondern zugleich auch „für die Menschheit *nützlichste* Art" unterhalten (FvB, 91f.).

Die Absage des modernen narrativen Schreibens an das bloße Erzählen hat eine lange Vorgeschichte, die in die antike Rhetorik und die frühe europäische Novellistik zurückreicht. Sie wird dort unter dem Stichwort *evidentia* diskutiert. Das gelungene Erzählen berichtet nicht darüber, was vorgefallen ist, sondern führt das Erzählte vor Augen. Im mündlichen Erzählen, die die Rhetorik vor allem im Sinn hatte, geschieht dies nicht nur mithilfe sprachlicher Mittel: Der Erzähler verwandelt sich immer auch in einen Schauspieler, der die Figuren, von denen er erzählt, mimisch, gestisch, intonatorisch lebendig werden lässt. Das Schreiben aber nimmt dem Autor die Möglichkeit, seine Figuren zu verkörpern; und es ist diese Beschränkung der Mittel, die Vorstellungskraft des Lesers in Gang zu setzen, die dafür verantwortlich ist, dass das schriftliche Erzählen sein ästhetisches Heil in der Beschreibung zu suchen begann.

Das Nachdenken über die Grenzen der Dichtung ist deshalb ein Nachdenken über die ästhetischen Beschränkungen, die dem Erzählen im narrativen Schreiben auferlegt sind. – Die Lösung des Problems, die Lessing auf den Spuren Homers gefunden hatte und die Blanckenburg dem Romancier nahelegt, ist deshalb mehr als ein bloß literarhistorisches Phänomen. Homers Epen stammen aus einer mündlichen Erzähltradition und retten sie in die Schriftkultur. In ihrer Kunst, alles in Handlung zu übersetzen, entdeckt Lessing ein Grundprinzip des Erzählens, das zugleich ein Grundprinzip der Literatur ist. Weil die Literatur am menschlichen Handeln Maß nimmt und weil sich das menschliche Handeln vor allem im Sprechen vollzieht, hat sich die Literatur daran messen zu lassen, ob es ihr gelingt, ihre Figuren so sprechen zu lassen, dass sie als Personen Prägnanz gewinnen. Poetisch sprechend wird die Figurenrede, wenn die Redenden nicht bloß Informationen austauschen, sondern wenn sie sich im Sprechen als Personen zeigen, wenn die Rede also nur der wahrnehmbare Teil einer umfassenderen Psycho- und Beziehungsdynamik ist.

Deutlicher noch als Blanckenburg erkennt der Dramatiker Johann Jakob Engel, dass Lessings dramentheoretische und medienästhetische Schriften als Gründungsdokumente einer Literatur gelesen werden wollen, die das menschliche Bewusstsein zum Gegenstand der Darstellung macht. In seiner Abhandlung *Über Handlung, Gespräch und Erzählung* (1774) erklärt Engel „die denkende und empfindende Seele" zum „eigentlichen Schauplatz aller Handlung" (JJE 1, 201), und diese Seele zeigt sich in der Weise, in der die literarische Figur spricht:

> Es ist unglaublich, wie sehr sich die Seele den Worten einzudrücken, wie sie die Rede gleichsam zu ihrem Spiegel zu machen weiß, worinn sich ihre jedesmalige ganze Gestalt bis auf die feinsten und zartesten Züge darstellt. Der logische Satz, oder der bloße allgemeine Sinn, aus den Worten herausgezogen, ist immer das Wenigste; die ganze Bildung des Ausdrucks, die uns genau die bestimmte Fassung der Seele bei dem Gedanken zu erkennen giebt, ist alles. (JJE 1, 233)

Auch das ist eine Variation über Lessings Diktum, dass der Dichter sich nicht in Beschreibungen verlieren, sondern handelnde Personen vergegenwärtigen soll (vgl. JJE 1, 238f.). In der Romantheorie des 19. Jahrhunderts ist diese Maxime allgegenwärtig: Der Romancier Friedrich Spielhagen beruft sich auf sie, wenn er in seinem Essay *Über Objectivetät im Roman* (1864) an die poetischen Qualitäten erinnert, die ein literarischer Text gewinnt, wenn er „die handelnden Personen" sprechen und sie so „fortwährend in Tätigkeit bleiben" lässt (FS, 190). Diese Einsicht hat bis heute nichts an ihrer Gültigkeit verloren. Noch die modernen

Ratgeber zur Kunst und Technik des Erzählens wissen sich Lessing verpflichtet, wenn sie betonen, dass „lange Beschreibungen“ den Leser ermüden und die Kunst, eine Person anschaulich werden zu lassen, darin besteht, die Fantasie „durch typische Details und Andeutungen“ anzuregen (FG, 90). Anschaulich wird das Erzählen, wenn es weder berichtet noch beschreibt, sondern zeigt: „Zeigen, nicht erzählen“, lautet das einschlägige Kapitel in dem viel gelesenen englischen Ratgeber *Stein on Writing*, der angehende Schriftsteller in die Kunst des Erzählens einführt (vgl. SS, 181–190).

Lessings Medientheorie der poetischen Literatur besitzt aber nicht nur eine handwerklich-technische Seite; sie verfolgt auch ein ethisch-ästhetisches Programm. Sein Nachdenken über das Theater und die Grenzen der Malerei und Poesie ist auch eine Rettung – eine Rettung des Menschen und der Bilder, die er sich von sich selbst macht. Lessing verteidigt ihn gegen die Einsprüche des misanthropischen Missmuts und der nihilistischen Selbstentmündigung. In dieser Hinsicht ist Lessing der Ahnherr des poetischen Realismus, dessen Erzählkunst den Anspruch erhebt, die menschliche Lebenswelt als Welt wahrheitsfähiger Wesen darzustellen.

Als Kronzeuge dieses ethisch-ästhetischen Programms kann Fontane gelten. In seiner programmatischen Schrift über *Unsere lyrische und epische Poesie seit 1848* (1853) begreift er die Modernität seiner Zeit als „eine Rückkehr auf den einzig richtigen Weg“, den der „schöne, noch unerreicht gebliebene Realismus *Lessings*“ der Literatur gewiesen habe (TF 1, 238). Auch für Fontane ist die Frage maßgeblich, wie man die Figuren sprechen lassen soll. Seine Romane sind Gesprächsromane in einem nicht nur technischen Sinn – arm an sensationellen Ereignissen, aber reich an Bewusstseinslagen, die sich in den Weisen des Sprechens erahnen lassen: „Zum Schluß stirbt ein Alter und zwei Junge heiraten sich; – das ist so ziemlich alles, was auf 500 Seiten geschieht. Von Verwicklungen und Lösungen, von Herzenskonflikten oder

Konflikten überhaupt, von Spannungen und Überraschungen findet sich nichts“, lautet sein vielzitierter Kommentar zum *Stechlin* (1898): „Alles Plauderei, Dialog, in dem sich die Charaktere geben, und mit ihnen die Geschichte“ (TF 2, 650).

Auch Fontane weiß sich einem ästhetischen Programm verpflichtet, das darauf achtet, die Würde der Person zu wahren. Besonders deutlich wird dieses Ethos des realistischen Erzählens in seiner Auseinandersetzung mit Émile Zola. In den Notizen zu dessen Roman *La fortune des Rougon* (1871) zeigt sich Fontane vor allem dadurch irritiert, dass das Ganze als „Negierung des *freien Willens* des Individuums“ wirkt (TF 1, 538). In Zolas Welt, so Fontanes Diagnose, hat der Mensch „keine Seele, die *kraft ihrer selbst*, aller Schwächlichkeit und aller Verführung unerachtet, Großes, Schönes, Tugendhaftes, Heldenmäßiges kann“; sein Handeln steht unter dem Einfluss körperlicher Reize, einer „besondren Blutmischung“, seiner ihn determinierenden „*Nerven*“ und „seiner *Sinne*“:

> Geschieht etwas Besondres, das ihm auf die Nerven fällt, oder sieht er oder riecht er etwas Besonderes, so ist er den Eindrücken davon untertan, so daß sich sagen läßt: dieser oder jener Unglücksmoment, diese oder jene Verführung wäre unterblieben, aber der Geruch eines Seifkessels, der ihm auf die Sinne fiel, gab den Ausschlag.
> Die Sache ist gar nicht so dumm; ich bestreite nicht, daß er in der Mehrzahl der Fälle Recht hat. Aber all das ist keine Aufgabe für die Kunst. Die Kunst muß das Entgegengesetzte vertreten, versichern. Und wer das nicht kann, muß schweigen. (TF 1, 538f.)

Das sind grobe Worte, die nicht von ungefähr an die beinahe verzweifelte Entschiedenheit erinnern, mit der Lessing in der *Hamburgischen Dramaturgie* die Figur des Bösewichts aus dem Theater verbannt. Das „Gräßliche“ hat für Lessing auf der

Bühne keinen Platz, weil die „Beispiele solcher unverdienten schrecklichen Verhängnisse“ den Geist bloß verwirren: „Weg“ daher „mit ihnen von der Bühne! Weg, wenn es sein könnte, aus allen Büchern mit ihnen!“ (HD 79; B 6, 578). – Wenn Fontane den Naturalismus Zolas nicht minder harsch zurückweist, dann argumentiert er ganz ähnlich. Er betont den *modellbildenden* Charakter der literarischen Darstellung – ihre Nähe zum „wirklichen Leben“ und ihre ästhetische Distanz: Der Roman, so Fontanes Credo, soll „ein unverzerrtes Wiederspiel *des* Lebens“ sein, „das wir führen“ (TF 1, 568), und er soll diesem Leben jene „Intensität, Klarheit, Übersichtlichkeit und Abrundung“ und damit jene „Gefühlsintensität“ geben, die Fontane als „die verklärende Aufgabe der Kunst“ begreift (TF 1, 569).

In seiner Auseinandersetzung mit Zolas Romans *La conquête de Plassans* (1874) präzisiert Fontane diesen Realismusbegriff, indem er die Differenz zwischen dem, was in der Welt vorkommt, und dem, was die Kunst darstellen soll, zum Thema macht. Es kommt alles vor, daran zweifelt Fontane nicht, aber das hält er für kein ästhetisches Argument. Die literarische Darstellung ist in letzter Instanz der Schönheit oder der „Schönheitlichkeit“, wie Fontane sagt, verpflichtet; und ob etwas schön ist oder nicht, zeigt sich daran, ob die Darstellung dem Leser das „freudige Mitgehn“ gestattet (TF 1, 548). Das Argument, mit dem er sein ästhetisches Programm verteidigt, könnte auch aus der Feder Lessings stammen:

> In gewissem Sinne, wenigstens nach der Moral-Seite hin, verlangen wir Durchschnittsmenschen, die nur durch eine besondre Verkettung von Umständen in „Ausnahmefälle“ hineingeraten. Wir müssen den Menschen begreifen und als einen der unsren anerkennen, das ist erste Bedingung, und zweite Bedingung ist, daß, wenn der „Ausnahmefall“ eintritt, wir ihn zwar als Ausnahmefall empfinden aber doch zugleich auch fühlen müssen: *wir*, in gleicher Lage,

hätten denselben Ausnahmefall eintreten lassen. Darstellungen, die durchweg einen „Ausnahmefall" zeigen, in denen uns *alles* fremd berührt, Charakter wie Tat, gehören nicht in die Kunst. Ihnen gegenüber fällt unsre „Mitleidenschaft" fort: das absolute Gute und Böse läßt uns kalt, weil es nicht mehr menschlich ist. (TF 1, 547)

Das ist in aller Kürze noch einmal das Programm einer Kunst der perspektivischen Darstellung, wie sie Lessing in der *Hamburgischen Dramaturgie* auf den Spuren des Aristoteles entworfen hatte. Fontane beantwortet die Frage, welche Wirklichkeiten überhaupt poesiefähig sind, indem er die Güte der literarischen Darstellung an der Erfahrung misst, die sie dem Leser eröffnet. Fontanes ethisch-ästhetisches Programm ist auch eine Absage an eine Kunst der Beschreibung, die mit einer Fülle an sensationellen Details „Eindruck zu machen" (TF 1, 539) versucht, aber ohne Gestaltqualitäten bleibt. „Was Zola gibt", so Fontanes Kritik, „ist ein interessantes aber konfuses Hin und Her, in dem es schwerfällt, sich zurechtzufinden" (TF 1, 539).

Lessings *Laokoon* lässt sich aber nicht nur in der Programmatik des poetischen Realismus wiederfinden, er wurde auch für die Kunsttheorie selbst zum immer wieder zitierten Referenztext. Friedrich Dilthey hat Lessing in seinem bedeutenden Essay aus dem Jahr 1906 deshalb geradezu als den nach Aristoteles zweiten großen „Gesetzgeber der Künste" (FD, 34) bezeichnet. Aus der ästhetischen Diskussion des 19. Jahrhunderts ist der *Laokoon* nicht wegzudenken – in der zweiten Jahrhunderthälfte erscheinen mehr als fünfzig Einzelausgaben.

Bereits die Zeitgenossen waren von der Debatte zwischen Winckelmann und Lessing fasziniert. Herder, der Lessings Überlegungen zur Zeitlichkeit der Künste im ersten seiner *Kritischen Wäldchen* (1769) kritisch kommentiert, nimmt sie zum Anlass, in einer Studie mit dem Titel *Plastik* (1778) zwischen Malerei und Bildhauerei zu unterscheiden. Goethe greift Lessings Formel vom ‚fruchtbaren Augenblick' auf und entwickelt aus ihr eine eigene Theorie des „höchsten darzustellenden Moments" (MA 4.2, 74). Sein Laokoon-Traktat, der im ersten Stück der von ihm und Schiller herausgegebenen Zeitschrift *Propyläen* (1798) erscheint, gilt geradezu als Programmschrift des Klassizismus. Goethe löst den Augenblick, den die Figurengruppe gestaltet, aus dem Handlungszusammenhang des Epos und lenkt den Blick auf die Bewegung, die den dargestellten Körpern innewohnt: auf die „Zusammenwirkung von Streben und Fliehen, von Wirken und Leiden, von Anstrengung und Nachgeben" (MA 4.2, 82). Und er macht auf die Gestaltqualitäten aufmerksam, die die Skulptur besitzt: auf das Spiel von „Symmetrie und Mannigfaltigkeit, von Ruhe und Bewegung, von Gegensätzen und Stufengängen", die „bei dem Pathos der Vorstellung eine angenehme Empfindung erregen und den Sturm der Leiden und Leidenschaft durch Anmut und Schönheit mildern" (MA 4.2, 77f.). All das macht die Laokoon-Gruppe zum Muster eines Kunstwerks, das sich dem „modernen Wahne" verweigert, „dem Schein nach wieder ein Naturwerk" werden zu müssen (MA 4.2, 77).

Es steht außer Zweifel, dass Lessings primäres Interesse nicht der „Malerei", sondern der Dichtung galt. In dieser Hinsicht wurde der *Laokoon* zu einem viel diskutierten Standardwerk der Medienästhetik. Einen besonders scharfsinnigen Leser hat Lessing in dem Literaturtheoretiker Theodor A. Meyer gefunden. Seine 1901 erschienene Studie über *Das Stilgesetz der Poesie* versteht sich ausdrücklich als „ästhetischer Kommentar zu Lessings *Laokoon*" (TM, 24). Sie erhebt den Anspruch, Lessings Frage nach der Sprachlichkeit der Dichtung neu zu denken. Ihr zentrales Argument lautet: Nicht „artikulierte Töne in der Zeit" sind das Medium der Poesie, sondern „unsere Vorstellungen, wie sie in artikulierten Lauten ausgedrückt sind" (TM, 28), und solche sprachlichen Vorstellungen entstehen, indem wir die aufeinander folgenden Zeichen zueinander in Beziehung setzen.

Meyers eigentlicher Gegner ist freilich nicht der Autor des *Laokoon*, sondern die, namentlich von Friedrich Theodor Vischer vertretene, Ästhetik des 19. Jahrhunderts, die in Abkehr von Lessings Verfahren nicht die Sprache selbst, sondern die „Phantasie" zum Medium der Literatur erklärt hatte. Dichtung, so der Gedanke, ist „die Kunst der innerlich gesetzten Sinnlichkeit" (TM, 30), Sprache nur das Mittel, die Fantasie in Gang zu setzen. Meyer kann sich diesem Gedanken nicht anschließen: „Die Sprache in der Poesie", so sein Einspruch, „ist kein Vehikel für Sinnenbilder" (TM, 74); sie besitzt ihre eigene Logik. Sie abstrahiert von der sinnlichen Erscheinungsfülle der Wirklichkeit und fokussiert nur einzelne Merkmale der Dinge und Prozesse, die sie benennt. Und diese Eigenart prägt sie der Dichtung auf:

> Die sinnliche Wirklichkeit kommt in ihr nicht so, wie sie wirklich ist, als sinnlich-anschaulich, als bewegt und tönend zum Bewußtsein, sondern ganz *so*, wie sie sich in der Bearbeitung durch die Vorstellung ausnimmt, in all der Gedankenhaftigkeit und Geistigkeit der Vorstellung und der dadurch ermöglichten unanschaulichen Verkürzung, Zusammenfassung und Trümmerhaftigkeit. Und diese unanschaulich gewordene Andeutung der Wirklichkeit, diesen konzentrierten und ins Geistige umgesetzten und immer wieder vom rein Geistigen durchsetzten Auszug aus der Wirklichkeit recken und dehnen wir nicht in seine wirkliche Gestalt auseinander, auch stellen wir seine durch die Sprache zerstörte Sinnlichkeit nicht wieder her, sondern in der Form, in der wir ihn bekommen, übermittelt er uns den Gehalt. (TM, 88f.)

Wenn die Dichtung anschaulich ist, dann ist sie es nicht in einem außerästhetischen Sinn, in dem ‚anschaulich' so viel bedeutet wie ‚wahrnehmbar'; im ästhetischen Sinn anschaulich wird das Wahrnehmbare erst, „wenn es in seiner äußeren Erscheinung einen seelisch-geistigen Gehalt zum vollendeten Ausdruck bringt" (TM, 32). Diesen seelisch-geistigen Gehalt der Dichtung bestimmt Meyer als „die Lebensfülle und den Kräftereichtum der Welt" (TM, 185). Dazu bedarf es keiner inneren Bilder. Ästhetisch sprechend sind literarische Texte dann, wenn sie eine Wirklichkeit lebendig werden lassen und unser Lebensgefühl steigern.

Der Freund Spinozas

Lessing zählte zu den führenden Intellektuellen Europas. Sein Lebensthema war die Frage nach der Wahrheit der Religion und nach der wahren Deutung der religiösen Überlieferung. Sein literarisches wie sein philosophisches Werk sind ein einziger Versuch, diese Wahrheit zu denken und in aller Entschiedenheit zur Geltung zu bringen. Als dichtender Religionsphilosoph und religionsphilosophischer Dichter hat er Bewusstseinsgeschichte geschrieben.

Mit der Veröffentlichung der Reimarus-Fragmente hatte Lessing den folgenreichsten religionsphilosophischen Disput des 18. Jahrhunderts provoziert; nicht beabsichtigt, aber nicht weniger folgenreich war ein Streit, der sich um eine Äußerung Lessings entspann, die der Popularphilosoph und Schriftsteller Georg Friedrich Jacobi nach Lessings Tod publik machte: Ihr Gegenstand war die Philosophie Spinozas, zu der sich Lessing im Gespräch mit Jacobi offenbar bekannt hatte.

Jacobis Schrift *Über die Lehre des Spinoza in Briefen an den Herrn Moses Mendelssohn* (1785) hat Epoche gemacht. Goethe bezeichnete sie in *Dichtung und Wahrheit* als „Explosion, welche die geheimsten Verhältnisse würdiger Männer aufdeckte und zur Sprache brachte: Verhältnisse, die ihnen selbst unbewußt in

R. Vellusig, *Lessing und die Folgen*, https://doi.org/10.1007/978-3-476-05784-6_28

einer sonst höchst aufgeklärten Gesellschaft schlummerten" (DuW III/15; MA 16, 681). Hegel charakterisiert sie als „Donnerschlag", der auf die Zeitgenossen wie „vom blauen Himmel" herabgefahren sei (H 2, 315f.), und lässt mit dem Erscheinen der Spinozabriefe gar die neueste deutsche Philosophie beginnen: „Es gibt in der neueren Geistesgeschichte", so das maßgebliche Urteil von Hermann Timm, „kein zweites Ereignis von vergleichbarer Breitenwirkung" (HT 2, 6).

Der niederländische Philosoph Baruch de Spinoza galt nicht erst dem 18. Jahrhundert als Inbegriff des Atheisten. Seine Philosophie verabschiedet die Vorstellung von einer personalen Gottheit als einen naiven Anthropomorphismus und mutet den Zeitgenossen den Gedanken zu, dass unsere Gottesbilder Bilder sind, die wir uns von Gott machen. (Wenn Dreiecke oder Kreise sprechen könnten, würden sie sagen, Gott sei vollkommen dreieckig oder kreisförmig.) Spinozas Philosophie entlarvt die primäre Egozentrik des menschlichen Welt- und Selbstverhältnisses, die, ihrer selbst nicht bewusst, „alle natürlichen Dinge als Mittel zum eigenen Nutzen" ansieht (BdS, 83) und alles danach beurteilt, ob es den eigenen Bedürfnissen entspricht oder ihnen zuwider ist. Und sie entlarvt die naive Vorstellung, dass Gott der Urheber dieser Wirklichkeit sei, in der sich alles zu unserem Wohl und Weh ereigne. Die Natur aber hat „keinen Zweck"; Zweckursachen sind „menschliche Einbildungen" (BdS, 85); sie dem Willen der Götter oder einer Gottheit zuzuschreiben, heißt aus mangelndem Wissen über die wahre Natur der Dinge seine Zuflucht bei einem Wesen zu suchen, das nicht von dieser Welt ist.

Einer zutiefst menschlichen Intuition folgend, hatte René Descartes in seinen *Meditationes de prima philosophia* (1641) zwei Substanzen voneinander unterschieden: räumlich ausgedehnte Dinge (*res extensa*) und geistige Dinge (*res cogitans*). Dieser Substanzdualismus wurde von Spinoza revidiert: Ausdehnung und Denken sind Attribute ein und derselben Substanz, die Spinoza

„Gott" nennt: „*Quicquid est, in Deo est, et nihil sine Deo esse neque concipi potest.*" – „*Was auch immer ist, ist in Gott, und nichts kann ohne Gott sein oder begriffen werden*" (BdS, 30f.). Diese Absage an eine außerweltliche Gottheit erkannte Lessing in dem noch ungedruckten *Prometheus*-Gedicht Goethes wieder, das Jacobi ihm während seines Besuchs in Wolfenbüttel im Juli 1780 gezeigt hatte. Prometheus, der Kulturheros der griechischen Mythologie, verhöhnt Zeus und die Götter und richtet an sie ein blasphemisches Gebet:

> Ich kenn nichts ärmers
> Unter der Sonn als euch Götter.
> Ihr nähret kümmerlich
> Von Opfersteuern und Gebetshauch
> Eure Majestät, und darbtet wären
> Nicht Kinder und Bettler
> Hoffnungsvolle Toren.
>
> Als ich ein Kind war
> Nicht wußte wo aus wo ein
> Kehrt mein verirrtes Aug
> Zur Sonne als wenn drüber wär
> Ein Ohr zu hören meine Klage
> Ein Herz wie meins
> Sich des bedrängten zu erbarmen. (MA 1.1, 230)

Lessings folgenreicher Kommentar lautete:

> Der Gesichtspunct, aus welchem das Gedicht genommen ist, das ist mein eigener Gesichtspunct ... Die orthodoxen Begriffe von der Gottheit sind nicht mehr für mich; ich kann sie nicht genießen. *Ἑν καὶ Πᾶν*! [Ein und Alles] Ich weiß nichts anders. Dahin geht auch dieses Gedicht; und ich muß bekennen, es gefällt mir sehr. (HS, 77)

Jacobis erstaunte Feststellung, Lessing wäre in diesem Falle ja „mit Spinoza ziemlich einverstanden", quittierte dieser mit den Worten: „Wenn ich mich nach jemand nennen soll, so weiß ich keinen andern" (HS, 77). Und: „Werden Sie lieber ganz sein Freund. Es giebt keine andre Philosophie, als die Philosophie des Spinoza" (HS, 78).

Die Zeitgenossen zweifelten nicht am sachlichen Gehalt des mitgeteilten Gesprächs; wer Lessing kannte, konnte ihn – wie Herder oder Elise Reimarus bekundeten – geradezu sprechen hören, aber Lessings Freunde konnten ihn in seinen Worten dennoch nicht wiederfinden. Moses Mendelssohn, an den Jacobis Brief gerichtet war, war durch das darin behauptete spinozistische Vermächtnis Lessings alarmiert. Er sah sich veranlasst, den verstorbenen Freund gegenüber Jacobis ehrenrührige Unterstellung in Schutz zu nehmen und ihn öffentlich zu verteidigen: zunächst in seinen als *Morgenstunden* betitelten *Vorlesungen über das Dasein Gottes* (1785), dann noch einmal in einer Schrift, die *An die Freunde Lessings* (1786) adressiert war. In den *Vorlesungen* unternahm Mendelssohn nicht nur den Versuch, Spinozas Pantheismus zu widerlegen (Kap. XIV), sondern machte sich auch zum Fürsprecher Lessings und der „Lehre von der Vorsehung und der Regierung Gottes" (Kap. XV), als deren Kronzeuge ihm der *Nathan* galt: Mendelssohn liest ihn als „eine Art von *Anti-Candide*" (HS, 35; B 9, 1231): Hatte Voltaire in seiner Romansatire auf den „Optimismus" alles daran gesetzt, den Glauben an die Vorsehung zu unterminieren, so setzte Lessings „Lobgericht auf die Vorsehung" (HS, 36; B 9, 1232) diesen Glauben erneut ins Recht.

Mendelssohns *Nathan*-Deutung bürdet dem dramatischen Gedicht gewiss zu viel Beweislast auf. Spinozas Absage an ein anthropomorphes Gottesbild, von der auch Goethes Gedicht zeugt, war Teil eines umfassenderen, ethischen Projekts, das sein Telos in einer Theorie der vernunftbestimmten Lebensführung fand. Auch darin konnte sich Lessing mit Spinoza einig wissen. Auch er verfolgte zeit seines Lebens die Idee, dass es die vernünftige Einsicht in die Natur der Dinge und in die wahre Natur des Guten ist, die den menschlichen Willen zu binden vermag und der menschlichen Lebensführung eine Orientierung geben kann. Auch davon war in den Gesprächen mit Jacobi die Rede: „Ich merke, Sie hätten gern Ihren Willen frey", soll Lessing gesagt haben, um sich dazu zu bekennen, „keinen freyen Willen" zu begehren (HS, 82) – ein Bekenntnis, das sich bereits in Lessings Zusätzen zu den von ihm herausgegebenen *Philosophischen Aufsätzen* Karl Wilhelm Jerusalems (1776) findet und das auch von Spinoza stammen könnte: „Zwang und Notwendigkeit, nach welchen die Vorstellung des Besten wirket, wie viel willkommener sind sie mir, als kahle Vermögenheit, unter den nemlichen Umständen bald so, bald anders handeln zu können! Ich danke dem Schöpfer, daß ich *muß*; das *Beste* muß" (B 8, 168).

„Hen kai Pan" wurde zum Wahlspruch all jener Dichter, Philosophen und Intellektuellen, die sich mit den traditionellen Antworten der kirchlich verfassten Religionen auf die Frage nach dem Sinn der menschlichen Existenz nicht mehr begnügen konnten und die doch nicht darauf verzichten wollten, das einzelmenschliche Leben in einem Horizont zu denken, der dieses Leben übersteigt. Dazu zählten nicht zuletzt die Zöglinge des Tübinger Stifts, namentlich der junge Dichter Friedrich Hölderlin und die angehenden Philosophen Schelling und Hegel. Für sie wurde die Begegnung mit der Philosophie Spinozas zum Erweckungserlebnis, denn für sie alle waren, wie Schelling an Hegel schrieb, „die orthodoxen Begriffe von Gott nicht mehr" (zit. nach HT 1, 90). Schelling hielt es in seinen Vorlesungen zur *Geschichte der neueren Philosophie* (1827) für aussichtslos, „zum Wahren und Vollendeten in der Philosophie fortzugehen", wenn man „nicht einmal wenigstens in seinem Leben sich in den Abgrund des Spinozismus versenkt hat" (FSc, 54); Hegel zufolge war man Spinozist oder gar kein Philosoph (vgl. H 2, 163f.).

Im Tübinger Stift galt Hegel als der „Vertraute Lessings" (zit. nach HT 1, 90). Spuren dieser Vertrautheit finden sich noch in

Hegels Geschichtsphilosophie. Zur Inspiration wurde ihm vor allem Lessings *Erziehungsschrift*, die mit ihrem Rückgriff auf das triadische Geschichtsmodell des Joachim von Fiore dem geschichtsphilosophischen Denken neue Wege gewiesen hatte. Dem Gedanken, dass die Weltgeschichte „die wahrhafte *Theodizee*" ist, den Hegel in seinen *Vorlesungen über die Philosophie der Geschichte* (1837) entfalten wird (H 1, 540), liegt die von Lessing entwickelte Idee zugrunde, dass die Erziehung des Menschengeschlechts mit der Selbstoffenbarung Gottes identisch ist und dass die Vernunft in der Geschichte zu sich findet – auch wenn sie dies nicht immer auf geradem Wege tut: „Es ist nicht wahr, daß die kürzeste Linie immer die gerade ist" (§ 91, B 10, 98), heißt es in der *Erziehungsschrift*. Hegel wird darin die „*List der Vernunft*" (H 1, 49) erkennen.

Der Liebhaber der Theologie

Lessing war kein bekennender Christ – so wenig wie sein Nathan ein bekennender Jude und sein Saladin ein bekennender Muslim waren: „Nathans Gesinnung gegen *alle* positive Religion", so Lessings Klarstellung, „ist von jeher die *meinige* gewesen" (B 9, 665). In der *Erziehungsschrift* und einem 1780 entstandenen Fragment über die „Religion Christi" lässt er die Frage nach der Göttlichkeit des jüdischen Wanderpredigers Jesus von Nazareth unbeantwortet: „Ob Christus mehr als Mensch gewesen, das ist ein Problem. Daß er wahrer Mensch gewesen, wenn er es überhaupt gewesen; daß er nie aufgehört hat, Mensch zu sein: das ist ausgemacht" (B 10, 223). Jacobi berichtet in den Spinozabriefen, Lessing habe „mit der Idee eines persönlichen schlechterdings unendlichen Wesens, in dem unveränderlichen Genusse seiner allerhöchsten Vollkommenheit" „eine solche Vorstellung von *unendlicher Langerweile*" verknüpft, „daß ihm angst und weh dabey wurde" (HS, 95f.).

Auch wenn seine Skepsis es ihm unmöglich machte, auf ein „gewisses System" zu schwören (B 9, 57), blieb Lessing dem Thema Religion zeit seines Lebens treu. Aber wie im Falle seiner Auseinandersetzung mit der Antike galt sein Interesse auch hier dem, was am Anfang stand, und dieses Interesse an den Ur-

R. Vellusig, *Lessing und die Folgen*, https://doi.org/10.1007/978-3-476-05784-6_29

sprüngen verband sich auch hier mit einem polemischen Impuls gegen das traditionelle Verständnis des kulturellen Erbes. Lessing wusste sich dem verpflichtet, was Jesus von Nazareth ursprünglich gelehrt hatte, und machte es sich zur Lebensaufgabe, die „Religion Christi" gegen die „christliche Religion", das heißt gegen das zu verteidigen, was aus dieser Lehre im Prozess ihrer Überlieferung und Dogmatisierung zu einem Kanon heiliger Schriften und religiöser Lehrsätze wurde.

Tatsächlich liegt Lessings eigentliches Vermächtnis auf dem Gebiet der religiösen Aufklärung. Als solches wurden seine Schriften sowohl von der evangelischen als auch der katholischen Theologie zur Kenntnis genommen – teils anerkennend, teils kritisch distanziert. Hinweise auf seine religionsphilosophischen Schriften finden sich in allen einschlägigen Überblicksdarstellungen (vgl. AS, WT). Das *Lexikon für Theologie und Kirche* bezeichnet ihn als einen der „lautersten u. wirksamsten Gestalten der dt. Geistesgeschichte" und schreibt ihm „eine schicksalhafte Bedeutung" für die Entwicklung der protestantischen Theologie zu (GR, 980). Insbesondere die sogenannte Tübinger Schule um David Friedrich Strauß wusste sich ihm verpflichtet. So bedeutende Theologen wir Karl Barth arbeiteten sich an der Position ab, die Lessing im Fragmentenstreit entwickelt (vgl. JK).

Ungleich bedeutender freilich als die innertheologische Wirkungsgeschichte Lessings war die Wirkung, die sein Werk auf die Gebildeten hatte – war es ihm als „Liebhaber der Theologie" (B 9, 57) doch ein Anliegen, das Monopol der Kirche auf die Bestimmung dessen, was Religion ist, infrage zu stellen. Der Theologe und Religionshistoriker Emanuel Hirsch hat Lessings Lebenswerk deshalb geradezu als eine „Wende" und als „Umbruch unsrer literarischen, geistigen und religiösen Geschichte" (EH, 120) bezeichnet und seine religionsphilosophischen Schriften dem Lebenswerk Kants als „dasjenige Stück deutscher Aufklärung" an die Seite gestellt, „das über das achtzehnte Jahrhundert hinaus lebendig geblieben ist" (EH, 121).

Die religionsphilosophische Wirkungsgeschichte Lessings beginnt mit dem Fragmentenstreit, sie setzt sich fort mit der Debatte um sein spinozistisches Vermächtnis und sie bleibt bis heute lebendig in der Auseinandersetzung um das Humanitätsideal des *Nathan* und das konfliktreiche Verhältnis der drei großen Buch- und Offenbarungsreligionen – leidvoll verdichtet in der Geschichte des europäischen Judentums und der unheilvollen Rolle, die die Deutschen dabei spielten.

Kant hat in seiner Vorrede zur *Kritik der reinen Vernunft* (1781) alle metaphysischen Spekulationen zurückgewiesen und eine Grenze zwischen solchen Fragen gezogen, die der menschliche Geist beantworten kann, und solchen, die unbeantwortet bleiben müssen, weil sie „*alles Vermögen der menschlichen Vernunft*" übersteigen (IK 1, 11). Weshalb gibt es etwas und nicht nichts? Woher kommen wir? Wohin gehen wir? – Wir wissen es nicht und wir können es nicht wissen, aber wir können auch nicht aufhören, uns solche Fragen zu stellen. Kants Religionsphilosophie bewegt sich dezidiert „innerhalb der Grenzen der bloßen Vernunft" (1793). Lessing war sich dieser Grenzen bewusst – der vielzitierte Verzicht auf den „Besitz" der Wahrheit zugunsten des stets irrenden, aber „immer regen Triebs nach Wahrheit" (B 8, 510), den er im Zuge des Fragmentenstreits formuliert, bringt dies zum Ausdruck; gleichwohl wurden ihm die Grenzen, die der menschlichen Erkenntnis prinzipiell gesetzt sind, nicht zum Gebot, sich im Denken zu bescheiden, sondern – eben weil uns metaphysische Fragen „*durch die Natur der Vernunft selbst aufgegeben*" sind (IK 1, 11) – zum Anreiz, diese Grenzen des Denkens so weit wie möglich auszudehnen und so das Vermögen, von unseren egozentrischen Interessen abzusehen, bewusst zu kultivieren.

Lessings Haltung gegenüber der Religion war nicht weniger kritisch als die erkenntniskritische Position, die Kant entwickeln sollte – von seinem *Nathan* hoffte er, dass wenigstens einer unter tausend Lesern „an der Evidenz und Allgemeinheit seiner Religion [zu] zweifeln lernt" (an Karl Lessing, 18.4.1779;

B 12, 247). Seine Auseinandersetzung mit der religiösen Überlieferung stand aber im Dienst einer Aufklärung der Religion über sich selbst; sie verstand sich als Aufklärung über Täuschungen, die in der menschlichen Natur verwurzelt sind: das Denken in Lohn und Strafe, die Sehnsucht nach Heilsgewissheit, nicht zuletzt die Bindung des Glaubens an heilige Texte und rituelle Praktiken.

Breitenwirksam wurde Lessings a-theistische Religionsphilosophie durch den *Nathan* und seine Neufassung der Ringparabel. Bereits die Veröffentlichung des Buches löste zwiespältige Reaktionen aus. Begeisternde Aufnahme fand es in privaten Kreisen; in der Öffentlichkeit überwogen kritische Vorbehalte und teils heftige Ablehnung. Der Dichter Johann Wilhelm Ludwig Gleim berichtet dem „teuren lieben" Freund: „Urteile der Bosheit und der Dummheit hört' ich in Menge" (22.7.1779; B 9, 1197). Zwar wurde das Drama in Rezensionen als „ganz Lessing und seines Ruhms würdig" gelobt; über die in ihm artikulierten „Gesinnungen" und „Meynungen" aber schwieg man sich aus (B 9, 1196). Moses Mendelssohn zeichnete 1785 in seinen als *Morgenstunden* betitelten *Vorlesungen über das Dasein Gottes* die Befangenheit nach, auf die auch Lessing selbst stieß: Die üble Nachrede drang

> aus den Studierstuben und Buchläden in die Privathäuser seiner Freunde und Bekannten mit ein; flüsterte jedem ins Ohr: Lessing habe das *Christenthum* beschimpft [...]. Der allenthalben willkommne Freund und Bekannte fand nunmehr allenthalben trockene Gesichter, zurückhaltende, frostige Blicke, kalte Bewillkommnung und frohe Abschiede, sah sich von Freunden und Bekannten verlassen und allen Nachstellungen seiner Verfolger blosgestellt. (St, 37; B 9, 1232f.)

Der in literarischen Dingen unbedarfte Breslauer Arzt Baltasar Ludewig Tralles meldete sich in *Zufälligen altdeutschen und christ-*

lichen Betrachtungen über Hrn. Gotthold Ephraim Lessings neues dramatisches Gedicht Nathan der Weise (1779) mit heiligem Zorn zu Wort und sah im *Nathan* die „kälteste Gleichgültigkeit gegen alle Religionen" (zit. nach B 9, 1182) gepredigt – ein Vorwurf, der in der publizistischen Debatte mehrfach erhoben wurde, aufgeklärte Geister wie den Jenaer Professor der Poesie und Beredsamkeit Christian Gottfried Schütz aber auch dazu veranlasste, sich freimütig zum „Indifferentismus" der Ringparabel zu bekennen (zit. nach B 9, 1215).

Die Faszination und die Irritationen, die Lessings dramatisierte Religionsphilosophie auslöste, sind auch an den *Nathan*-Nachahmungen und Travestien ablesbar (vgl. HSt, HFW). Besonders aufschlussreich ist die Fortsetzung, die der Meininger Hofprediger Johann Georg Pfranger unter dem Titel *Der Mönch vom Libanon* (1782) verfasste. Pfranger hatte bereits am Fragmentenstreit leidenschaftlichen Anteil genommen und auf Lessings Provokation mit einer Abhandlung *Über die Auferstehung der Todten* (1776) reagiert. Die Sorge um das Seelenheil ist auch der Impuls, der Pfrangers „Nachtrag" zum *Nathan* bestimmt. Pfranger gibt sie an Saladin weiter: Der Sultan liegt im Sterben und klagt darüber, dass er sich durch die „Schimmerweisheit" von Nathans Märchen dazu verführen ließ, an der Wahrheit der Religion zu zweifeln:

> [...] denn zweifelt der Verstand
> Nur erst, so zweifelt das Gewissen auch. –
> Vom Zweifel dann zum Leugnen ist ja nur
> Ein kurzer Schritt: Wie bald ist der gethan! – –
> O Zweifel! Zweifel! Wenn enthüllt aus euch
> Die Wahrheit meinem Geiste sich! – wo bin ich! –
> Ist alles wahr – ach! Dann ist alles falsch!
> Gott liebt sie alle – und Gott hintergeht
> Sie alle! – Nathan! Nathan! O wohin
> Hat deine Schimmerweisheit mich verleitet!
> Ach! Nun, wie kraftlos! Matter Todesschlummer

Hemmt jedes Streben nach dem Blick der Wahrheit! –
Gott! leite mich die finstre Straße durch –
hinauf zum Licht! – vergieb! – vergieb! – auch mir! –
(JGP, 13)

Saladins Todesfurcht ist die Furcht des Sünders, der mit dem Glauben auch die Hoffnung auf Erlösung allzu leichtfertig verspielt hat. Zum Retter in der Not wird ihm ein geheimnisvoller Mönch, zunächst indem er ihm wohltätige Kräuter reicht, dann aber, indem er ihm den Glauben an die Heilkraft des wahren Ringes wiederschenkt. Der geheimnisvolle Mönch, der die Liebe Rechas und die Freundschaft Nathans erwirbt, ist niemand anderer als Assad, der tot geglaubte Bruder Saladins. Pfranger erzählt Lessings Geschichte zu Ende, indem er sie an ihren Anfang zurückführt: Am Anfang stand die Konversion Assads zum Christentum (sie hatte der Familie Leid und Saladins Schwester Lea den Tod gebracht); diese Konversion vollendet sich nun in der Konversion der Familie, die durch Assads Rückkehr möglich wird.

Heinrich Heine hat in seiner essayistisch entwickelten *Geschichte der Religion und Philosophie in Deutschland* (1834) Lessing in eine Reihe mit Luther gestellt, weil er „das deutsche Volk bis in seine Tiefen aufregte“ (St, 262). Die eigentliche Lebensleistung dieses zweiten Luther bestand darin, die Religion von dem „Joche des Buchstabens“ (B 9, 50) zu befreien, der durch das vom ersten Luther propagierte Prinzip des *sola scriptura* in die Welt gekommen war (vgl. St, 264f.). Sie lässt die Bindung des Glaubens an die Heilige Schrift hinter sich, indem sie sie als Rede in Bildern und Gleichnissen begreift.

Pfranger aber beharrt auf eben diesem Wortlaut: Sein Mönch fleht Recha geradezu an, ihr Glück in der Heilsbotschaft des Neuen Testaments zu suchen: „O! lies’ es / Du wirst ihn lieben, Recha!“ (JGP, 61), „Lies! Und lieb ihn!“ (JGP, 71). Nicht der Exklusivitätsanspruch der Offenbarungsreligionen wird Pfranger zum Problem – dass alle Menschen Gotteskinder sind und dass es jedem Menschen möglich ist, sein Glück zu finden, versteht sich von selbst: „In seiner Sphäre / Kann jedes Wesen glücklich sein. So hat's / Der unbegreiflich gute Vater Aller / Geordnet" (JGP, 67); zum bedrängenden Problem wird ihm Lessings Entmythisierung der Religion: „Aus dem Grabe rettet / Kein Engel und kein Mensch: nur Gottes Kraft" (JGP, 207). Und diese Kraft verleiht allein der rechte Glaube, den allein das Zeugnis von der Auferstehung Christi zu stiften vermag.

„Lessingiasis" und „Nathanologie"

Die Geschichte der *Nathan*-Rezeption ist eine Geschichte, in der Lessings ebenso anspruchsvolle wie anstößige Aufklärung der Religion verlorengeht – ganz so, als wäre die Frage nach einer verbindlichen Lebensdeutung ohnehin obsolet geworden. An ihre Stelle treten die Irritation über die Gestalt des edlen Juden, dem man immer schon mit Skepsis begegnete, bzw. die Faszination, die von dieser Gestalt immer schon ausging. Lessings dramatisches Gedicht wird als einer der zentralen Texte der europäischen Toleranz-Debatte kanonisiert.

Für die gebildeten Juden besitzt es zunächst den Status einer Verheißung. August Wilhelm Schlegel berichtet davon, dass Mendelssohns „Religionsverwandte" bei einer Berliner Aufführung des Stücks im Jahr 1802 „ihren Nathan" besuchten (zit. nach HFW, 253). Im 19. Jahrhundert verbindet sich die Wirkungsgeschichte des Stücks zunehmend mit dem sozialpolitischen Prozess der Judenemanzipation (vgl. BF, 17). Als Autor des *Nathan* und als Freund Mendelssohns (der seinerseits als Urbild Nathans gilt) avanciert Lessing zum Fürsprecher und Gewährsmann einer gelingenden Integration.

Besonders sinnfällig wird das in dem *Gedenkbuch*, mit dem der Deutsch-Israelitische Gemeindebund 1879 Lessings und

R. Vellusig, *Lessing und die Folgen*, https://doi.org/10.1007/978-3-476-05784-6_30

Mendelssohns 150. Geburtstag und das hundertjährige Jubiläum der Erscheinung des *Nathan* feiert. In Lessings „Evangelium der Toleranz" sehen die Herausgeber „das Freundschaftsbündniß der beiden großen Kämpfer für Wahrheit und Gewissensfreiheit in so edler und nachhaltiger Weise verkörpert" (LMG, Vorwort). Das Buch versammelt Essays und Studien aus den letzten 50 Jahren und bemüht sich, den Mythos von einer deutsch-jüdischen Kulturnation zu begründen, die im *Nathan* literarische Gestalt gewonnen hat: „der Christ und der Jude reichen sich die Bruderhand. Und die herrliche Geistesblüthe dieses Bundes heißt: Nathan" (LMG, 3). So Emil Lehmann, Vorsitzender der Jüdischen Gemeinde in Dresden.

Anfeindungen folgen auf dem Fuße. Der deutsche Unternehmer und Schriftsteller Hector de Grousilliers erklärt die Rede von der Gleichberechtigung der Religionen zur „Phrase" (HdG, 13) und fordert die in Deutschland lebenden Juden auf, sich zu Deutschland zu bekennen – nicht anders als der Historiker Heinrich von Treitschke, der mit einer Denkschrift über *Unsere Aussichten* (1879) den sogenannten Berliner Antisemitismusstreit provoziert.

Die Abwehr Lessings und seines „platten Judenstücks", wie der philologisch dilettierende Nationalökonom Eugen Dühring den *Nathan* nennt (St, 390), nimmt in den 1880er Jahren geradezu groteske Züge an. In einer Schrift über *Die Judenfrage als Frage der Racenschädlichkeit für Existenz, Sitte und Cultus der Völker* (1881) wird Lessing von Dühring „dem Blute nach" als Jude entlarvt (St, 390), der seinen Ruf nur der „unverschämtesten Judenreklame" (St, 395) in Presse und Feuilleton verdanke:

> Seine schriftstellerischen Manieren und seine geistigen Allüren sind jüdisch. Seine literarischen Erzeugnisse zeugen nach Form und Gehalt überall von der Judenhaftigkeit. Sogar das, was man seine Hauptschriften nennen könnte, ist Bruchstückwerk und zeigt die den Juden eigne

> Abgebrochenheit auch in Stil und Darstellung. […] In der Form und im Äußeren der Schriftstellerei ist hienach Lessing überall judengemäß. (St, 391)

Auf den Spuren Dührings zieht 1890 der katholische Wiener Geistliche Sebastian Brunner, eine Schlüsselfigur des katholischen Antisemitismusdiskurses, ins Feld. Hatte Dühring Lessing als Jude entlarvt, so wird er bei Brunner zum Judas erklärt, der das Christentum an die Juden verriet, weil er sich, notorisch in Geldnöten, von ihnen kaufen ließ (SB, 125). Brunners Groll gilt der grassierenden *Lessingiasis und Nathanologie*. Seine Gegner sind die vier „Evangelisten des Lessingcultes" (SB, 1): Theodor Wilhelm Danzel und Gottschalk Eduard Guhrauer, Wendelin von Maltzahn und Robert Boxberger, deren Lessing-Studien zu den großen positivistischen Forschungsleistungen des 19. Jahrhunderts zählen. All das lässt den streitbaren Geistlichen unbeeindruckt. Er ist von der Aufgabe beseelt, den christlichen Glauben gegen den Ungeist der Zeit zu verteidigen. Seine ganze Wertschätzung gilt deshalb dem Meininger Hofprediger Pfranger, dessen *Mönch von Libanon* er als das Werk eines Mannes preist, „der entschlossen war, *für Christus, den Welterlöser, glaubensmuthig einzustehen* und den Spott seiner zeitgenössischen Aufklärlinge muthig zu ertragen" (SB, 132).

In den Kontroversen um Lessings *Nathan* taucht regelmäßig die Frage nach dem Realitätsgehalt des Dramas auf. Brunner bezeichnet Lessings Helden als „Theaterjuden" (SB, 97) und hält ihm den wahren Juden entgegen, der für ihn in Shylock, dem Wucherer aus Shakespeares *Der Kaufmann von Venedig*, Gestalt gewonnen hat: „Shylok ist der neutestamentarische historische Jude – Nathan ist ein *zeitweiliger Comödiant*" (SB, 97). Und: „Der Nathan ist eine Fiktion Lessings, an die er, der Judenkenner, selbst nicht glauben konnte. Shylok ist ein Bild, nach der Wirklichkeit gezeichnet" (SB, 11).

Ein „Theaterjude" ist und bleibt der Nathan freilich auch für die in Deutschland lebenden Juden selbst: Lichtgestalt und Verheißung für die einen, Fiktion und verführerisches Trugbild für die anderen. Als das gebildete Deutschland 1929 Lessings 200. Geburtstag feiert (vgl. WB 1), widmet die *Jüdische Rundschau*, das Organ der deutschen Zionisten, dem Klassiker eine eigene Ausgabe, in dem sie an die Bedeutung erinnert, die der *Nathan* für die Juden hatte. Berichte über im Ghetto lebende Juden, die den *Nathan* auswendig wussten (vgl. SM, 36), stehen neben skeptischen Überlegungen, die Lessing vorwerfen, er habe die Juden „eindeutschen und einmenschen" (ES, 35) wollen. So das Argument des israelischen Religionsphilosophen Ernst Simon, der in einem Beitrag mit dem Titel *Lessing und die jüdische Geschichte* den Versuch unternimmt, dem konventionellen Bild des Nathan, das in ihm ein „Vorbild edler Menschlichkeit im jüdischen Gewand" und „eine glänzende Antithese zum Shakespeareschen Shylock" sieht (ES, 35), eine unkonventionelle Deutung entgegenzusetzen, die Lessings wahres Judenbild allererst sichtbar macht. Simon weist darauf hin, dass Lessing Nathan nicht als orthodoxen Juden gezeichnet hat, sondern als einen, der weder „ganz Stockjude" noch „ganz und gar nicht Jude" sein will (III/6; B 9, 554). In dieser folgenreichen Verführung, die eigene jüdische Identität zu verleugnen, sieht Simon Lessings Vermächtnis. In ihr liege der wahre „Schlüssel zu Nathans historischer Stellung":

> *er hat keine adäquate Vergangenheit und Gegenwart gestaltet, aber eine ihn nachahmende Zukunft bewirkt.* Die geradezu kanonische Geltung, die Lessings „Nathan der Weise" bei der deutsch-jüdischen Assimilation genießt, hat sein emanzipatorisches Zukunftsbild zum pädagogischen Vorbilde werden lassen. Kein lebendiger Jude hat den „Nathan", und sei es auch nur als Modell, mitgezeugt: aber Nathan hat, in Verbindung mit der sozialen, politischen und geistigen Entwicklung, hunderttausende von Scheinjuden nach seinem Ebenbilde gemacht. (ES, 35)

Wie sehr Lessings *Nathan* aber auch das Bild eines humanen Deutschlands prägte und wie trügerisch auch dieses Bild war, wird an anekdotischen Details sinnfällig. Der ungarische Dramatiker und Regisseur George Tabori erzählt, dass sich seine Tante 1932 nur deshalb damit abfinden konnte, dass ihr jüdischer Neffe zum Studium nach Berlin ging, weil ihr Lessings *Nathan* für die Integrität Deutschlands bürgte: „Wenn dieses Stück nicht wäre, würde ich Dich nicht nach Deutschland gehen lassen, ich würde mich vor Deinen Zug schmeißen" (GT 1, 34). Noch im Oktober 1933 unternahm es der Kulturbund deutscher Juden, den *Nathan* auf die Bühne zu bringen – im Vorfeld schon skeptisch kommentiert von der *Jüdischen Rundschau*, die befürchtete, die Aufführung könnte sich anmaßen, den Deutschen den wahren deutschen Geist vor Augen zu führen, oder gar darauf abzielen, „die deutschen Juden nach alter Methode in eine Welt der *Illusionen* einzuspinnen" (NN, 365).

Den Nationalsozialisten war das Stück ein Ärgernis. Dass es dem Kulturbund erlaubt worden war, es in Berlin aufzuführen, rührte wohl daher, dass es unwillkürlich als „Judenstück" wahrgenommen wurde. Auf deutschen Bühnen war der *Nathan* bis 1945 verboten. – Nach 1945 wiederum diente das Stück dazu, die Tradition eines anderen Deutschlands zu beschwören. Vier Monate nach dem Zusammenbruch des Dritten Reichs wird das Deutsche Theater in Berlin mit einer Inszenierung des *Nathan* wiedereröffnet. In der Spielsaison 1945/46 steht das Drama an mehreren deutschen Bühnen auf dem Programm (vgl. BF, 146).

Was folgt, ist Allerweltserbaulichkeit und Ernüchterung. Die Allerweltserbaulichkeit übergeht die bitteren Züge des Stücks und ignoriert seine polemische Dimension, die sich gegen das Selbstmissverständnis der Religionen und dessen desaströse Folgen richtet. Die Ernüchterung ist ihr notwendiger Schatten. Die Schriftstellerin Angelika Overath hat die Erfahrung, beim Sprechen über den *Nathan* in den Sog des Trivialen zu geraten, eindrucksvoll beschrieben: „Das, zu dem ich da anhob, war ein relativ bodenloses und letztlich belangloses Multi-Kulti-Gelabere, das mit der Ringparabel nichts zu tun hatte" (AO, 22). Toleranz-Kitsch und Multi-Kulti-Gelabere sind unvermeidlich, wenn man Lessings dramatisches Gedicht auf weltanschauliche Botschaften reduziert. Sie sind das Terrain politischer Sonntags- und Festreden. Vor dem Hintergrund der Katastrophen des 20. und 21. Jahrhunderts scheint Ernüchterung die einzige Möglichkeit zu sein, Lessings Drama gegen geistlose Vereinnahmungen zu retten.

In George Taboris *Nathan*-Bearbeitung aus dem Jahr 1991 wird die Wirkungsgeschichte des Dramas selbst zum Gegenstand der Reflexion. Tabori nennt sie *Nathans Tod*. Er kürzt den Originaltext drastisch, stellt ihn teilweise um, erweitert ihn um einige Stellen aus Lessings Briefen und Schriften und rahmt das Drama, indem er Nathans Haus brennen lässt: Die Geschichte vom Pogrom, die Nathan dem Klosterbruder Bonafides erzählt, wird von Tabori in Szene gesetzt, indem er auf die Parabel vom brennenden Palast zurückgreift, die Lessing im Kontext des Fragmentenstreits gegen Goeze ins Spiel bringt (vgl. B 9, 41–44). Zu Beginn des Stücks wird sie von Nathan erzählt – am Ende des Stücks, als Nathans Haus brennt und seine Kinder im brennenden Haus umkommen, wird sie von ihm noch einmal herbeizitiert.

Lessings Parabel vergleicht die christliche Religion mit einem alten Palast, dessen „Einfalt und Größe" Bewunderung erregen, über dessen Architektur – „von außen ein wenig unverständlich; von innen überall Licht und Zusammenhang" (GT 2, 3) – die Kenner sich gleichwohl wundern. Lessing dient die Palastparabel dazu, die Religion von der Bibel und den Lehrgebäuden der Theologen zu unterscheiden und die bibelkritischen Schriften des Ungenannten zu Scheinangriffen zu erklären, die nicht der Religion selbst gelten, sondern nur den menschlichen Mitteln, sich ihren „Grundriss" (GT 2, 3) verständlich zu machen. Solche Grundrisse gibt es viele. Als Feueralarm ausgerufen wird, eilen alle Kenner herbei, ihren Grundriss zu retten, und geraten darüber in Streit, wo der Palast überhaupt in Flammen steht. Er wird seinem Schicksal überlassen. Bei Lessing erweist sich alles als Fehlalarm: „die erschrocknen Wächter hatten ein Nordlicht für eine Feuersbrunst gehalten" (GT 2, 4). Auf Taboris Bühne brennt der Palast wirklich – gerettet wird niemand. Seine Kinder und Recha aus dem Haus tragend, ruft Nathan die Geschichte noch einmal in Erinnerung: „Sieh Nachbar! hier brennt sie. / Hier ist dem Feuer am besten beizukommen. / Lösch ihn hier wer da will. / Ich lösch ihn hier nicht. / Und ich hier nicht. / Und ich hier nicht" (GT 2, 41).

Was in Lessings Stück gelingt, verkehrt Taboris Spiel ins Gegenteil: Scheitern, so weit das Auge reicht. Saladin stellt Nathan eine Falle, der junge Tempelherr liefert ihn dem Patriarchen aus, Nathans Haus wird von Christen in Brand gesteckt, Recha kommt im Feuer um, Nathan schließlich ‚krepiert' „Auf allen Vieren, wie ein Tier" (GT 2, 41). Das trostlose Finale überblendet die Figur mit ihrem Autor: Nathan ist des Lebens überdrüssig – Tabori lässt ihn die von Georg Friedrich Jacobi überlieferten Worte Lessings sprechen: „Ach! es ist schon so oft grün / geworden; ich wollte, es würde einmal rot!" (GT 2, 40f.; vgl. RD, 526) und einen Brief Lessings an Elise Reimarus, die Tochter des Fragmentisten, zitieren: „So sehr ich nach Hause geeilt, so / Ungern bin ich angekommen. / Denn das Erste, was ich fand, war ich selbst." (GT 2, 40; vgl. Anfang Nov. 1780; B 12, 350). Unter den toten Kindern Nathans findet sich auch Lessings kurz nach der Geburt verstorbener Sohn. Auch hier flicht Tabori Lessing-Worte in seine Dramenbearbeitung ein; er zitiert den Brief, in dem Lessing dem Freund Eschenburg Nachricht vom Tod seines Kindes gibt: „Hier, der Kleinste, ein / Ruschelkopf. / Meine Freude war / Kurz. Ich verlor ihn so ungern. / Denn er hatte so viel Verstand! so / Viel Verstand! Ich weiß, was ich sage. – / War es nicht Verstand, dass man / Ihn mit eisernen Zangen auf die / Welt ziehen musste? – dass er so bald / Unrat merkte?" (GT 2, 41; vgl. 31.12.1777; B 12, 116).

Nathan stirbt, Worte der *Erziehungsschrift* auf den Lippen, die dem Überdruss und der Verbitterung nicht nur nichts entgegenzusetzen vermögen, sondern sich selbst zu verhöhnen scheinen: „Nein; sie wird kommen, sie wird / Gewiss kommen, die Zeit der / Vollendung, da der Mensch – / Lass mich an dir nicht verzweifeln, –" (GT 2, 41; vgl. § 85; B 10, 96). Das letzte Wort des Spiels hat der Patriarch: Mit einem Glas Champagner prostet er Saladin, den Mönchen und Mamelucken zu: „Endlich verklingt / Sein lächerliches Lied / Das törichte Märchen / Über irgendwelchen Ring / Wir werden es nie wieder hören" (GT 2, 41f.). „*Händeschütteln, Umarmung, Küsschen – Küsschen*". Sittah, abseitsstehend, nimmt sich das Leben.

Taboris *Nathan* „nach Lessing" lebt von der Inszenierung (vgl. BF, 153). Der Text selbst ist wortkarg. Nicht mehr als eine Spielvorlage. Und vielleicht nur jenen verständlich, die mit Lessings dramatischem Gedicht vertraut sind. Einen konzeptionell ähnlichen, aber ungleich komplexer angelegten Versuch, die Wirkungsgeschichte des Dramas auf die Bühne zu bringen und den Autor mit dem Eigenleben seiner Spielfiguren zu konfrontieren, unternimmt der Regisseur Elmar Goerden in seinem Stück über *Lessings Traum von Nathan dem Weisen* (2002). Nach dem Vorbild von Luigi Pirandellos metafiktionalem Drama *Sechs Figuren suchen einen Autor* (1921) wird Lessing auf der Bühne von seinen eigenen Figuren heimgesucht und in „Diskussionen über Wirkung und Verantwortung" (EG, 12) verstrickt. Sie schlagen ihm „dieses und jenes vor" und lassen „so gut wie nichts gelten" (EG, 12): Recha will im Stück mehr „vorkommen" und verlangt eine „Liebesszene" (EG, 47f.). Daja outet sich als Mitglied der „Anonymen Antisemiten" (EG, 52); der junge Tempelritter gibt sich antisemitisch verstockt. Der Klosterbruder klagt ein Stück ein, in dem „alle das gleiche Recht haben, verschieden zu sein" (EG, 78). Der Patriarch schließlich taucht immer wieder auf, um sich zu erkundigen, ob denn die Ringparabel schon erzählt wurde.

Im Zentrum des Dramas, das Szenen aus dem *Nathan* mit Passagen aus Lessings Briefen und Schriften sowie Zitaten zur Geschichte der jüdischen Emanzipation und zur Frage des jüdischen Selbstverständnisses zu einer vielschichtigen Collage verbindet, steht die Begegnung Lessings/Nathans mit Shylock. Shylock ist Nathans Schatten, sein „dunkler Bruder" (EG, 88), die literarische Symbolgestalt des Antisemitismus schlechthin. Und als solche Nathans erklärter Gegenspieler. In Lessings Lichtgestalt sieht er nur die „beschissene Antwort" der Juden auf Mutter Theresa (EG, 29), das „saubergewaschene Sonntagskind" (EG, 36) und „das gute Gewissen der Antisemiten" (EG, 38) – eine literarische Fiktion, die dem Judentum abverlangt hat, sich zu verleugnen und „etwas besonderes" (EG, 37) sein zu müssen, um anerkannt zu werden: „Unser Bruder solltest du sein, nicht unser Vorbild nach dem Geschmack der anderen!" (EG, 38).

Eingeleitet wird dieses Spiel von der Desillusionierung eines Träumers mit einem Motto aus Hanns Henny Jahnns Rede anlässlich der Verleihung des Lessing-Preises der Stadt Hamburg im Jahr 1956. Sie trägt den Titel *Lessings Abschied* und porträtiert einen verbitterten, von seiner Krankheit gezeichneten Dichter „Er bewohnte ein Geisterreich: [...] Die öden, grauen unerfüllten Stunden überwältigten mit ihrer Unablässigkeit seine Konstitution. [...] Grauenhaft deutlich, die innere Würde angreifend, zeigten sich nun auch die Anfälle von Schlafsucht" (EG, 9; vgl. HHJ, 21, 23, 25).

Das Resümee könnte eindeutiger nicht sein: Der Nathan des 21. Jahrhunderts ist ein gescheiterter Nathan. Selbst im Jugendbuch gibt es für ihn keine Rettung. Mirjam Presslers preisgekrönter Roman *Nathan und seine Kinder* (2009), der die Geschichte, die Lessing auf die Bühne bringt, in einer Folge von Monologen polyperspektivisch auffächert, lässt ihn einem christlichen Mordanschlag zum Opfer fallen.

Presslers Nathan ist ein gebrochener Mann, dem Wahnsinn gerade noch entkommen, aber vom Pogrom, in dem seine Familie ermordet wurde, schwer gezeichnet. Sein Credo, das ihn Tag für Tag davor bewahrt, den Verstand zu verlieren, lautet: „Gott ist fern, aber die Menschen sind nah!" (MP, 48) – „Gott ist unerreichbar, und wir können ihm nur dadurch nahe sein, dass wir seine Geschöpfe lieben" (MP, 54). Weil Kinder Liebe brauchen, wie Lessings Klosterbruder Bonafides sagt (vgl. IV/7; B 9, 595), erfindet Pressler für die Geschichte von der Adoption des verwaisten Christenkindes durch den verwaisten Juden ein Pendant: Ein namenloser Findeljunge, der – selbst von Brandnarben gezeichnet – in Nathans Haus lebt, wird von Nathans kinderlosem Verwalter Elijahu an Kindes statt angenommen: „Jeder braucht einen Platz in der Welt, einen Ort, an den er gehört, und Menschen, in deren Mitte er Geborgenheit findet" (MP, 53). – Nathans Worte führen ins Herz der Ringparabel. Ihre Erzählung wird im Roman durch den Erinnerungsmonolog Al-Hafis auf raffinierte Weise gerahmt. Al-Hafi ist der stille Zeuge des heiklen Zwiegesprächs, das Saladin mit Nathan führt, und er deutet es als das, was es bei Lessing ist und in der novellistischen Tradition der Ringparabel immer schon war: eine Falle, in die Nathan gelockt werden soll und der er geschickt entgeht. Der passionierte Schachspieler Al-Hafi kommentiert die einzelnen Äußerungen wie ein Spiel, in dem Nathan Saladin Zug um Zug schachmatt setzt und so dessen Freundschaft gewinnt. Von Triumph aber keine Spur. In Nathans Blick liegt „eine große Traurigkeit" (MP, 164) – er weiß, dass die Geschichte, die er dem Sultan erzählt hat, „nur eine Geschichte, nur ein Traum" ist (MP, 166). Und als ein solcher Traum wird sie – in Anspielung auf Martin Luther Kings berühmte Rede – im Roman auch dargestellt: „I have a dream that one day this nation will rise up and live out the true meaning of its creed" –

> „Ich habe einen Traum, dass sich eines Tages die Menschheit erheben und die wahre Bedeutung ihres Glaubensbekenntnisses ausleben wird. Ich habe einen Traum, dass

> eines Tages die Söhne von Juden, Muslimen und Christen miteinander am Tisch der Brüderlichkeit sitzen können. Ich habe einen Traum, dass sich selbst diese Stadt eines Tages in eine Oase der Freiheit und der Gerechtigkeit verwandeln wird." Seine Stimme senkte sich, wurde leiser. „Aber es ist nur ein Traum. Die Wirklichkeit ist eine andere." (MP, 166)

Während Mirjam Pressler Nathan resignieren lässt, um aus dieser Resignation noch Funken des Pathos zu schlagen, bleibt Elfriede Jelinek illusionslos. Ihr vielstimmiges „Sekundärdrama" *Abraumhalde* (2009), das gleichsam als Missing Link zwischen Lessings *Nathan* und ihrer Wirtschaftskomödie *Die Kontrakte des Kaufmanns* (2009) entstanden ist, lässt Erlösungsbotschaften nicht gelten. Jelinek verknüpft Lessings Text und das Text- und Gedankenmaterial von Jahrhunderten zu einer assoziativen Wortsequenz, die das dramatische Spiel wie eine kaum hörbare Hintergrundtapete oder eine Litanei in Endlosschleife kommentiert, konterkariert und so die Ruhe des wirkungslosen Klassikers stört.

Lessing stirbt

1850 erscheint in Leipzig ein fünfbändiger Roman mit dem lapidaren Titel *Lessing*. Sein Verfasser, der Privatgelehrte, Romancier und populärwissenschaftliche Schriftsteller Hermann Klencke, lässt seinen Helden im kundigen Rückgriff auf das reiche Datenmaterial, das die Lessing-Philologie des 19. Jahrhunderts zusammengetragen hat, im O-Ton gegenwärtig werden.

Besonders sprechend ist die Art und Weise, in der Klencke Lessings Sterben gestaltet. Wenige Tage vor seinem Tod erhält er von seinem Buchhändler „ein Stück von einem gewissen *Schiller*, die ‚Räuber' betitelt" und muss erfahren, dass mit diesem Stück „eine neue Epoche des Theaters angehe" (HK 5, 504). Sein Freund Eschenburg tröstet ihn mit den Worten „Sie, lieber Lessing, werden ihm jedenfalls das Feld vorgebauet haben" (HK 5, 504). Das ist ganz aus der Perspektive des 19. Jahrhunderts gesprochen. Lessings Tod ist das Ende einer Ära. Das weiß er selbst: „ich kann mein Leben nicht glücklich nennen, denn ich arbeitete für eine Nation, deren Charakter es ist, keinen zu haben; – aber wenn ich eine neue Periode der Literatur mit meinem Namen bezeichnet höre, dann gebe Gott, daß ein neues, kommendes Geschlecht mich erkennt, denn ich kam mir zeitlebens so einsam vor" (HK 5, 505). Als „der Apostel einer neuen

R. Vellusig, *Lessing und die Folgen*, https://doi.org/10.1007/978-3-476-05784-6_31

Zukunft unserer deutschen Literatur" wird er von den Freunden erkannt und gewürdigt: „er wird fortleben in der späteren Verwirklichung seines vorgesteckten Strebens!" (HK 5, 507).

Der Lessing, den das 19. Jahrhundert sterben lässt, ist ein Dichter, der sich selbst überlebt und seine geschichtliche Aufgabe erfüllt hat. Das 20. und das 21. Jahrhundert schlagen andere Töne an: Der Lessing, der in ihren literarischen Fiktionen lebendig wird, hat seine eigene Zukunft hinter sich.

Heiner Müller arbeitet sich in seinem dramatischen Triptychon *Leben Gundlings Friedrich von Preußen Lessings Schlaf Traum Schrei* (1977) an der Misere der deutschen Intellektuellen ab. Auch er sieht in Lessing eine Figur des Übergangs: Wie Brecht, steht er „am Ende einer Periode und entwirft eine neue" (HM 2). Müller lässt einen Lessing auftreten, der desillusioniert ist und den Glauben an die Geschichte verloren hat:

> Mein Name ist Gotthold Ephraim Lessing. Ich bin 47 Jahre alt. Ich habe ein / zwei Dutzend Puppen mit Sägemehl gestopft das mein Blut war, einen Traum vom Theater in Deutschland geträumt und öffentlich über Dinge nachgedacht, die mich nicht interessierten. Das ist nun vorbei. Gestern habe ich auf meiner Haut einen toten Fleck gesehen, ein Stück Wüste: das Sterben beginnt.
>
> (HM 1, 533)

Müllers Groteske führt drastisch vor Augen, wie die Verehrung Lessings als Klassiker der Deutschen den von einem deutschen Theater träumenden Dichter mundtot macht. Kellner, die „*die Bühne mit Büsten von Dichtern und Denkern vollstellen*", stülpen ihm „*eine Lessingbüste*" über den Kopf, die „*seinen dumpfen Schrei*" erstickt (HM 1, 535f.).

Intimer, aber nicht minder sprechend, ist das Porträt des sterbenden Lessing, das Christoph Hein (2020) zeichnet. Er lässt Lessings Stieftochter Amalie König als hochbetagte Witwe in einem Brief Nachricht von Lessings Sterben geben. Auch Heins Lessing ist ein Ernüchterter, ein misanthropisch Verstimmter, der sich zur Menschenfreundlichkeit ermahnt (vgl. CH 66), ein Dramatiker, den es reut, sich mit dem Theater eingelassen zu haben (vgl. CH, 57), ein von seinen Abhängigkeiten Gedemütigter, der mit seiner Mutlosigkeit hadert (vgl. CH, 65). Der wahre Lessing Christoph Heins ist Lessing der Derwisch (vgl. CH, 59), den er zeit seines Lebens verleugnet hat und der erst im Delirium der letzten Stunden zum Leben erwacht: „Das wäre ein Mensch gewesen! Er erfüllt auch eine Pflicht, die Pflicht sich selbst gegenüber. Kennen Sie eine höhere?“ (CH, 59).

Was bleibt? Welchen Lessing darf man getrost sterben lassen? Von welchen Lessing-Bildern darf man sich guten Gewissens lösen? Die Vorstellungen von Lessing dem Vorkämpfer, dem Vorklassiker, dem Vorbeter der Toleranz – sie werden ihm nicht gerecht. Es sind Zerrbilder einer unerlösten Kultur, die ihre Intensitäten nur im Kampf und im Streben nach Geltung findet und die dem Kampf nur den Gesinnungskitsch entgegenzusetzen hat.

Lessing war kein gesinnungstüchtiger Autor. Sichtbar wurde und wird er in seinem schon zu Lebzeiten gerühmten Stil, dessen kritische Energie jede Lessing-Lektüre zum Erlebnis werden lässt. Sichtbar wurde und wird er in der Geistesgegenwart, mit der er die perspektivische Blindheit des menschlichen Herzens entlarvt. Sichtbar wird er in seiner Fähigkeit, das Ganze der Wirklichkeit in den Blick zu nehmen – insbesondere dort, wo sie ihr hässliches Gesicht zeigt und die Abgründe der Seele offenbart.

In der *Rettung* des von Luther gehässig verfolgten Simon Lemnius kommentiert er die „Niederträchtigkeiten“, die sich der große Reformator zuschulden kommen ließ, mit den Worten: „Gott, was für eine schreckliche Lection wider unsern Stolz! Wie tief erniedriget Zorn und Rache, auch den redlichsten, den heiligsten Mann!“ (B 3, 280) – und fragt sich im selben Atemzug: „Aber, war ein minder heftiges Gemüthe geschickt, dasjenige auszuführen, was Luther ausführte? Gewiß nein! Lassen Sie uns also jene weise Vorsicht bewundern, welche auch die Fehler ihrer Werkzeuge zu brauchen weiß!" (B 3, 280).

Ähnlich äußert er sich in einem Brief an die verwitwete Eva König, nachdem diese ihm ihr Leid über ein Dienstmädchen geklagt hat, das sich auf der beschwerlichen Reise nach Wien hemmungslos betrunken hatte:

> Am Ende ist es doch wohl besser gewesen, daß das Creatürchen seine eigenen Angelegenheiten hatte, daß es liebte und trank, den ersten den besten Kerl und Wein – als wenn es ein gutes empfindliches Ding gewesen wäre, das seine Frau nicht aus den Augen gelassen und um die Wette mit ihr geweinet hätte. Durch jenes wurden Sie Ihren eigenen Gedanken entrissen: durch dieses wären Sie in Ihrem Kummer bestärkt worden. Sie werden sagen, daß ich eine besondere Gabe habe, etwas Gutes an etwas Schlechtem zu entdecken. Die habe ich allerdings; und ich bin stolzer darauf, als auf alles, was ich weiß und kann. Sie selbst, wie ich oft gemerkt habe, besitzen ein gutes Teil von dieser Gabe, die ich Ihnen recht sehr überall anzubringen empfehle; denn nichts kann uns mit der Welt zufriedner machen, als eben sie. (25.10.1770; B 11/2, 79)

Diese Kunst des Perspektivismus oder, wie Lessing sagt, die Gabe, „etwas Gutes an etwas Schlechtem zu entdecken", übt er in all seinen Schriften. Zum Beispiel im *Nathan*, wenn es dort heißt: „Dank sei dem Patriarchen ..." (V/5; B 9, 611): Sein Versuch, den Juden ausfindig zu machen, der sich der Apostasie schuldig gemacht hat, ermöglicht es diesem Juden, das Rätsel von Rechas Herkunft zu lösen. Lessings Kunst des Perspektivismus ist eine Form des systemischen Denkens. Sie ist mit der Kunst identisch, auch die Schattenseiten des Guten mit Augenmaß zu betrachten, und sie ist der Inbegriff der Resilienz, die sich von den Unvollkommenheiten des Menschen und den Misslichkeiten des Lebens nicht irremachen lässt. So widrig sie sind – sie geben doch immer auch Gelegenheit, sich im Blick auf das zu sammeln, was erstrebenswert und für das menschliche Leben und Zusammenleben förderlich ist. Im Fragmentenstreit wird er Goeze mit der Einsicht konfrontieren, dass, wer immer seine Glieder rührt, Gefahr läuft, einen Wurm zu zertreten. „Jede Bewegung im Physischen entwickelt und zerstöret, bringt Leben und Tod; bringt diesem Geschöpfe Tod, *indem* sie jenem Leben bringt: soll lieber kein Tod sein, und keine Bewegung? Oder lieber, Tod und Bewegung?" (B 9, 197).

Der wache Blick für die unvermeidlichen Übel, die das menschliche Zusammenleben zeitigt, zeigt sich besonders prominent in Lessings Weise, Gesellschaft zu denken. Sie stellt der „bürgerlichen Gesellschaft des Menschen überhaupt" eine Kultur der Individualität an die Seite, die den Einzelnen zum „*homo duplex*" (JA, 196–202) macht – zu einem, der aufgehört hat, sich mit dem traditionellen Werthorizont seiner Herkunftsgruppe zu identifizieren, weil er über ihn hinausgewachsen ist. Der Preis der Toleranz ist das Einzelgängertum und die Bereitschaft, der naiven Heilsgewissheit zu entsagen; ihr Ethos die Offenheit für Begegnungen und die Öffnung des Blicks für den „Wertgehalt" (RS, 48) der menschlichen Wirklichkeit. Der einzige Himmel, den es gibt, ist der Himmel, den Menschen in sich selbst finden und den sie einander bereiten.

Mit all dem steht Lessing an einem Anfang. Seine Lebenswelt ist noch nicht die Lebenswelt der Nationalstaaten und ihrer massenmedial vermittelten „imagined communities" (Benedict Anderson). Aber sein literarisches wie sein philosophisches Werk haben doch das Potenzial, selbst auf die Herausforderungen unserer Lebenswelt zu antworten, eine Lebenswelt, in der die durch die digitalen Medien gesteigerte Dynamik der Gruppenbildung – die Trennung durch Vereinigung – ungeahnte Dimensionen angenommen hat. Die Antwort auf die mannigfachen Formen der „Pseudospeziation" (JA, 201) liegt in der nur je individuell erfahrbaren Stimme der Menschennatur. Von dieser Menschennatur ist so beiläufig wie eindringlich in einer Bemerkung zu Diderots Drama *Le Fils naturel* (1757) die Rede. Sein Held, Dorval, klagt darüber, dreißig Jahre lang „einsam, unbekannt und verabsäumet" unter den Menschen umhergeirrt zu sein, „ohne die Zärtlichkeit irgend eines Menschen empfunden, noch irgend einen Menschen angetroffen zu haben, der die meinige gesucht hätte" (HD 87/88; B 6, 621). Lessing weist diese Vorstellung mit aller Emphase zurück:

> Wollte der Himmel nicht, dass ich mir je das menschliche Geschlecht anders vorstelle! Lieber wünschte ich sonst, ein Bär geboren zu sein, als ein Mensch. Nein, kein Mensch kann unter Menschen so lange verlassen sein! Man schleudere ihn hin, wohin man will: wenn er noch unter Menschen fällt, so fällt er unter Wesen, die, ehe er sich umgesehen, wo er ist, auf allen Seiten bereitstehen, sich an ihn anzuketten. Sind es nicht vornehme, so sind es geringe! Sind es nicht glückliche, so sind es unglückliche Menschen! Menschen sind es doch immer. So wie ein Tropfen nur die Fläche des Wassers berühren darf, um von ihm aufgenommen zu werden und ganz in ihm zu verfließen: das Wasser heiße, wie es will, Lache oder Quelle, Strom oder See, Belt oder Ozean. (HD 87/88; B 6, 621f.)

Was bleibt? Botho Strauß hat in seiner Dankesrede für den Lessing-Preis der Stadt Hamburg erklärt, dass Lessing nicht aufzuarbeiten, nicht umzudeuten, nicht neu zu entdecken und letztlich auch nicht fortzusetzen sei. Und er hat dekretiert: „Wir brauchen keine weitere Aufklärung mehr. Wir sind aufgeklärt bis zur innersten Zerrüttung (BS, 52). Das Gegenteil ist der Fall. Aufklärung, wie Lessing sie dachte, war und ist ein kollektiver so gut wie ein individueller Prozess, weil es ihr um die Frage nach einer Lebensführung geht, in der sich das menschliche

Potenzial auf bestmögliche Weise entfaltet. In diesem Sinn hat Michael Hampe jüngst für eine Dritte Aufklärung plädiert und diese als „Bildungsbewegung" (MH, 83) bestimmt. Bildung aber „ist das Resultat von persönlichen und kollektiven Anstrengungen": „Primäres Ziel von Bildung ist [...] der Erwerb einer Kreativität, die das individuelle Leben zu einem sinnvollen zu machen und Gemeinschaften eine kulturelle Gestalt zu geben vermag" (MH, 83).

Die Dritte Aufklärung, die Michael Hampe im Blick hat, war und ist die Aufklärung Lessings. Lessings Maxime, den eigenen „*individualischen Vollkommenheiten gemäß*" (B 2, 407) zu handeln, spricht von der Selbstverpflichtung, ein Leben zu führen, das nicht so ‚undenkend hingeträumt', wie er im vierten *Anti-Goeze* sagt (vgl. B 9, 196), sondern vom Denken durchdrungen und erst dadurch ein bewusstes und deshalb auch intensiv gelebtes Leben ist (vgl. B 8, 137). Wer das tut, trägt zugleich dazu bei, dass die Wirklichkeit im Fluss bleibt und das letzte Wort über das Menschengeschlecht noch nicht gesprochen ist.

Literatur

Der Nachweis von Zitaten erfolgt mit Siglen nach dem Schema „VornameNachname". Die Sigle mehrfach zitierter Autorinnen und Autoren ist nummeriert; sonstige Nummerierungen beziehen sich auf den jeweiligen Band von mehrbändigen Werken bzw. Werkausgaben. Die Arbeiten von Gisbert Ter-Nedden werden mit der Sigle GTN zitiert.

Die Siglen für die hier verwendete Lessing-Ausgabe von Wilfried Barner (B), die Münchner Goethe-Ausgabe (MA) und die Nationalausgabe der Werke Schillers (NA) folgen den geläufigen Konventionen. Zitate aus Lessings Dramen werden unter Angabe von Akt und Auftritt nachgewiesen.

Die Dokumentationen von Richard Daunicht (Lessing im Gespräch) und Horst Steinmetz (Lessing – ein unpoetischer Dichter) werden mit den Siglen RD bzw. St zitiert. Hingewiesen sei noch auf die vom Lessing-Museum Kamenz (https://www.lessing-museum.de) herausgegebenen Quellensammlungen von Wolfgang Albrecht und auf die Website der Lessing-Akademie Wolfenbüttel (https://www.lessing-akademie.de/), deren Datenbank alle Schriften Lessings einschließlich seiner Korrespondenz aufbereitet.

R. Vellusig, *Lessing und die Folgen*, https://doi.org/10.1007/978-3-476-05784-6

Albrecht, Paul: Leszing's Plagiate. 6 Bde. Hamburg/Leipzig 1888–1891. [PA]

Albrecht, Wolfgang: Lessing im Spiegel zeitgenössischer Briefe. Ein kommentiertes Lese- und Studienwerk. 2 Teile. Kamenz 2003. [WA]

Albrecht, Wolfgang: Lessing. Gespräche, Begegnungen, Lebenszeugnisse. Ein kommentiertes Lese- und Studienwerk. 2 Teile. Kamenz 2005.

Albrecht, Wolfgang: Lessing. Chronik zu Leben und Werk. Kamenz 2008.

Albrecht, Wolfgang: Lessing in persönlichen Kontakten und im Spiegel zeitgenössischer Briefe. Eine neue Quellenedition. Kamenz 2018.

Aristoteles: Werke in deutscher Übersetzung. Bd. 5: Poetik. Übersetzt und erläutert von Arbogast Schmitt. 2., durchgesehene und ergänzte Aufl. Berlin 2011. [A]

Äsop: Fabeln. Griechisch – deutsch. Hg. und übersetzt von Rainer Nickel. Düsseldorf/Zürich 2005. [Ä]

Assmann, Jan: Religio duplex. Ägyptische Mysterien und europäische Aufklärung. Berlin 2010. [JA]

Augustinus, Aurelius: Werke. Hg. von Carl Johann Perl. Bd. 16: Der Gottesstaat. De civitate Dei. Bd. 1. In deutscher Sprache von C.J.P. Paderborn u. a. 1979. [AA]

Barner, Wilfried: Lessing 1929. Momentaufnahme eines Klassikers vor dem Ende der Republik [1983]. In: W.B.: „Laut denken mit einem Freunde". Lessing-Studien. Hg. von Kai Bremer. Göttingen 2017, S. 109–123. [WB 1]

Barner, Wilfried: Der Vorklassiker als Klassiker: Lessing [1988]. In: W.B.: „Laut denken mit einem Freunde". Lessing-Studien. Hg. von Kai Bremer. Göttingen 2017, S. 225–238. [WB 2]

Barner, Wilfried: Goethe und Lessing. Eine schwierige Konstellation. Göttingen 2001. [WB 3]

Bender, Wolfgang F.: Hauptweg und Nebenwege. Studien zu Lessings *Hamburgischer Dramaturgie*. Berlin/Boston 2019. [WFB]

Die Bibel. Altes und Neues Testament. Einheitsübersetzung. Freiburg/Basel/Wien 2015.

Blanckenburg, Friedrich von: Versuch über den Roman. Faksimiledruck der Originalausgabe von 1774. Mit einem Nachwort von Eberhard Lämmert. Stuttgart 1965. [FvB]

Braun, Julius W. (Hg.): Lessing im Urtheile seiner Zeitgenossen. Zeitungskritiken, Berichte und Notizen, Lessing und seine Werke betreffend, aus den Jahren 1747–1781. Eine Ergänzung zu allen Ausgaben von Lessings Werken. 2 Bde. Berlin 1884/1893. [JB]

Brecht, Bertolt: [Kölner Rundfunkgespräch]. In: B.B.: Gesammelte Werke in 20 Bänden. Hg. vom Suhrkamp Verlag in Zusammenarbeit mit Elisabeth Hauptmann. Bd. 15: Schriften zum Theater 1. Frankfurt a.M. 1967, S. 146–153. [BB]

Brunner, Sebastian: Lessingiasis und Nathanologie. Eine Religionsstörung im Lessing- und Nathan-Cultus. Paderborn 1890. [SB]

Das Buch des Goethe-Lessing-Jahres 1929. 100 Jahre Goethe. 200 Jahre Lessing. Braunschweig 1929. [GLJ]

Damen Conversations Lexikon. Hg. im Verein mit Gelehrten und Schriftstellerinnen von Carl Herloßsohn. Leipzig 1834–1838. [DCL]

Daunicht, Richard: Lessing im Gespräch. Berichte und Urteile von Freunden und Zeitgenossen. München 1971. [RD]

Dilthey, Friedrich: Gesammelte Schriften. Bd. 26: Das Erlebnis und die Dichtung. Lessing, Goethe, Novalis, Hölderlin. Hg. von Gabriele Malsch. Göttingen 2005. [FD]

Engel, Johann Jakob: Über Handlung, Gespräch und Erzählung. Faksimiledruck der ersten Fassung von 1774 aus der ‚Neuen Bibliothek der schönen Wissenschaften und der freyen Künste'. Hg. und mit einem Nachwort versehen von Ernst Theodor Voss. Stuttgart 1964. [JJE 1]

Engel, Johann Jakob: Briefe über Emilia Galotti. Vierter Brief. In: Der Philosoph für die Welt. Hg. von J.J.E. 2. Teil. Leipzig 1777, S. 101–124. [JJE 2]

Euripides: Medea. Griechisch/Deutsch. Übersetzt und hg. von Karl Heinz Eller. Stuttgart 1983. [E]

Fick, Monika: Lessing-Handbuch. Leben – Werk – Wirkung. 4., aktualisierte und erweiterte Aufl. Stuttgart 2016. [MF 1]

Fick, Monika: Vom Kriegs-Stand oder Lessings Komödie *Minna von Barnhelm* im Gegenlicht deutschsprachiger Soldatenstücke des 18. Jahrhunderts (2013). In: M.F.: Lessing und das Drama der anthropozentrischen Wende. Hannover 2021, S. 103–124. [MF 2]

Fischer, Barbara: Nathans Ende? Von Lessing bis Tabori. Zur deutsch-jüdischen Rezeption von „Nathan der Weise". Göttingen 2000. [BF]

Fontane, Theodor: Werke, Schriften und Briefe. Hg. von Walter Keitel und Helmuth Nürnberger. Abteilung III: Erinnerungen, ausgewählte Schriften und Kritiken. Bd. 1: Aufsätze und Aufzeichnungen. München 1998. [TF 1]

Fontane, Theodor: Werke, Schriften und Briefe. Hg. von Walter Keitel und Helmuth Nürnberger. Abteilung IV: Briefe. Bd. 4: Briefe 1890-1899. München 1998. [TF 2]

Gansel, Carsten: „Das Herz geht uns auf, wenn wir von Lessing hören oder ihn lesen" – G.E. Lessing im Kulturraum Schule um 1900. In: Mit Lessing zur Moderne. Soziokulturelle Wirkungen des Aufklärers um 1900. Hg. von Wolfgang Albrecht und Richard E. Schade. Kamenz 2004, S. 205–222. [CG 1]

Gansel, Carsten, Birka Siwczyk (Hg.): Gotthold Ephraim Lessings ‚Nathan der Weise' im Kulturraum Schule (1830–1914). Göttingen 2009. [CG 2]

Gansel, Carsten, Birka Siwczyk (Hg.): Gotthold Ephraim Lessings ‚Minna von Barnhelm' im Kulturraum Schule (1830–1914). Göttingen 2011. [CG 3]

Gansel, Carsten, Birka Siwczyk (Hg.): Gotthold Ephraim Lessings ‚Emilia Galotti' im Kulturraum Schule (1830–1914). Göttingen 2015. [CG 4]

Gansel, Carsten, Norman Ächtler, Birka Siwczyk (Hg.): Gotthold Ephraim Lessing im Kulturraum Schule. Aspekte der Wirkungsgeschichte im 19. Jahrhundert. Göttingen 2017. [CG 5]

Gellert, Christian Fürchtegott: Gesammelte Schriften. Kritische, kommentierte Ausgabe. Hg. von Bernd Witte. 7 Bde. Berlin/New York 1988–2008. [CFG]

Gesing, Fritz: Kreativ schreiben. Handwerk und Technik des Erzählens. Köln 1994. [FG]

Gleim, Johann Wilhelm Ludwig: Preussische Kriegslieder von einem Grenadier. Hg. von August Sauer. Heilbronn 1882. [JWLG]

Goethe, Johann Wolfgang: Sämtliche Werke nach Epochen seines Schaffens. Münchner Ausgabe. Hg. von Karl Richter u. a. 21 Bde. München/Wien 1985–1998. [MA]

Goethe, Johann Wolfgang von: Briefe. Hamburger Ausgabe in 6 Bänden. Hg. von Karl Robert Mandelkow. München 1988. [HA]

Goethe, Johann Wolfgang: Goethes Gespräche. Eine Sammlung zeitgenössischer Berichte aus seinem Umgang. Auf Grund der Ausgabe und des Nachlasses von Flodoard Freiherrn von Biedermann ergänzt und hg. von Wolfgang Herwig. 5 Bde in 6. Zürich 1965–1987. [GG]

Gottsched, Johann Christoph: Versuch einer critischen Dichtkunst. Unveränderter reprografischer Nachdruck der 4., vermehrten Auflage, Leipzig 1751. Darmstadt 1982. [JCG]

Grousilliers, Hector de: Nathan der Weise und die Antisemiten-Liga. Berlin 1880. [HdG]

Hampe, Michael: Die Dritte Aufklärung. Berlin 2018. [MH]

Hebbel, Friedrich: Maria Magdalena. Ein bürgerliches Trauerspiel in drei Akten. Mit Hebbels Vorwort betreffend das Verhältnis der dramatischen Kunst zur Zeit und verwandte Punkte. Stuttgart 1986. [FH]

Hegel, Georg Wilhelm Friedrich: Werke in zwanzig Bänden. Bd. 12: Vorlesungen über die Philosophie der Geschichte. Frankfurt a.M. 1970. [H 1]
Hegel, Georg Wilhelm Friedrich: Werke in zwanzig Bänden. Bd. 20: Vorlesungen über die Geschichte der Philosophie III. Frankfurt a.M. 1970. [H 2]
Hein, Christoph: Ein Wort allein für Amalia. Berlin 2020. [CH]
Herder, Johann Gottfried: Werke in 10 Bänden. Bd. 7: Briefe zur Beförderung der Humanität. Hg. von Hans Dietrich Irmscher. Frankfurt a.M. 1991. [JGH]
Hettner, Hermann: Das moderne Drama. Aesthetische Untersuchungen. Braunschweig 1852. [HH 1]
Hettner, Hermann: Literaturgeschichte des achtzehnten Jahrhunderts. In drei Theilen. Dritter Theil: Die deutsche Literatur im achtzehnten Jahrhundert. Zweites Buch: Das Zeitalter Friedrichs des Großen. Braunschweig 1864. [HH 2]
Hirsch, Emanuel: Geschichte der neuern evangelischen Theologie im Zusammenhang mit den allgemeinen Bewegungen des europäischen Denkens. Bd. 4. Gütersloh 1952. [EH]
Horatius, Flaccus Quintus: Oden und Epoden. Lateinisch/Deutsch. Übersetzt und hg. von Bernhard Kytzler. Stuttgart 1981. [H]
Jahnn, Hans Henny: Lessings Abschied. In: Denken als Widerspruch. Plädoyers gegen die Irrationalität oder ist Vernunft nicht mehr gefragt? Reden zum Lessing-Preis. Hg. von Volker F.W. Hasenclever. Frankfurt a.M. 1982, S. 7–32. [HHJ]
Jelinek, Elfriede: Abraumhalde. URL: www.elfriedejelinek.com
Kant, Immanuel: Werke in zwölf Bänden. Hg. von Wilhelm Weischedel. Bd. 3: Kritik der reinen Vernunft 1. Frankfurt a.M. 1968. [IK 1]
Kant, Immanuel: Beantwortung der Frage: Was ist Aufklärung? In: I.K.: Werke in zwölf Bänden. Hg. von Wilhelm Weischedel. Bd. 11: Schriften zur Anthropologie, Geschichtsphilosophie, Politik und Pädagogik 1. Frankfurt a.M. 1968, S. 53–61. [IK 2]
Kerber, Hannes: Die Aufklärung der Aufklärung. Lessing und die Herausforderung des Christentums. Göttingen 2021. [JK]
Kettner, Gustav: Lessings Dramen im Lichte ihrer und unserer Zeit. Berlin 1904. [GK]
Kim, Eun-Ae: Lessings Tragödientheorie im Licht der neueren Aristotelesforschung. Würzburg 2002. [EK]
Kleist, Ewald von: Cißides und Paches. In: E.v.K.: Sämtliche Werke. Hg. von Jürgen Stenzel. Stuttgart 1971, S. 135–152. [EvK]

Klencke, Hermann: Lessing. Roman. 5 Bde. Leipzig 1850. [HK]

Lessing, Gotthold Ephraim: Briefe, die neueste Literatur betreffend. Hg. und kommentiert von Wolfgang Bender. Stuttgart 1972. [GEL]

Lessing, Gotthold Ephraim: Werke und Briefe in zwölf Bänden. Hg. von Wilfried Barner u. a. Frankfurt a.M. 1985–2003. [B]

Lessing, Karl Gotthelf: Gotthold Ephraim Lessings Leben, nebst seinem noch übrigen litterarischen Nachlasse. 3 Bde. Berlin 1793–1795. [KGL]

Lessing-Mendelssohn-Gedenkbuch. Zur hundertfünfzigjährigen Geburtsfeier von Gotthold Ephraim Lessing und Moses Mendelssohn, sowie zur Säcularfeier von Lessing's „Nathan". Hg. vom Deutsch-Israelitischen Gemeindebunde. Leipzig 1879. [LMG]

Lüpke, Johannes von: Der fromme Ketzer. Lessings *Idee eines Trauerspiels „Der fromme Samariter nach der Erfindung des Herrn Jesu Christi"*. In: Neues zur Lessing-Forschung. Ingrid Strohschneider-Kohrs zu Ehren am 26. August 1997. Hg. von Eva J. Engel und Claus Ritterhoff. Tübingen 1998, S. 127–151. [JvL]

Meier, Christian: Die politische Kunst der griechischen Tragödie. München 1988. [CM]

Meisels, Samuel: Lessing im Ghetto. In: Jüdische Rundschau (Berlin), H. 6, 22.1.1929, S. 35–36. [SM]

Mendelssohn, Moses: Ausgewählte Werke. Studienausgabe. Hg. und eingeleitet von Christoph Schulte, Andreas Kennecke, Grażyna Jurewicz. 2 Bde. Darmstadt 2009. [MM]

Meyer, Theodor A.: Das Stilgesetz der Poesie. Mit einem Vorwort von Wolfgang Iser. Frankfurt a.M. 1990. [TM]

Molière: Le Misanthrope/Der Menschenfeind. Französisch/Deutsch. Übersetzt und hg. von Hartmut Köhler. Stuttgart 1993. [M]

Mönch, Cornelia: Abschrecken oder Mitleiden. Das deutsche bürgerliche Trauerspiel im 18. Jahrhundert. Versuch einer Typologie. Tübingen 1993. [CMö]

Müller, Heiner: Leben Gundlings Friedrich von Preußen Lessings Schlaf Traum Schrei. Ein Greuelmärchen. In: H.M.: Werke. Hg. von Frank Hörnigk. Bd. 4: Die Stücke. 2. Frankfurt a.M. 2001, S. 509–537. [HM 1]

Müller, Heiner: Wer wirklich lebt, braucht weder Hoffnung noch Verzweiflung. Gespräch mit Frank Feitler [17. Oktober 1985]. In: Programmheft „Mauser". Basler Theater. Spielzeit 1985/86. [HM 2]

N.N.: Warum „Nathan der Weise"? In: Jüdische Rundschau (Berlin), H. 59, 25.7.1933, S. 365. [NN]

Nicolai, Friedrich: Christoph Friedrich Nicolai's Bildniss und Selbstbiographie. Hg. von Michael Siegfried Lowe. Berlin 1806. [FN]

Nisbet, Hugh Barr: Lessing. Eine Biographie. Aus dem Englischen übersetzt von Karl S. Guthke. München 2008. [HBN]
Overath, Angelika, Navid Kermani, Robert Schindel: Toleranz. Drei Lesarten zu Lessings Märchen vom Ring im Jahr 2003. Göttingen 2003. [AO]
Ovidius Naso, Publius: Liebesbriefe. Heroides – Epistulae. Lateinisch – deutsch. Hg., übersetzt und erläutert von Bruno W. Häuptli. 2., überarbeitete Aufl. Düsseldorf/Zürich 2001. [O]
Petsch, Robert (Hg.): Lessings Faustdichtung. Mit erläuternden Beigaben. Heidelberg 1911. [RP]
Pfranger, Johann Georg: Der Mönch vom Libanon. Mit einem Nachwort hg. von Michael Multhammer. Hannover 2017. [JGP]
Pressler, Mirjam: Nathan und seine Kinder. Roman. Weinheim/Basel 2009. [MP]
Reemtsma, Jan Philipp: Lessing in Hamburg. 1766–1770. München 2007. [JPR]
Reimarus, Hermann Samuel: Apologie oder Schutzschrift für die vernünftigen Verehrer Gottes. Hg. von Gerhard Alexander. 2 Bde. Frankfurt a.M. 1972. [HSR]
Riemer, Friedrich Wilhelm: Mittheilungen über Goethe. Aus mündlichen und schriftlichen, gedruckten und ungedruckten Quellen. 2 Bde. Berlin 1841. [FWR]
Rohrmoser, Günther: Lessing, Gotthold Ephraim. In: Lexikon für Theologie und Kirche. Begründet von Michael Buchberger. 2., völlig neu bearbeitete Aufl. Hg. von Josef Höfer und Karl Rahner. Bd. 6. Freiburg i.Br. 1961, Sp. 980–981. [GR]
Schadewaldt, Wolfgang: Furcht und Mitleid? Zur Deutung des Aristotelischen Tragödiensatzes. In: Hermes 83 (1955), S. 129–169. [WSc]
Schelling, Friedrich Wilhelm Joseph: Zur Geschichte der neueren Philosophie. Münchener Vorlesungen. Hg. von Manfred Buhr. Leipzig 1966. [FSc]
Schiller, Friedrich: Werke. Nationalausgabe, im Auftrag des Goethe- und Schiller-Archivs, des Schiller-Nationalmuseums und der Deutschen Akademie begründet von Julius Petersen, fortgeführt von Lieselotte Blumenthal u. a., im Auftrag der Stiftung Weimarer Klassik und des Schiller-Nationalmuseums Marbach hg. von Norbert Oellers. Weimar 1943ff. [NA]
Schilson, Arno: Zur Wirkungsgeschichte Lessings in der katholischen Theologie. In: Das Bild Lessings in der Geschichte. Hg. von Herbert G. Göpfert. Heidelberg 1981, S. 69–92. [AS]

Schings, Hans-Jürgen: Der mitleidigste Mensch ist der beste Mensch. Poetik des Mitleids von Lessing bis Büchner. 2., durchgesehene Aufl. Würzburg 2012. [HJS]

Schmid, Christian Heinrich: Litteratur des bürgerlichen Trauerspiels. In: Deutsche Monatszeitschrift (Dezember 1798), S. 282–314. [CHS]

Schmitt, Arbogast: Zur Aristoteles-Rezeption in Schillers Theorie des Tragischen. Hermeneutisch-kritische Anmerkungen zur Anwendung neuzeitlicher Tragikkonzepte auf die griechische Tragödie. In: Antike Dramentheorie und ihre Rezeption. Hg. von Bernhard Zimmermann. Stuttgart 1992, S. 191–213. [ASc]

Scholz, Heinrich (Hg.): Die Hauptschriften im Pantheismusstreit zwischen Jacobi und Mendelssohn. Hg. und mit einer historisch-kritischen Einleitung versehen von H.S. Berlin 1919. [HS]

Schröder, Jürgen: Der „Kämpfer" Lessing. Zur Geschichte einer Metapher im 19. Jahrhundert. In: Das Bild Lessings in der Geschichte. Hg. von Herbert G. Göpfert. Heidelberg 1981, S. 93–114. [JS]

Schulz, Ursula: Lessing auf der Bühne. Chronik der Theateraufführungen 1748–1789. Bremen/Wolfenbüttel 1977. [US]

Shaftesbury, Anthony, Earl of: *Sensus Communis*: An Essay on the Freedom of Wit and Humour. In: E.o.S.: Characteristicks of Men, Manners, Opinions, Times. The Second Edition Corrected. London 1714, S. 57–150. [EoS]

Shakespeare, William: Othello. Englisch/Deutsch. Übersetzt von Hanno Bolte und Dieter Hamblock. Hg. von D.H. Stuttgart 1985. [WS]

Simon, Ernst: Lessing und die jüdische Geschichte. In: Jüdische Rundschau (Berlin), H. 6, 22.1.1929, S. 35. [ES]

Sophokles: Aias. Griechisch/Deutsch. Übersetzt und hg. von Rainer Rauthe. Stuttgart 1990. [S]

Spaemann, Robert: Moralische Grundbegriffe. München 1982. [RS]

Spielhagen, Friedrich: Ueber Objectivetät im Roman. In: F.S.: Vermischte Schriften. Bd. 1. 2. Aufl. Berlin 1868, S. 174–197. [FS]

Spinoza, Baruch de: Sämtliche Werke. Bd. 2: Ethik in geometrischer Ordnung dargestellt. Neu übersetzt, hg. und mit einer Einleitung versehen von Wolfgang Bartuschat. Lateinisch – Deutsch. Hamburg 1999. [BdS]

Stein, Sol: Über das Schreiben. Aus dem Amerikanischen von Waltraud Götting. Frankfurt a.M. 1997. [SS]

Steinmetz, Horst (Hg.): Lessing – ein unpoetischer Dichter. Dokumente aus drei Jahrhunderten zur Wirkungsgeschichte Lessings in Deutschland. Frankfurt a.M./Bonn 1969. [St]

Strauß, Botho: Der Erste, der Letzte. Warum uns der große Lessing nicht mehr helfen kann. In: Die Zeit (Hamburg), Nr. 37, 6.9.2001, S. 51–52. [BS]

Stümcke, Heinrich (Hg.): Die Fortsetzungen, Nachahmungen und Travestien von Lessings „Nathan der Weise". Berlin 1904. [HSt]

Stockmayer, Karl Hayo von: Das deutsche Soldatenstück des XVIII. Jahrhunderts seit Lessings *Minna von Barnhelm*. Weimar 1898. [KHS]

Tabori, George: Ein Goi bleibt immer ein Goi ... Zur „Nathan"-Inszenierung Claus Peymanns in Bochum 1981. In: G.T.: Unterammergau oder Die guten Deutschen. Frankfurt a.M. 1981, S. 29–35. [GT 1]

Tabori, George: Nathans Tod. Nach Lessing. Berlin 1991. © George Tabori, vertreten durch die Gustav Kiepenheuer Bühnenvertriebs-GmbH, Berlin. [GT 2]

Ter-Nedden, Gisbert: Lessings Trauerspiele. Der Ursprung des modernen Dramas aus dem Geist der Kritik. Stuttgart 1986. [GTN 1]

Ter-Nedden, Gisbert: Lessings Meta-Fabeln und Bodmers *Lessingische unäsopische Fabeln* oder Das Ende der Fabel als Lese-Literatur. In: Europäische Fabeln des 18. Jahrhunderts zwischen Pragmatik und Autonomisierung. Hg. von Dirk Rose. Bucha bei Jena 2010, S. 159–205. [GTN 2]

Ter-Nedden, Gisbert: Der fremde Lessing. Eine Revision des dramatischen Werks. Hg. von Robert Vellusig. Göttingen 2016. [GTN 3]

Thomas von Aquin: Über sittliches Handeln. Summa theologiae I–II q. 18–21. Lateinisch/Deutsch. Übersetzt, kommentiert und hg. von Rolf Schönberger. Einleitung von Robert Spaemann. Stuttgart 2021. [TvA]

Timm, Hermann: Gott und die Freiheit. Studien zur Religionsphilosophie der Goethezeit. Bd. 1: Die Spinozarenaissance. Frankfurt a.M. 1974 [HT 1]

Timm, Hermann: Fallhöhe des Geistes. Das religiöse Denken des jungen Hegel. Frankfurt a.M. 1979. [HT 2]

Trillhaas, Wolfgang: Zur Wirkungsgeschichte Lessings in der evangelischen Theologie. In: Das Bild Lessings in der Geschichte. Hg. von Herbert G. Göpfert. Heidelberg 1981, S. 57–67. [WT]

Vergilius Maro, Publius: Aeneis. Lateinisch/Deutsch. Übersetzt und hg. von Edith und Gerhard Binder. Stuttgart 2008. [V]

Vollhardt, Friedrich: Gotthold Ephraim Lessing. Epoche und Werk. Göttingen 2018. [FV]

Wessels, Hans-Friedrich: Lessings „Nathan der Weise". Seine Wirkungsgeschichte bis zum Ende der Goethezeit. Königstein i.Ts. 1979. [HFW]

Wölfel, Kurt: Friedrich Schiller. München 2005. [KW]

Printed by Wilco bv, the Netherlands